区域港口群协同优化

鲁 渤　汪寿阳　著

本书系国家社会科学基金重大项目——我国区域港口群的
优化整合与环境协调策略研究(20&ZD129)的成果

科学出版社

北　京

内 容 简 介

如何有效对接现阶段港口群供给侧结构性改革需求,加快推进整合背景下区域港口群的协同运作优化,已成为我国港口产业发展面临的焦点问题。本书沿着"科学问题界定—协调机制分析—整合效果评价—政策理论构建"的路径,对整合过程中以及整合后各港口群协同主体、港口群业务协同目标、港口群系统各要素之间的作用关系和影响效应进行系统、深入的研究,明确港口群协同运作优化的内涵,并采用博弈论、网络优化、运筹优化等理论和方法探讨港口群协同运作效率的提升路径,为促进港口高质量发展,加快建设交通强国提供支持,体现出定性与定量相结合、模型自动化与专家判断相结合的研究特色。

本书可供港口物流管理与工程及其相关专业的本科生、研究生以及研究人员学习,也可供港口物流企业的管理人员参考。

图书在版编目(CIP)数据

区域港口群协同优化 / 鲁渤,汪寿阳著. —北京:科学出版社,2025.6
ISBN 978-7-03-078324-0

Ⅰ.①区… Ⅱ.①鲁… ②汪… Ⅲ.①港口管理–研究 Ⅳ.①U691

中国国家版本馆 CIP 数据核字(2024)第 061711 号

责任编辑:张艳芬 徐京瑶 / 责任校对:崔向琳
责任印制:师艳茹 / 封面设计:无极书装

科 学 出 版 社 出版
北京东黄城根北街 16 号
邮政编码:100717
http://www.sciencep.com

北京市金木堂数码科技有限公司印刷
科学出版社发行 各地新华书店经销

*

2025 年 6 月第 一 版 开本:720×1000 1/16
2025 年 6 月第一次印刷 印张:17 1/4
字数:348 000
定价:150.00 元
(如有印装质量问题,我社负责调换)

前　言

　　港口是经济社会发展的战略资源和关键支撑。目前,我国港口建设出现了"小港求大,大港求巨"、港口间协同运作机制不畅、整合乏力等问题。这些问题制约着我国现代高端港口服务业的发展,也阻碍了我国港航产业国际竞争力的持续提升。

　　港口群的资源整合是优化区域港口产业结构、实现港口协同效应的重要途径,也是我国化解港口过剩产能和优化港口资源配置的重要举措。港口群的整合可以有效增强港口间的联系,构建分工合理、有序竞争的港口群格局,推进区域港口一体化发展,实现区域港口群的提质增效,契合国家战略实现互联互通的内在需求,对于调整港口服务空间格局、建设国际一流港口、推动海洋强国建设及促进经济社会发展具有重要意义。

　　在对接现阶段港口群供给侧结构性改革需求与加快推进整合背景下,本书从区域港口群协同运作优化入手,综合运用博弈论、网络优化、运筹优化等理论与方法,从港口群协同运作机制、港口群物流网络优化、港口群设施设备资源运营优化、港口群信息系统整合等方面入手,对我国区域港口群整合过程中以及整合后协同运作的优化及相关问题进行探讨,明确港口群协同运作优化的内涵,以及港口群协同运作优化技术的实施路径,体现出定性与定量相结合、模型自动化与专家判断相结合的研究特色,为助力国家港口群整合与一体化提供支持。第1章,科学界定我国区域港口群协同运作的内涵,明确我国区域港口群协同运作优化的关键问题;第2章,基于港口竞合博弈理论,探究港口群供应链运营管理的协同优化路径;第3章,基于网络优化理论,实现港口群航线网络与集疏运网络的优化;第4章,针对港口岸桥、泊位、场桥、堆场、集卡、人员动态决策问题,构建基于数据驱动的港口群多维资源整合决策优化模型;第5章,解决港口群如何基于新一代信息技术,加快推进整合背景下的港口群信息化建设;第6章,完善港口群整合评价的相关模型及方法,对我国区域港口群整合效果进行评价;第7章,从港口群物流网络、港口群协同运营、港口群供应链协同等角度,为加快建设交通强国提出相应的政策建议。

　　当前,区域港口整合在我国方兴未艾,区域港口整合的改革效果也有待时间的进一步检验。但不可否认的是，区域港口整合是我国沿海沿江各省、自治区、直辖市在港口产业发展到一定阶段所开展的宝贵探索和有益实践。目前，我国区域港口整合表现出时代性、普遍性、渐进性、差异性和混合性。受国内外多方面因素的影响，未来港口产业发展动能存在一定的不确定性，加上区域港口整合本身具有复杂性，本书所研究的问题值得持续关注。

本书是国家社会科学基金重大项目——我国区域港口群的优化整合与环境协调策略研究(20&ZD129)的成果。

限于作者水平，本书难免存在不足之处，敬请各位读者批评指正。

目　　录

第1章 引　言

港口群是指为吸引腹地提供货物运输和装卸服务，发展规模和性质既相互制约又相互依存，地理位置彼此相邻或相近的一组港口的空间组合形成的港口地域组合。在全球经济一体化的进程中，港口群已成为区域参与全球经济合作和竞争的重要战略资源。港口群的协同不仅能促进区域经济和对外贸易的发展，而且能优化区域产业布局与区域资源配置。

1.1　港口群发展现状与趋势

结合当前世界港口发展趋势以及我国港口发展现状，进行区域港口群整合和协同运作优化是十分必要的，对我国港口产业以及经济发展具有重要意义。

1.1.1　我国港口产业发展现状

随着全球经济一体化的不断推进，国际贸易运输量持续增长，海洋运输因其运费低、可借助天然航道进行、不受道路与轨道的限制、通过能力更强、可以随时调整和改变航线来完成运输任务等优点在国际货物运输中占据重要地位。近年来，我国港口产业发展呈现稳步上升的趋势。2021年，全国港口的货物吞吐量达到155.5亿吨，同比增长6.8%；集装箱吞吐量2.8亿 TEU[①]，同比增长7%。

港口作为连接海洋运输和陆路运输的交通运输枢纽，是当今经济社会发展的战略资源和重要支撑，也是推动区域经济发展不可或缺的基础设施。在全球经济贸易联系日益增强、区域发展协同推进的背景下，我国致力于通过高层次对外开放促进高质量发展，而港口作为本地区与外界货物和信息交换的重要载体，已经成为对外开放的主要门户，对于推动海洋经济发展、建设海洋强国意义重大。港口产业的蓬勃发展，不仅有利于港口多元化业务的开拓，也能够促进海内外城市间的贸易往来，支撑国内外供应链平稳运行，助力畅通国内国际双循环。

1.1.2　区域港口群整合的必要性

伴随港口经济的发展，区域内各港口无序扩张、重复建设、各自为政、恶性

---

① TEU(twenty-feet equivalent unit)，以长度为 20ft(1ft=3.048×10^{-1}m)的集装箱为国际计量单位，也称国际标准箱单位，通常用来表示船舶装载集装箱的能力。

竞争的现象日益突出,严重影响了区域港口群的竞争力,造成港口产能过剩等问题,制约了港口产业的高质量发展。为此,近年来我国积极推动区域港口群整合,将过去"一城一港"的治理模式逐渐转变为"一省一港",从而实现港口资源的合理配置与港口规模效益的充分释放。在港口整合浪潮下,港口逐渐向大型化、集约化、专业化方向发展,港口资源配置效率逐渐增强,港口竞争力、影响力逐步提升。区域港口群资源整合已经成为新时期港口产业高质量发展的重要方向。

区域港口群资源整合具有以下必要性。首先,港口整合是优化资源配置、提高区域港口竞争力的重要手段。世界港口的分布规律表明,200km 以内不应建有同等规模的港口,而我国沿海地区却形成了以共享腹地为特征的平均每 50km 就建有一个 1000t 级以上规模的港口群体系,同时邻近区域的港口还存在着功能结构相似、腹地重叠的问题,由此导致了邻近港口间结构性产能过剩严重、过度竞争等问题,对港口产业的发展造成了不利影响。港口整合是针对区域内腹地重合、功能结构相似的港口,通过行政和市场等手段,实现区域港口不同程度的一体化合作和经营,构建分工合理、有序竞争的港口产业布局,促使港口群资源实现有效配置,从而更好地发挥港口群的竞争优势,实现港口群的高质量可持续发展。其次,港口群的优化整合是港口升级转型的重要途径。目前,港口仍存在服务能力不强、功能单一、主营业务以传统的基础服务为主、商贸与物流等服务功能较弱的问题。通过港口整合构建良好的区域港口产业结构布局,优化完善港口功能,实现港口群统一规划、优势互补,可以有效减少港口间的竞争消耗,港口企业可以更好地培育自身的核心能力,实现供应链的不断优化、创新,从而达到升级转型的目的。

区域港口一体化与港口整合一直是国家关注的焦点问题,为此交通运输部出台了一系列政策来支持区域港口的资源整合。2011 年 11 月,交通运输部出台的《关于促进沿海港口健康持续发展的意见》提出:继续推进港口结构调整与资源整合。2014 年 12 月,交通运输部印发的《关于全面深化交通运输改革的意见》再次提出:深化港口管理体制改革。理顺港口管理体制,推动港口资源整合,促进区域港口集约化、一体化发展。2017 年 5 月,交通运输部制定实施《深入推进水运供给侧结构性改革行动方案(2017—2020 年)》,该方案明确指出:制定推进区域港口一体化发展的意见。2018 年 1 月,交通运输部召开 2018 年第 1 次部务会议,会议强调,要以加快重点港口工程建设为抓手,推进区域港口资源整合,推动航运中心、自由贸易港建设,全力推进港口建设发展,为深化交通运输供给侧结构性改革、建设交通强国打好坚实基础。当前,新时期的国家战略对港口的发展建设提出了更高的要求。2021 年,《中华人民共和国国民经济和社会发展第十四个五年规划和 2035 年远景目标纲要》明确要求"加快建设世界级港口群和机场群""推进港口群一体化治理"。由此可见,港口整合与一体化发展已经成为我国重要的战略目标。在我国第二个百年建设的新起点,面对日益复杂的国际大环境,我国的港口更应遵循港口发展的规律,构建以国内大循环为主体、国内国际双循环相互促进的新发展格局,提高综合服务能力,推动我国港口向集约化、专业化方向发展。

目前,辽宁、山东、江苏、江西等十个省份已经建立了省级港口集团,其他省份也在积极酝酿省内港口整合的发展方向,"一省一港"的发展趋势逐渐凸显。受地理环境、地方政策、港口发展历史的影响,不同省份、区域的港口整合实践在整合模式、整合速度、整合效果上存在差异性。在各区域港口群的整合背景下,探索、完善区域港口群的协同运作机制,优化提升区域港口群的运营效率,进而提高区域港口群的国际竞争力,赋能港口产业形成发展新格局,是当前港口整合亟待解决的问题。

1.1.3 区域港口群协同运作优化的必要性

港口管理与运营(即港口运作)的理论与方法一直受到国内外学者的关注。在运营层面,港口管理与运营主要是指港口内部单个或者多个资源分配决策,港口间服务资源一体化配置问题;在战术层面,港口管理与运营主要是指运输服务网络设计以及运输模式选择的决策问题;在战略层面,港口管理与运营主要是指港口与港口间协作行为和机制的研究,海运供应链中港口(港口群)与承运方和托运方三者之间协作行为和机制的研究(邵言波和邵羽冰,2023)。

从单一港口维度看,港口管理与运营过程涉及泊位、岸桥、堆场、集卡、人力资源等多个港口运营资源,以往对单个港口的研究主要集中在单一资源配置优化上。近年来,港口多资源集成优化成为研究的热点问题。另外,随机优化、鲁棒优化、实时优化等处理不确定性的理论越来越多地被运用到港口运营优化的研究中,更加贴合实际。不确定性环境下的运作优化对提升现代港口(尤其是枢纽港)的运营能力具有重要意义(Chen et al.,2020)。

从港口群维度看,运营层面港口群服务资源配置优化、战术层面港口群运输网络设计以及运输模式选择以及战略层面港口与港口间协作行为和机制是学者关注的热点(Guo et al.,2021;Yu et al.,2022)。港口群服务资源配置优化方面的研究主要是综合考虑港口群的网络结构、港口服务定价、航线设计以及货轮运载能力等服务资源,及服务资源在枢纽港与枢纽港之间、枢纽港与支线港之间的均衡配置。港口群运输网络设计则是围绕资源要素(如船队、航线、航速设置、航线频次等),基于特定目标进行航运网络整合设计。港口群运输模式选择是基于港口群运输网络优化的新兴研究热点,其研究主要侧重于各运输模式下的运输网络优化以及不同运输模式之间的优劣比较,港口与港口间的协作行为和机制的研究主要是指枢纽港和枢纽港协作与竞争的关键要素及其相互关系的分析,港口群内部枢纽港与支线港的协作行为和机制研究等。案例研究、统计分析以及博弈竞争理论等研究方法被广泛应用于该领域的研究中。针对中国主要港口之间以及中国港口群与周边国家主要港口之间竞合关系的研究,在近期得到了广泛关注。

从海运供应链维度看,战略层面研究海运供应链中港口(港口群)与承运方和托运方三者之间的协作行为和机制是近年来的热点(Hintjens et al., 2020; Ma et al., 2021)。目前,海运供应链中港口的选择、港口与承运方之间的协作方式、港口使用者(主要指承运方与托运方)上下游间的协作关系等方面已积累了一定的研究成果,但上述研究仅是对海运供应链局部环节的竞合关系进行了研究。基于海运供应链整体协作以及海运供应链间竞争关系的研究是新兴领域。从研究方法来看,案例研究、统计分析、博弈理论以及其他经济学理论与方法被广泛应用于与海运供应链相关方面的研究中。

目前,我国区域港口群整合主要是在战略层面推进,即港口间通过交叉持股或资产注入的形式进行资产重组,通过成立省级港口集团公司等形式实现区域内各港口财务层面的整合统一,进而达到港口整合的目的,这在一定程度上有利于避免区域港口的同质化竞争,减少重复建设,促进协同发展。但目前对整合后区域港口群的协同运作优化缺乏系统性的研究和实践(蔡鹏, 2021)。受制于各港口信息系统不同、信息流通阻碍等因素,在实际的运营管理过程中仍然存在着区域内港口各自为战、缺乏协同运作的问题,这极大地阻碍了区域港口群国际竞争力的提高,导致港口生产要素利用率不高、区域港口群协作不足、港口产能过剩及产业效益提升滞缓等问题。目前,国内外对港口群协同运作管理的研究成果较少,而且为了计算方便,对模型做出了较多假设与简化,使得研究成果距离市场落地应用仍有较大的差距,有待进一步研究与完善。

为此,需要对我国区域港口群协同运作优化开展研究,不仅定性地进行分析论证,还要将区域港口群看作一个系统,进行定量技术优化,从而实现资源整合,解决实践中存在的区域内港口之间形式上统一、但实际上各自为政的问题,对港口群资源进行智能系统调配,制定合理高效的港口群协同作业计划,进而提高港口群的运营效率与整体服务质量,促进港口群协同发展,提升港口群的经济效益、环境效益和社会效益,助力港口产业转型升级。此外,通过对区域港口群协同运作优化的研究,实现对港口之间资源协同计划,解决港口群的集成运作管理问题,为未来开发港口群管理信息系统奠定了理论基础和技术支撑。

1.2 港口群协同调度与整合优化机制

区域港口群作为港口的整合规划,是我国货物进出口的重要作业窗口。构建港口群内良性、统一的协同运作机制和高效的协同调度方法,是当前港口管理与航运经济领域亟待解决的关键问题(王琪等, 2022)。一方面,这种协同运作涉及内陆运输服务供应商、多个港口管理决策者、航运(海运)公司等多个利益主体;另一方面，涉及港口内部泊位、岸桥、集卡、空箱、堆场、人力、信息等多种作业资源与港口外部集疏运体系、航线网络的协同优化配置。本书通过对区域港口群进行协同运作优化，提升区域港口群的整体运营效率和综合效益。具体而言，主要解决港口群物流系统协同运作机制、港口群多维资源整合优化、港口群资源整合效果评价等关键问题。

1.2.1　港口群物流系统协同运作机制

针对港口群物流系统协同运作机制问题，从战略层面，在横向上研究港口与港口之间的协作行为和机制，在纵向上研究港口与海运供应链各利益相关者之间的协同运作机制；从战术层面，对港口群多模式运输物流网络设计优化进行研究，包括港口腹地资源优化整合、集疏运体系运营优化、航线资源运营优化。

在横向上，港口群协作行为和机制问题本质上是指枢纽港与枢纽港协作和竞争的关键要素及其相互关系、港口群内部枢纽港与支线港的协作行为和机制等。随着航运业的快速发展，港口的互联互通尤为重要，需要构建完善的港口合作机制，主要包括利益分配与利益补偿，以港口资源整合的效益提升为突破口，平衡区域港口群的各港口利益，从而形成深度融合、协同集成运营的区域港口集团。在纵向上，港口是海运供应链的一部分，会给链条上下游利益相关主体传递价值，提供增值服务，港口是港口使用者进行海运供应链选择时考虑的重要因素 (谭志加等，2022)。港口与海运供应链各利益相关者间的关系是指港口与海运物流的承运方、托运方三者之间的协作行为和机制。目前，对于港口群协作行为与机制的研究主要应用案例研究、统计分析、博弈理论及其他经济学理论与方法，本书在回顾港口合作联盟博弈理论、港口物流服务供应链协调与优化理论的基础上，基于利益协同展开港口群合作联盟博弈研究，基于利益分配展开港口群供应链协同运作机制研究，以期解决区域港口群产业链、供应链的协同运作机制问题。

港口群多模式运输物流网络设计优化问题本质上是对港口间的资源要素(如腹地、船队、航线、航速设置、多式联运、物流网络等)基于特定目标进行整合设计。港口群运输网络优化主要分为两种类型，即不定期航线服务网络设计以及班轮服务网络设计。本书首先介绍港口腹地理论，对港口群背景下的腹地物流需求进行预测，并在区域港口群整合后的腹地范围内进行划分，建立腹地划分模型，以我国珠江三角洲(简称珠三角)港口群的五个主要港口为例进行算例分析；随后构建港口群集疏运网络布局模型，以港口集疏运系统总费用最少为目标进行求解；最后回顾港口航线规划理论，考虑船队调度、航速优化、航线频次设计、货物分配等环节，对班轮服务网络设计进行优化，以期解决区域港口群物流网络优化问题。

1.2.2　港口群多维资源整合优化

港口群运营资源配置优化是港口群协同运作的基础，主要涉及泊位分配、岸桥调度、堆场管理、场桥调度、港口水平运输设备指派问题、人力资源排程等资源配置问题，针对单个港口的资源配置优化已有大量研究成果(Liu et al., 2021)。

泊位分配问题(berth allocation problem, BAP)就是针对给定的泊位布局以及一组要在规划期内提供服务的船舶，制定泊位分配计划，为船舶及码头提供准确的船舶到港时间、船舶停靠位置及停靠时间。针对区域港口群的泊位分配问题，从整体角度以区域内多个港口的泊位分配问题为研究对象，构建多港多泊位联合调度模型，研究多个港口泊位联合调度的泊位调度方法，从而提高整个系统的集装箱转运速度。

岸桥作为码头前沿的重要装卸设备，为到港船舶提供集装箱装卸服务。关于岸桥调度的研究，主要可分为岸桥分配问题(quay crane assignment problem, QCAP)和岸桥调度问题(quay crane scheduling problem, QCSP)。岸桥分配问题类似于指派问题，是根据已有的靠泊计划，为靠泊的船舶分配合理的岸桥，在满足船舶装卸要求的同时，最小化岸桥的启动次数、水平移动时间以及作业时间，最大限度地减少岸桥生产率的损失，降低码头的作业成本。岸桥调度问题是在岸桥分配的基础上，根据船舶的配载计划，考虑岸桥的起始作业位置、岸桥在贝位之间的移动、岸桥的作业量等(胡中奇，2020)。针对区域港口群的泊位-岸桥协同优化问题，在考虑港口整合与港航合作的背景下，与船舶航速进行协同决策，以最小化船舶在港延误时间和船舶碳排放量(以船舶油耗为指标)为目标建立模型，设计粒子群优化算法对模型进行求解，系统地制定船舶航速和港口岸边作业计划，在提高港口群运营效率的同时，降低对环境的影响。

堆场是集装箱港口的缓冲地带，港口堆场资源的合理优化对于港口的运行效率有着极大的影响。堆场中的空间资源主要是指堆场中能够放置集装箱的空间位置，包括堆场的贝位资源和箱位资源。传统的港口堆场空间优化问题就是运营商根据港口的实际情况，依据设定的目标和企业的经营理念，按照事先确定的规则，对堆场空间进行合理有效的分配和优化，实现资源和空间的有效利用。

港口水平运输设备包括港区内部运输设备以及港区外部运输设备。目前我国集装箱港口大都采用集卡作为水平运输设备(贾鹏等，2023)，此外，在自动化和半自动化港口中还采用自动导引车(automated guided vehicle, AGV)等运输设备进行水平运输。从构成来看，作为港口群物流中的重要组成部分，水平运输物流系统在整个港口群物流中起着关键的连接作用，是在各港口间以港口各部分间集装箱进行转移的主要承载者。传统的港口水平运输资源优化调度问题包括集卡调度问题、场桥调度问题等，在多港口资源整合背景下，该问题还可延伸为多港口地区多式联运运作方案优化问题。在港口群水平运输上实行协同运营管理，一方面是应对外部压力加大的要求，随着港口数量的增多，港口之间已经进入充分竞争阶段，在区域中不再像过去那样具有自带的垄断性，通过对运输设备等硬件设施与信息进行共享，可降低港口群整体的运营成本；另一方面协同运营更是解决各个港口间无序竞争、优化资源配置的方法，也是社会发展的需求。

人力资源规划是指基于港口战略发展规划，通过对未来较长一段时间内人力资源需求与供给的分析、预测等，对港口人力资源管理相关职能内容进行计划与安排，实现企业人力资源数量、结构、质量等方面的优化配置，并致力于为实现发展战略目标提供最为优秀的队伍支撑。这对于提高港口作业效率，提升港口作业安全性，进而提升港口竞争力与影响力具有重要的意义。当前，专业化已经成为港口建设的重要要求，而这又对港口作业人员的专业素养提出了更高的要求。

1.2.3　港口群资源整合效果评价

港口群资源整合是一个复杂的系统工程，整合的最终效果会受到多方面因素的影响。此外，港口群资源整合也是一个长期持续的过程，有必要对港口群资源整合各阶段的整合效果进行把控，明确现有的整合措施对港口群资源整合效果的影响，从而为下一步港口群资源整合计划的调整与优化做准备。现有相关文献主要围绕港口群资源整合投入、产出效果进行评价，基于系统动力学的港口群资源整合因果反馈机制、基于生产函数模型的港口群整合前后的资源配置效率等展开研究。港口群资源整合效果的提升可以体现在多个方面，包括资源配置效率的提升、整合后系统的稳定性以及整合过程的推进情况等(邓剑虹等，2022)。选取合适的港口群资源整合效率测算的输入、输出指标，构建合理的港口群资源整合效果评价指标体系，确定合理的港口群资源整合效果评价方法对于系统全面地评价港口群资源整合的效果，进而指导港口进一步整合方案的优化具有重要的意义。本书的研究内容涵盖了港口群资源整合的全方面与全流程协同。

1.3　研究思路与框架

本书沿着"科学问题界定—协调机制分析—整合效果评价—政策理论构建"的思路对我国港口群资源整合背景下的港口群协同运作问题进行研究，对港口群协同运作机制与协同运作路径进行分析，从而为港口群资源整合进程中以及港口群资源整合完成后区域内港口协同运作效率的提升提供理论依据。港口群资源整合是港口协同运作的保障和前提，只有实现了运作的协同才能从业务层面实现港口群的高水平整合。本书对港口群资源整合全流程中的协同运作问题进行研究，综合运用定性分析和定量分析的方法，对港口群实现资源优化整合与运作协同发展路径进行研究。

本书首先对港口群资源整合背景下的港口群协同运作优化研究的必要性进行

分析,科学界定港口群协同运作优化的内涵,明确港口群协同运作的关键问题。其次从协同运作机制、物流网络、设施设备资源运营、信息系统资源整合等四个层面进行分析:在协同运作机制方面,基于港口竞合博弈理论,对港口群供应链协同运作机制进行研究,为推动港口群供应链的协调与优化、港口群协同运作服务质量的提升提出可行路径;在物流网络方面,从港口腹地资源优化、港口群集疏运体系优化、港口群航线网络优化的角度,对港口群物流网络优化进行研究;在设施设备资源运营方面,对港口群整合背景下的港口场桥、岸桥、堆场、人力资源、集卡等多维资源联合优化调度方案进行研究;在信息系统资源整合方面,对港口群资源整合背景下的港口群物流供应链信息系统资源整合优化路径进行研究。再次本书对港口群资源整合效果评价指标体系与评价方法进行研究,并对我国区域港口群资源整合效果进行实证分析。最后为我国区域港口群协同运作优化提出政策建议。

参 考 文 献

蔡鹏. 2021. 环渤海地区港口竞争格局变化分析[J]. 珠江水运, 1: 38-40.

邓剑虹, 徐传谌, 周维良. 2022. 双循环新发展格局下港口腹地时空演变机理——以粤港澳大湾区港口群为例[J]. 中国流通经济, 36(1): 20-32.

胡中奇. 2020. 基于禁忌搜索算法的多港多泊位联合调度优化研究[D]. 深圳: 深圳大学.

贾鹏, 马奇飞, 邬桐, 等. 2023. 一体化运营模式下中国区域港群效率研究[J]. 科研管理, 44(4): 112-126.

邵言波, 邵羽冰. 2023. "一带一路"中国沿线主要港口碳排放效率评价研究[J]. 经济问题, 5: 22-30.

谭志加, 曾宪扬, 孟强. 2022. 多式联运网络环境下的内河港口托运人选择分析[J]. 系统工程理论与实践, 42(5): 1391-1401.

王琪, 韦春竹, 陈炜. 2022. 中国港口群内部格局与参与全球航运网络联系分析[J]. 人文地理, 37(1): 181-192.

Chen J H, Li H Q, Zheng T X, et al. 2020. Network evolution of logistics service effect of port infrastructure in coastal china[J]. IEEE Access, 8: 46946-46957.

Guo L Q, Ng A K Y, Jiang C M, et al. 2021. Stepwise capacity integration in port cluster under uncertainty and congestion[J]. Transport Policy, 112: 94-113.

Hintjens J, van Hassel E, Vanelslander T, et al. 2020. Port cooperation and bundling: A way to reduce the external costs of hinterland transport[J]. Sustainability, 12(23): 9983.

Liu B L, Li Z C, Sheng D, et al. 2021. Integrated planning of berth allocation and vessel sequencing in a seaport with one-way navigation channel[J]. Transportation Research Part B, 143: 23-47.

Ma Q F, Jia P, She X R, et al. 2021. Port integration and regional economic development: Lessons from China[J]. Transport Policy, 110: 430-439.

Yu J J, Tang G L, Song X Q. 2022. Collaboration of vessel speed optimization with berth allocation and quay crane assignment considering vessel service differentiation[J]. Transportation Research Part E, 160: 102651.

第2章 港口群协同运作机制

　　港口供应链是一个以港口企业为核心，将港口服务供应商和客户联合在一起组成的复杂大系统。从系统论来看，港口供应链本身就是一个系统，由信息流、资金流、物流组成，完成各阶段服务的生产和转化。港口供应链是一个开放的，不断与外界进行物质、信息交换的远离平衡态的系统。这是因为组成港口供应链的企业成员是理性的，他们之间存在资源、信息、技术能力等方面的不平衡，这种不平衡造成了他们之间在利益分配上的不平衡。而港口供应链上的企业会因为这种利益不平衡发生摩擦，最终导致港口供应链走向灭亡。系统作为一个整体，有着高效的有序性能力。港口供应链就是要通过系统的这种有序性能力，对港口供应链上的企业进行计划、组织、协调和控制，使港口供应链系统稳定有序进行。港口群供应链一般指的是将港口供应链上各节点企业为了共同利益而结成一个虚拟组织，组织内各节点企业通过共享技术与信息，分担费用，协调人员、资金和设备等方面，实现虚拟组织整体与组织内各节点企业的绩效最优(Qin et al.，2023)。港口群供应链是以港口企业为核心的，将群内港口企业服务供应商与客户通过公司协议和联合组织等方式结成的一种协同网络式联合体。在这一协同网络中，各节点企业和客户可以动态地共享信息、优势互补、利益风险共担、密切协作和共同发展。

　　根据协同论原理，系统内各子系统的协同有效程度是决定系统能否充分发挥协同效应的关键。如果各子系统为了共同的目标配合协调，那么整个系统就会产生较好的协同效应；如果各子系统为了各自利益相互冲突、摩擦，那么整个系统就难以产生较好的协同效应，还会使整个系统产生混乱无序状态。对于港口供应链，首先，协同是决定港口供应链运营管理成效的关键，只有加强港口供应链上各企业间的协调，减少冲突和摩擦，才能显现港口供应链的运营成效；其次，协同是港口供应链系统由不平衡向平衡发展的根本途径，只有港口供应链系统中各子系统之间进行协同，才能完善港口供应链内部的运营管理机制。

2.1 引　　言

　　从现有的海事物流研究文献以及港口功能的演进趋势来看，在港口群物流联动过程中，发展港口供应链是大势所趋，并且只有协同才能保证港口供应链运营的成效。

2.1.1　港口供应链的相关研究

近年来,随着航运业的高速发展,港口在供应链中也发挥了越来越重要的作用,港口供应链是在传统港口系统中扩展出来的,这一系统能够提供港口和其他企业联系的不同通道,作为关键要素,有助于通过供应链创造竞争优势和传递增加值,从而使港口和码头供应链朝向集成化、信息化方向发展(Wang et al., 2022)。一般地,港口供应链应属于混合型供应链,供应链上各港口之间和上下游企业之间会产生激烈的竞争与合作,这就需要对港口供应链进行有效管理。例如,进行内部和外部的质量管理来提高供应链的效率,使供应链上企业之间的关系和谐;构建供应链中港口之间关系的概念模型来更好地理解港口之间的关系和动态性能,提高运输效率与港口竞争力,从而进行合理的绩效评估和港口物流服务供应链利益分配,特别地,这一利益分配也需要一定的港口供应链激励机制。正是因为有了激烈的竞争,所以在供应链环境下,各港口要进行合理的战略选择来发展和生存。例如,通过构建港口的离散选择模型,考虑供应链上利益相关者对港口发展的影响,利用供应链网络模型定位集装箱码头的战略等。除了自身的战略选择外,还需要选择供应链的合作伙伴,以此来抵御和缓和港口供应链的不确定性风险(Li et al., 2023)。近年来,随着港口整合和协调发展进程的加快,港口供应链的整合和协同运作机制也受到广泛关注,现有文献普遍从案例的实证分析、港口供应链调度的测算以及港口供应链协同分析视角进行研究。

2.1.2　港口合作机制和联盟博弈相关研究

近年来,随着航运业的快速发展,港口的互联互通尤为重要,因此必须构建完善的港口合作机制,主要包括利益分配与补偿机制,以及进行必要的港口资源整合,可将港口资源整合的效益提升作为突破口,更新价值观念以平衡各方利益,港口资源整合实现了港口经济效益的充分发挥,从而真正实现了港口资源整合的最大效益。郑俊等(2023)为探索区域港口一体化过程中各港口企业的合作关系,促进各主体在一体化进程中健康、稳定、有序发展,从区域各港口管理者及经济腹地区域的政府主管部门视角出发,分析政府与区域港口群之间的竞合博弈关系,并运用仿真软件进行动态仿真。研究表明,在政府主管部门监管行为下的三方博弈模型中,分配系数和政府政策奖惩机制的力度是影响区域港口一体化、确保政府监管落到实处的重要因素,为管理者提供了建议与参考。随着水运贸易的快速发展和集装箱港口服务与货物运输水平的提高,港口演变成区域间物资与信息交换的核心衔接点。刘宁(2023)以区域集装箱港口为主要研究对象,结合定价及利润分配的模型方法,在考虑补贴对定价的影响以及港口利润分配的影响因素下,采用不同竞合情形的博弈模型及改进的 IAHP-Shapley(interval analytic hierarchy process-Shapley，区间层次分析法-沙普利)值方法对区域港口进行定价与利润分配研究。研究发现，一是港口采用补贴策略有利于自身发展，港口补贴差值越大，两港的均衡价格差越小，因此补贴力度较大的港口能提高市场份额占有率，实现最终利润增长；二是当港口处于非合作状态时，运用序贯博弈定价获得的利润较同时博弈定价均有所增加，因此若有港口为提高利润先制定较高定价策略，则其行为会造成其他港口定价提高；三是港口合作定价策略可实现两港口的利润最大化共赢，表明区域港口合作的必要性。孟帝辰(2022)认为面对航运市场严峻的发展形势，仅依靠市场的调节作用是不够的，各港口应从提升自身的竞争力出发，若港口竞争力较弱，在市场调节下依旧没有绝对优势去获取满足港口发展的市场资源，而真正能从市场资源配置中获益的只有综合发展实力强的港口。因此，构建港口综合发展评价指标体系，基于评价值运用聚类分析对港口划分层次，分别从业务发展和港口间关系两个方面探究港口群协同情况，运用多维灰色模型对环渤海港口群整体业务与主要港口业务发展的协同情况进行研究，并建立完全信息条件下的多方静态博弈模型和三阶段动态博弈模型，求解出均衡价格、均衡产量和均衡收益，并使用 Shapley 值方法对收益进行更为科学合理的分配。

2.1.3　港口供应链协同运作机制的相关研究

港口供应链的协同运作总是比非协同港口供应链更加有效。在海运物流链上利益相关者众多，港口群供应链的协调机制多依赖利益相关者的集成和协作，从而通过协同框架分析来定位港口发展、治理、协调相关的最佳实践，以便重新设计和配置港口之间的新合作方案，实现利益最大化，对供应链利润的合理分配来达到促进港口供应链稳定和协调的状态，以优化供应链中的运输网络，从而缓解港口集疏运系统的拥挤和堵塞状况。

一般地，对于港口供应链协同运作机制的研究以博弈模型方法为主。例如，李剑等(2023)构建了航运公司与船代公司组成的风险厌恶型航运供应链，运用Stackelberg(施塔克尔贝格)博弈模型，分析航运公司的"利他偏好"行为对航运市场各方决策行为以及航运供应链纵向合作的影响。研究发现，航运公司的"利他偏好"行为会激励船代公司加大营销投入、扩大市场需求，从而提高航运供应链的整体收益和竞争力。虽然效果不及"纵向联盟"，但航运公司的"利他偏好"行为可以加强航运供应链的纵向合作。梁晶等(2023)考虑了政府采取碳税或碳排放权交易机制两种碳排放政策，基于供应链视角，构建了港口与航运公司减排博弈模型，系统分析了港航企业减排策略选择和政府碳排放政策选择问题。结果表明，当航运公司减排成本小于港口协助减排成本时，港航企业选择分散决策减排力度最优；反之，选择集中决策减排力度最优。在集中决策情形下，港航供应链减排力度与航运公司减排成本和港口协助减排成本成反比，与市场容量成正比；在分散决策情形下，港口协助减排成本不会影响港航供应链的减排力度。王嘉浩(2022)基于近年来不确定性的急剧升高对全球的产业链、供应链带来了严重的影响和冲击，运用 Stackelberg 博弈方法构建了由港口和海运承运人组成的港口物流服务供应链模型，建立并比较了三种协调决策模式，即分散决策模式、承运人联盟决策模式和集中决策模式。通过比较分析三种协调决策模式下的不同结果，探索当实施不同协调策略时，需求扰动对供应链各利益主体的决策影响程度。研究结果表明，需求扰动分配比例仅对分散决策模式下承运人的服务质量和价格决策产生影响。当服务质量成本系数较大时，集中决策模式在承运人服务价格波动上具有更高的鲁棒性；当服务质量成本系数较小时，承运人联盟决策模式能更好地降低需求扰动对承运人服务价格的影响。李晓东等(2021)针对污染排放控制下港口与航运公司合作减排问题，构建了由单个港口与航运公司组成的两级海运供应链，建立了港口主导的 Stackelberg 博弈模型、港航纵向整合决策模型、港航合作纳什讨价还价决策模型以及港航协作节能减排决策模型四种模型，分析了港口价格、减排水平、航运公司货运量以及双方利润的变化。结果表明，港航纵向整合决策下的双方利润均大于港口主导的 Stackelberg 博弈；港航收益共享契约无法实现海运供应链协调；减排成本分担契约可以提高海运供应链的整体效率，实现整体帕累托改进；港口倾向于减排成本分担决策，航运公司倾向于纳什讨价还价决策，由于后者在整体利润及节能减排水平上均高于前者，所以需要政府激励推动港口接纳港航合作纳什讨价还价决策。

2.1.4　理论评述

无论是欧洲、东南亚还是我国港口群的发展，都已进入港口区域一体化的演化阶段，港口资源整合、港口合作联盟等相关研究已经被国内外学者提升为港口发展进程中必须要面对和解决的重要问题之一。国内外学者对港口物流服务供应链相关问题开展了多种研究，主要集中在供应链结构优化、供应链绩效评价、供应链整合等方面。研究方法以博弈论和信息经济学为主。其中，基于委托代理理论解决供应链协同管理问题已经成为一个热点研究方向，但还存在一些局限性。

首先，对于服务提供商运作能力评价和评估的研究较多，但根据信息不对称发生的时间，运作能力是客观能力，属于事前的不对称信息，是逆向选择研究的范畴，对于解决签署委托代理契约后，服务提供商努力水平难以监管的道德风险问题研究较少。其次，大多研究都是基于双边委托代理(单委托人、单代理人)关系的研究，但是在港口服务供应链中，港口群中的核心枢纽港作为单委托人，而存在多个支线港和喂给港以及其他众多港口服务提供商，协同完成港口物流服务产出，是多代理的委托代理(单委托人、多代理人)问题。最后，大多研究仅是考虑服务提供商的努力水平对服务集成商收益的影响，但不同于一般的服务集成商，港口自身所提供的服务将会有所产出。因此，应该考虑港口的努力水平与服务提供商的努力水平之间相互影响情况下的港口服务供应链利益协同问题。

因此，本章将博弈论作为主要的研究方法，制定利益共享、风险共担、风险补偿等协同运作机制，并对这些机制进行量化分析，实现港口群整合，发挥港口合作联盟的效用。此外，在港口供应链中将基于单委托人(一个核心枢纽港)多代理人(多个相关服务提供商)关系，同时考虑服务集成商努力水平与服务提供商努力水平共同对服务供应链产出的影响，在实现港口物流服务供应链效用最优化的基础上，设计防范道德风险的激励与监督机制，以保障港口物流服务供应链的利益协同。

2.2　相关理论基础

理论基础为相关分析提供了一种观察的角度、思考的方法、解释的依据，本节主要介绍港口与港口群的供应链协同、港口合作联盟博弈理论、港口物流服务供应链协调与优化等领域的相关理论，为分析奠定基础。

2.2.1　港口与港口群的供应链协同

港口供应链由所有链上节点企业组成，其中港口企业为核心企业，链上节点企业在需求信息的驱动下，通过港口供应链的职能分工与合作(如港口设备供应、场站服务、集疏运服务、电子信息服务、航运服务、通关服务、餐厨运输服务等)，以资金流、物流、服务流为媒介实现整个供应链的不断增值。

目前，中国港口的建设正由零星分布向港口集群转移，以中心枢纽港为核心的港口群正在逐步形成，港口之间的竞争也已逐步演化成港口群之间的竞争，并由外延式扩张向内涵效率型发展。随着现代港口功能的不断延伸，港口已由单一运输中转节点的定位转变为综合物流服务链中的重要环节，逐渐形成了自身特有的港口物流系统。

1. 单一港口供应链

尽管当今港口正在向港口集群发展，但是单一港口供应链是港口合作联盟下各种供应链形成的基础。根据以上港口供应链的定义，单一港口供应链结构可以简单地归纳为图 2-1。

需要说明的是，图 2-1 中的港务集团指的是大型港口企业，小型港口企业的供应商一般只有码头建设公司和港口设备修造厂。另外，港务集团的服务供应商是其自身行业特有的供应商，如产品供应商(港口机械设备供应商)、场站集疏运服务供应商(场站公司和集运公司)、电子信息服务商(港航电子数据交换公司)、工程项目承包商(主要指的是码头建设公司和航道疏浚公司)等。由于航运公司(班轮公司)在港口的经营通常不仅是将航线调整到港口停靠，还需要除港口以外的其他

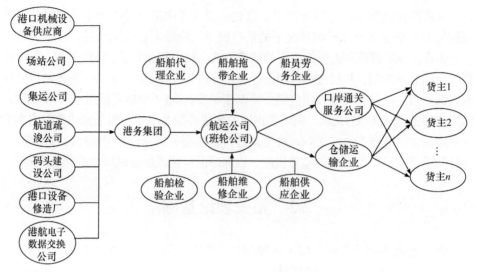

图 2-1　单一港口供应链结构

联合服务，如船舶代理、船员劳务、船舶拖带、船舶维修和船舶供应等，也就是说，航运公司(班轮公司)选港的前提除港口本身的条件以外，还需要考虑其服务供应商所在的产业发展情况。

2. 港口合作联盟(群)体系下的供应链

(1) 以干支线组合港为核心的港口供应链主要表现为由多个规模小的港口兼并重组后形成的规模大的港口群(同一港口企业集团)，也表现为区域内干支线组合港形式的供应链，又表现为具有相同经济腹地的区域港口建设的组合港供应链。以干支线组合港为核心的港口供应链结构可以简单地归纳为图 2-2。

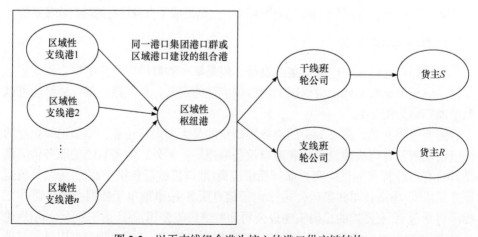

图 2-2　以干支线组合港为核心的港口供应链结构

在以干支线组合港为核心的港口供应链结构中，区域性港口企业集团发挥其在港口经营和管理方面的优势，采取各种形式对集团内的支线港进行整合，共同面对干线班轮公司和支线班轮公司，以凝聚区域内的核心资源，获取市场竞争力。

(2) 以干线港为核心的港口供应链主要表现为，同一经济圈或经济带内港口群在区域内以干线港为核心所表现的供应链。以干线港为核心的港口供应链结构可以简单地归纳为图 2-3。

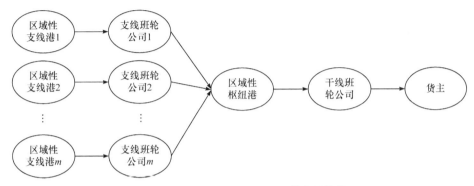

图 2-3　以干线港为核心的港口供应链结构

在以干线港为核心的港口供应链结构中，作为区域性枢纽港的干线港一般具有强大的港口服务能力，如各种港航信息技术、船代、货代、港口航道疏浚、轮驳拖航、救助打捞、船舶供应等。全球主要的大型干线港，如上海港、鹿特丹港、洛杉矶港等都是如此，并且区域性枢纽港的干线港与区域周边的支线港都存在各种形式的联盟关系，各支线港对于干线港的依赖程度很高，几乎达到港口全部业务量的 80% 以上，例如，张家港港、南京港和嘉兴港等上海港周边的支线港对上海港的喂给箱量分别占到全部吞吐量的 95%、93% 和 91%。支线港是枢纽港向腹地延伸的重要媒介。

根据港口物流理论，港口群物流实质上是指在依托港口群这个节点所形成的服务平台上进行的一切物流活动。联动的原意是指若干个相关联的事物其中一个发生变动时，其他事物也随之变动。由此，从表层上看，港口群物流联动可以理解为相互关联的港口物流企业集合基于其联结关系而发生的联合变动行为。根据港口群物流未来的发展趋势，将供应链环境下的港口群物流联动的定义界定为区域港口群内港口物流企业以建立港口企业供应链为手段，将供应链上下游企业联合在一起进行规划和管理供应链运作，实现业务数据共享、联合预测、计划、管理执行以及绩效评估等，从而实现港口供应链上无缝的价值增值过程，以满足最终客户的需求(Wang et al.，2023)。从港口群物流联动的完整实现过程来看，港口群物流联动既包括港口群系统内部各子系统之间的联动，也包括区域港口群内部港口之间、港口群之间、港口与内陆物流企业之间、港口与商贸企业之间的联动。因此,港口群物流联动本身也有着对不同企业间进行协同的要求。

自 2002 年我国实行港口体制改革以来,区域内相对密集的港口企业不再只是依赖自身现有的资源,而是通过兼并重组、建立组合港、竞争合作、战略联盟等方式实行港口资源整合。港口企业与其他企业的广泛合作和协同,不仅实现了港口功能优势互补、防止恶性竞争,而且能对港口资源进行整合和充分利用,以增强自身的竞争实力。随着区域内港口企业兼并重组,由多个港口企业组建的大型港口物流集团纷纷建立,区域港口群实现了统一管理。但是在经济全球化的今天,由多个港口企业组建的大型港口物流集团也不会单独存在,也需要与所在区域外的港口企业进行合作或者联盟。特别是在航运联盟的巨大压力下,各港口企业可能会为了争夺货源而不断降低价格,从而导致其陷入困境。因此,区域内港口物流企业除了兼并重组,也应该尽快建立类似航运联盟的港口物流战略联盟,以协调港口间的营运价格,在同一区域内实行协同,实现共赢的局面(刘奎和李邓宇卉,2023)。

另外,港口群的形成使得以港口群为核心的物流产业、临港工业得到快速发展。由于港口巨大的区位优势,由港口-物流园区-临港工业区构成的布局已经形成。港口群内的各港口可以依托物流园区展开一体化的物流服务,也可以与临港工业企业合作,为其提供港口最便捷、最优的服务(初楠臣等,2021)。反过来,物流园区和临港工业企业也为港口提供了更多的货源,增加了港口收益。因此,港口群与物流园区和临港工业企业的协同也不可避免。

从港口群物流联动沿着区域港口群内的港口物流企业竞争→兼并重组、组合港建设→合作、战略联盟→港口供应链协同这一演变路线可以看出,港口供应链协同模式正在演变成港口群物流联动未来的发展模式(叶士琳等,2023)。因此,为适应港口群物流未来的发展趋势,本书将港口群物流联动模式的研究对象定为港口供应链协同模式,即对港口供应链进行协同管理,港口合作联盟体系下的以干支线组合港为核心的港口供应链协同和以干线港为核心的港口供应链协同。那么,本章后面对港口群物流联动模式的研究实际上是围绕港口供应链协同这一问题进行的。

综合制造业企业供应链协同的概念,在区域港口群内港口物流企业联动的环境下,本书对港口群供应链协同进行如下定义:港口群供应链协同是指港口供应链上各节点企业为了共同利益而结成一个虚拟组织,组织内各节点企业共享技术与信息,分担费用,协调人员、资金和设备等,从而实现虚拟组织整体与组织内各节点企业的绩效最优。港口群供应链是以港口企业为核心,将群内港口企业服务供应商(场站公司、集运公司、航道疏浚公司、码头建设公司、港口设备修造厂、港航电子数据交换公司等)与客户(航运公司、班轮公司、货主等)通过公司协议和联合组织等方式结成的一种协同网络式联合体。在这一协同网络中，各节点企业和客户可以动态地共享信息、优势互补、利益风险共担、密切协作和共同发展。

2.2.2　港口合作联盟博弈理论

1. 竞合理论

合作竞争理论简称竞合理论，其强调合作的重要性，可以有效避免企业间过分竞争的弊端与出现的种种问题。竞合成功的三要素包括贡献、亲密和远景。贡献是指形成竞合关系之后各方付出的努力与取得的成果。亲密是指竞合关系中参与主体之间关系的亲密程度。远景是指竞合伙伴的发展导向，也是合作主体的奋斗目标。竞合是高层次的竞争，不否定更不会打消竞争意识的存在。竞合是合作主体从有效配置资源、发挥共赢效果的角度出发，对自身发展战略的调整。

区域内港口之间的同质化恶性竞争，对港口行业的向上发展毫无益处。我国港口正在由单纯的竞争逐步向竞合转变，竞合战略可以发挥合作竞争双方各自的优势，实现优势互补。因此，从单纯竞争转变为竞合、从资源浪费转变为资源整合、从同质化发展转变为错位发展，才能增强港口群的整体竞争能力(Nie et al.，2023)。港口群内各港口之间只有通过合作才能实现共赢。为了提升我国港口的整体竞争力，有必要研究群内港口间的协同运作，增强港口群的综合实力，提高我国港口的整体发展水平。

2. 港口博弈理论

博弈论又称为对策论或赛局理论。在某个场景中，如果有多个参与者在追逐各自目标或收益的前提下，根据某些规则或标准，共同做出决策、制定方案的情况就可称为博弈。如果一个决策情况存在多于一个决策者，且其追求各自的目标，这个决策情况也可称为博弈。而博弈论所研究的是，在这些决策博弈中，找出每位决策者的最优策略。博弈论的基本元素包括参与者、行动、策略、支付、目标、行动顺序、结果和均衡等。博弈论的范围极广，其中涉及的学科知识包括数学、统计学、运筹学、工程学、经济学、金融学、管理学等。参与者所做出的决策方案是每一个参与者的最优策略，是指在不影响其他参与者收益的前提下，自身的行动无法使其收益再增加的局面，也称为达到均衡。

在1950~1953年，纳什发表了四篇有关博弈论的重要论文，当中提出了如何界定合作博弈和非合作博弈。根据是否可以达成具有约束力的协议将博弈分为合作博弈和非合作博弈。合作博弈称为正和博弈，是指博弈双方的利益有所增加，或者至少有一方的利益增加，而另一方的利益不受损害，因而使整个社会的利益有所增加。非合作博弈是指一种参与者不可能达成具有约束力的协议的博弈类型。本书以博弈论中的非合作博弈和合作博弈为理论基础来研究港口群内多港口之间的竞合问题。

1) 非合作博弈

非合作博弈研究是人们在利益相互影响的局势中如何决策使自己的收益最大，即策略选择问题。纳什均衡是一种非合作博弈均衡，在现实中，不仅非合作情况远比合作情况普遍，而且合作往往只是暂时的和策略性的，所以应用比较广泛的还是非合作博弈模型。

均衡是博弈论中的重要概念。均衡即平衡的意思，在博弈论中，博弈均衡是一种稳定的博弈结果，是所有参与者最优策略或行动的组合。博弈的均衡是稳定的，因而是可以预测的。博弈论中有多种均衡的概念，其中最重要、最基本的是纳什均衡。纳什均衡是指这样一种策略组合，在其他参与者的策略选择既定的前提下，每个参与者都会选择自己的最优策略(每个参与者的个人选择均依赖其他参与者的选择，不依赖其他参与者的情况只是例外)，所有参与者的最优策略组合就是纳什均衡。纳什均衡的重要性体现在：一方面，它规定了任何意义的合理结果都要满足的基本条件，即当某一参与者发现其单方改变策略便可以获取更多时，他会毫不犹豫地改变自己的策略，博弈自然也就没有达到均衡；另一方面，纳什均衡是所有其他均衡概念的基础。

非合作博弈的特点是参与者之间的任何协议并不具有约束力，因此参与者在进行决策时，只基于自身利益的考虑。从两败俱伤的鹰-鸽模型(Hawk-Dove model)、古诺模型(Cournot model)、伯川德模型(Bertrand model)的寡头模型等可以发现，在非合作博弈模型中，参与者各自追求己方利益，导致所有参与者的整体利益并不能达到最优，甚至在许多情况下，博弈的结果是远离最优的。

在非合作博弈中，各个参与者为了一个单位的支付而放弃了共同合作下的万倍支付。为什么各参与者为了各自的蝇头小利，既牺牲了同心合作下的整体最优利益，也使自己仅获得只相当于共同合作下的万分之一的利益。换句话说，每位参与者都选择放弃皆大欢喜的共赢局面，而接受了一个各方面都极为不利的局面，这实在令人感到悲哀。

2) 合作博弈

纳什界定合作博弈和非合作博弈的条件为是否具有有约束力的协议。如果某个博弈中的参与者能够做出具有约束力的协议，则是合作博弈；否则，是非合作博弈。

合作博弈的优势非常明显，在有约束力的协议下，签订协议的各方参与者会将实现合作整体利益最优与保障自身利益最优两个目标同等对待。因此，所结成的合作联盟是有效的、有约束力的密切关系，具有共同愿景。合作博弈可分为支付可转移的合作博弈和支付不可转移的合作博弈。如果合作收益是可以被参与者合理分配的，则称为支付可转移的合作博弈。在本书中，港口群内港口的竞合博弈问题应属于支付可转移的合作博弈，也即联盟型博弈。

2.2.3   港口物流服务供应链协调与优化

1. 港口物流服务供应链

深入研究与港口群物流网络密切相关的现代港口物流、港口代际、港口服务供应链等理论内涵，为构建集成化的港口群物流网络体系提供了理论支撑。为使港口在全球综合运输网络中发挥重要作用，港口发展需要适应现代物流的需求，形成现代化的港口物流综合服务体系(邓昭等，2023)。

按照港口功能的进化，港口代际发展趋势演化与核心特征如图 2-4 所示，目前世界港口的发展一般存在五个演化阶段。当今，全球大型港口基本进入了第三代港口发展阶段，并以继续发展成第四代甚至第五代港口为奋斗目标。部分学者也将第四代港口称为柔性化港口、绿色港口、科技港口、协同竞争港口和服务供应链港口。第五代港口是以大型枢纽港为"母港"，以支线港和内陆干线港为"子港"，形成区域港口群共同发展的"母子港群的合作联盟"。

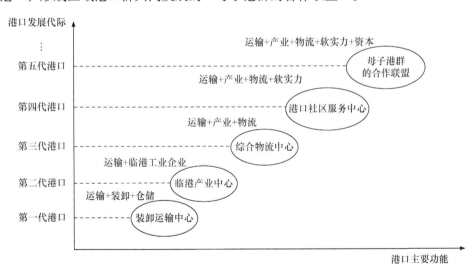

图 2-4   港口代际发展趋势演化与核心特征

现代港口群物流网络协同的研究，主要融合第四代港口与第五代港口的特征。第四代港口具有以下特征：港口作为全球供应链的要素，力求与港口物流供应链上其他物流企业相互协作，差异化、精益化是基础阶段，敏捷化是过渡阶段，而第四代港口的发展目标是实现柔性化。港口划分的区域化、网络化趋势明显，第四代港口的港口范围划分不再局限于地理位置和行政区划,而是形成多个跨行政区划的港口群组合。港口具有主动决策的能力,港口的角色上升为供应链的组织者、策划者、发展动力和运行基地。港口作为核心物流企业,为港口服务需求方提供更多更好的物流增值服务。第五代港口具有以下特征:①兼容了前四代港口的功能,是在原有基础上的重新整合与拓展;②组织特性,枢纽港-支线港-内陆干线港无缝衔接,共享资源与信息,密切合作;③生产特性,共生母子港群的合作联盟,合力争夺直接腹地、间接腹地的货源,具有统一的规划与协调;④经营特性,联营港口性质不同,合作关系复杂,经营模式难以统一,因此根据合作特点,需融入多种经营模式。

港口现代物流、港口代际演化、港口服务供应链等理论中都包含物流、供应链、服务、现代化等内涵,因此将三个术语整合为港口物流服务供应链。港口物流服务供应链(port logistics service supply chain,PLSSC)是一种以集成港口物流服务为主导的物流服务供应链模式,它以核心枢纽港的港口企业(或者区域港口群联盟形成的港务集团)为物流服务集成商,成为链上的核心节点,集成链中的物流服务供应方和需求方的优势资源,以顾客的服务需求为动力快速整合各种物流资源,所形成的从物流服务分包方到物流服务需求方的链条结构。同时,其中伴随着服务流、资金流和信息流的流动(王伟等,2022)。其根本目的是降低港口服务总成本,提高港口群的整体物流服务水平。

2. 委托代理理论

20 世纪 60 年代至 70 年代,在基于信息不对称的条件下,研究委托人与代理人之间的约束激励机制问题时,产生了委托代理理论。该理论的研究内容包括委托人与代理人双方基于自身利益出发,围绕经营业务主体,在责、权、利等方面产生的各种冲突,对于委托人,基于自身的利益出发,要求代理人在继承部分权利的基础上,进行经营活动,为委托人一方带来实质的利益。由此引发的冲突体现在以下三个层次。

第一个层次,也是基于最实际的利益纠葛导致的双方的矛盾,即双方均作为经纪人,做出的决定举措都是基于自身利益最大化的行为,而在利益上,委托人与代理人往往存在分歧,通常表现在代理人会基于自身的利益诉求,牺牲掉委托人的部分利益。

第二个层次,委托代理理论的基础条件为信息不对称。作为经营业务的直接参与者,代理人天然具备更多的信息获取渠道,而委托人天然受到获取即时信息的诸多阻隔,特别是关系到委托人利益相关的信息。然而代理人在信息方面占据天然优势,甚至存在通过加大信息不对称来达到使自身利益最大化的可能性。基于此,通常认为信息不对称是委托代理理论的常态,信息对称的情况其实是比较少的, 因此出于对自身利益的考量, 委托人势必会建立监督机制来弥补甚至控制由信息不对称导致的自身利益的损失。

第三个层次, 基于前面提到的两个矛盾点, 双方存在契约不完全的矛盾, 即委托人在明知代理人有信息不对称方面的优势后, 势必无法在提起合同中对代理人进行全面约束。代理人也会寻找漏洞, 即使有违道德, 牺牲掉委托人的部分利益而使自身利益达到最大化, 同时无须承担违约风险。基于此, 双方应该形成一个契约, 专门用于协调双方的利益冲突, 从而控制代理人的经营行为, 解决代理问题, 以期满足双方的利益, 达到双赢。

委托代理理论是制度经济学契约理论的主要内容之一。在信息不对称的市场环境中, 以及信息不完全及决策分散化的条件下, 如何设计一套机制(规则或制度)使经济活动和市场活动参与者的个人利益和设计者的既定目标相一致, 需要利用信息经济学的机制设计方法来处理, 主要包括确定委托代理关系及解决委托代理问题的信号理论与激励机制。

委托代理问题是建立在信息不对称博弈论基础上的, 因此按照信息不对称发生的时间, 可分为逆向选择与道德风险。出现在签订委托代理契约之前的信息不对称称为逆向选择, 而签订委托代理契约之后代理人出现的问题称为道德风险。

1) 逆向选择与信号理论

逆向选择是指在建立委托代理关系前, 代理人就已经掌握某些委托人不了解而又可能对委托人不利的信息, 即私人信息, 代理人利用于己有利的信息鉴定对自己有利的合同, 而委托人由于信息劣势而处于对其不利的选择位置上, 也称为不利选择。解决逆向选择的方法称为信号理论, 根据信号发出者不同, 分为两个途径: ①信号传递, 是指通过可观察的行为传递商品价值或传递该信息商品质量的确切信息。代理人知道自己的类型, 但委托人不知道。为了显示自己的类型, 代理人选择某种市场信号, 主动显示出自己的特征, 以减小信息不对称的程度, 进而达到提高自己效用的目的, 委托人在观测到这种市场信号之后将与代理人签订合同。②信息甄别, 是指委托人通过制定一套策略或不同的合同来甄别代理人的真实信息。两者的主要差别在于, 信号传递是信息优势方先行动, 信息甄别是信息劣势方先行动。

2) 道德风险与激励机制

道德风险是指在签订委托代理契约后, 代理人利用自身拥有而不被委托人所观察到的隐蔽行动, 从中获取更大的预期收益, 同时损害委托人或其他代理人效用的行为, 也称为败德行为。建立有效的激励机制与监督机制是解决道德风险问题的首要途径和有效方法。激励机制是诱导和驱使追求自己个人利益的代理人能够为委托人所要实现的目标投入足够努力的机制, 包括显性激励与隐性激励。

2.3　基于利益协同的港口群合作联盟博弈

利益协同效应是指当较高的股权集中度使所有权超过最低限度的控制权时，股权越集中，外部中小股东与控股股东的利益越趋于一致，控股股东就会按照所有股东的共同利益行事，从而提高会计盈余的价值相关性，即盈余质量。港口群合作联盟目标的实现，不仅需要协同考虑各种管理要素目标，还需要在保证整体联盟利益的前提下，保证港口各方的个性化权益。

2.3.1　港口群合作联盟博弈模型

1. 港口群合作联盟的形成

港口群内港口之间的合作是多方面的，包括货源上的合作、制度上的合作、资金上的合作等。在港口群内通过有效竞合实现资源配置、合理分工、优势互补、共同行动、协同调度、深度融合，达到港口群内多港口共赢的目的。

2. 港口群合作联盟博弈模型基础

在港口现有资源和结构能力的基础上，港口横向合作联盟将进一步推动港口群的可持续发展，保护生态环境，实现低碳绿色现代化港口(宋雨珊和吕赞，2022)这些远期目标可以细化为多期的动态博弈。因此，港口群合作联盟博弈模型可以表示为 n 个港口之间在 $t(t=1,2,\cdots,T)$ 时期内的动态合作博弈模型。

将合作联盟博弈模型统一定义为

$$B = \{t, N, (v_i)_{i \in N}, p_i(s)\} \tag{2-1}$$

式中，N 为 t 时期所有港口的集合；v_i 为第 $i(i=1,2,\cdots,N)$ 港口在 t 时期所有可行纯策略的有限集；s 为 N 的任意子集；$p_i(s)$ 为港口联盟 s 在 t 时期的总效用。

3. 合作博弈的目标函数

港口群协同运作博弈的最优目标是实现所有合作港口效用(收益、支付)函数总和的最大化。合作联盟博弈的目标函数可以表示为

$$f(p_i) = \max \sum_{i=1}^{T} p_i, \quad t=1,2,\cdots,T; i=1,2,\cdots,N \tag{2-2}$$

根据式(2-2)确定港口合作联盟博弈目标函数的关键问题就是如何理解和定义 p_i，并根据一定的计算过程实现对 p_i 的度量，才能进一步获得 $f(p_i)$ 的取值。

4. 合作博弈的解法

1) 基于 Shapley 值的利益分配比例 ξ_i

合作博弈的解法包括 Shapley 值、核心、稳定集、谈判集等，最常用的是前两种。1953 年，学者 Shapley 提出了 Shapley 值方法，可用于分析支付可转移的合作联盟博弈情况。Shapley 值方法的核心是：在多人合作博弈中，可以将每位参与者在博弈中的每个可能联盟的平均边际贡献值作为合理分配收益的依据，具体的表达式为

$$\xi_i = \frac{\varphi_i[v]}{\sum\limits_{j=1}^{N_c} \varphi_j[v]} \tag{2-3}$$

式中，ξ_i 为参与者 i 的边际贡献值；$\varphi_i[v]$ 为 Shapley 值；N_c 为合作联盟成员数量。

本节将主要基于 Shapley 值方法计算区域港口群利益分配比例。

2) 确定 Shapley 值 $\varphi_i[v]$

在一个合作博弈中，其 Shapley 值方法应满足以下三个公理。

公理 2-1　利益相关者合作的总价值为各 Shapley 值之和，那么有

$$\sum_{i \in N} \varphi_j[v] = v(N) \tag{2-4}$$

该公理又称为效率公理，要求的是整体理性。

公理 2-2　如果参与者 i 和 j 是可以互换的，那么有

$$\varphi_i[v]\langle N, v \rangle = \varphi_j[v]\langle N, v \rangle \tag{2-5}$$

该公理又称为对称公理,要求的是参与者的顺序并不会对博弈产生任何作用。

公理 2-3　如果 $\langle N, u \rangle$ 和 $\langle N, v \rangle$ 是两个博弈，那么有

$$\varphi_i[u + v] = \varphi_i[u] + \varphi_i[v] \tag{2-6}$$

该公理又称为集成公理、可加性公理，要求任何两个独立的博弈联盟在一起，那么新博弈的值是原来两个博弈值之和。

定理 2-1　函数 φ 是唯一能够满足以上三个公理的函数，表达式为

$$\varphi_i[v] = \sum_{i \in s} r_n(s)[p(s) - p(s - \{i\})] \tag{2-7}$$

式中，$r_n(s) = \sum\limits_{i \in s} \dfrac{(|s|-1)!(n-|s|)!}{n!}$，$|s|$ 为联盟成员的数目；$\varphi_i[v]$ 为 Shapley 值；$p(s)$ 为港口联盟 s 的效用；$[p(s) - p(s - \{i\})]$ 可以理解为每个港口企业 i 对港口合作联盟 s 的边际贡献；$r_n(s)$ 为每个港口合作联盟 s 的加权因子。

3) 计算港口合作联盟的效用 $p(s)$

(1) 港口群合作博弈模型的假设。

在建立港口群合作博弈模型之前，结合区域港口群问题的实际背景，做出如下基本假设：单一港口不属于港口合作联盟的特殊形式，也就是说，如果是独立的港口，则将没有合作产出，其联盟效用 p_i 计为零。根据 Shapley 值方法的公理 2-3，港口合作效用函数要满足超可加性原理。

(2) 建立港口横向合作博弈模型。

① 港口集合 N。基于合作博弈均衡，港口群内若干港口之间可以构成不同形式的港口集合，用 N 表示港口集合，$N=\{1,2,\cdots,n\}$，其中，n 是按某种方法划分的港口集合数目。由此可知，n 值会随着港口群内港口间不同的合作而取得不同的值。

② 港口合作联盟构成博弈策略 s。在港口集合中，若干港口合作会构成不同的合作联盟形式，而每一个港口合作联盟会构成一个合作博弈策略。

③ 港口集合与港口合作联盟的关系为：港口集合包含港口合作联盟，港口合作联盟是港口集合的非空子集。以环渤海地区港口群为例进行说明，港口集合是环渤海地区港口群，而港口合作联盟可以是大连港与锦州港合作形成的两港参与的港口合作联盟，或者是大连港、营口港与锦州港合作形成的三港参与的港口合作联盟等。

④ 港口横向合作博弈效用函数 p_i。应以港口合作联盟创造的联盟收益或者联盟价值为依据，综合考虑多方因素，建立科学的效用函数。

从内部来看，形成港口合作联盟可提升港口竞争力，增加货物运输量，实现港口资源配置和资源结构的协同优化；从外部来看，实现港口群整体协同对于维持港口的可持续发展，建设资源集约化、绿色生态港口与低碳航运等长期战略性目标也有积极作用。

综合多方面的联盟价值创造，港口群合作博弈模型的设计也应有针对性。因此，将港口的资源状况、港口的运营结构、港口的可持续发展前景、港口发展对港口周边生态环境的影响程度，作为影响港口效用的四个主要因素。

以上四个主要因素用来描述港口效用函数，建立的港口效用函数为

$$p_i = \frac{R_i S_i L_i}{\theta_i} \tag{2-8}$$

式中，R_i 为港口的资源状况评估值；S_i 为港口运营结构合理度；L_i 为港口可持续发展能力；θ_i 为港口对生态环境的影响程度。

港口效用函数有以下四个因素。

① 港口的资源状况评估值 R_i。

港口资源包括港口的自然资源(水深、码头数量等)、经济资源(腹地经济发展

水平等)、基础装备资源(港口作业机械数量、后方堆场条件等)、服务软环境资源(航线数量、班轮数量、港口配套服务等)。因此,港口合作的决定性因素就是港口的资源状况,该因素也是港口竞合的基础条件。

为了综合反映港口资源状况,分别选用港口生产性码头数量(R_{i1})、港口腹地经济国内生产总值(gross domestic product, GDP)产值(R_{i2})、堆场装卸机械数量(R_{i3})、港口具有的航线数量(R_{i4})四个定量指标代表港口的自然资源、经济资源、基础装备资源以及服务软环境资源。因此,某港口 i 的资源状况评估值 R_i 可表示为

$$R_i = \sum_{j=1}^{4} R_{ij} \tag{2-9}$$

在具体计算过程中,应注意四个指标的量纲不一致、无法简单加和的问题。因此,需要进行数据的标准化预处理,可以将某港口 i 具体资源 j 的实际值 R_{ij} 转换为其在港口合作联盟中该种资源总量中所占的比例。

② 港口运营结构合理度 S_i。

港口运营结构越合理、货种结构优势越强,越容易吸引其他港口与其合作,构建港口合作联盟。

集装箱运输是一种高效集约的货种形式,现代港口建设非常重视集装箱港口建设,有利于提升港口的竞争能力。同时,生产性泊位数量的多少也决定了港口的吞吐能力和发展水平。集装箱货物在港口全部货物中所占比例越大,港口生产性泊位数量越多,就会创造越多的港口效益与价值。因此,将集装箱吞吐量、港口生产性泊位数量作为测算港口运营结构合理度 S_i 的两个方面,可用式(2-10)进行表示,即

$$S_i = \frac{C_i}{G_i} + \frac{D_i}{B_i} \tag{2-10}$$

式中, C_i / G_i 表示某港口 i 的集装箱吞吐量 C_i 占该港口全体货物吞吐量 G_i 的比例; D_i / B_i 表示某港口 i 的生产性泊位数量 D_i 占该港口全部泊位数量 B_i 的比例。

③ 港口可持续发展能力 L_i。

远景是港口合作的重要因素之一,在选择港口伙伴结合港口合作联盟时,不仅需要考察港口的资源状况和港口的运营结构,还应该用发展的眼光考察港口的可持续发展能力。该因素是维系港口合作联盟稳定的重要保障和动力源泉。因此,测算港口关键指标的增长能力可作为分析港口可持续发展能力的一个角度。从港口内部选取集装箱吞吐量的增长能力,从港口外部选取港口辐射腹地的经济增长能力等两个关键指标来定量计算港口可持续发展能力 L_i,即

$$L_i = \sum_{j=1}^{2} L_{ij} \quad (2\text{-}11)$$

式中，L_i 代表某港口 i 的可持续发展能力；L_{i1} 代表某港口 i 的集装箱吞吐量增长率；L_{i2} 代表某港口 i 所在腹地城市的 GDP 增长率。

④ 港口对生态环境影响程度 θ_i。

由于临港产业聚集，各类生产制造类企业的大规模生产将排放废水、废气和废弃物。同时，船舶运输也会对近岸水域与生态环境产生影响。各类专业化码头，如石油、化工码头作业会引发港口突发安全事件。因此，建设绿色生态港口是港口合作联盟创造环保价值的体现。为了进行定量计算，将港口 i 所在省份或者城市用于节能环保所支出的成本 θ_i 表示为该港口 i 对生态环境的影响程度。

2.3.2 港口群合作联盟博弈算例

由于环渤海港口群中若干大型港口处于不同的地理子群内(辽宁、天津、河北和山东地区)，竞争异常激烈，现实中组建港口合作联盟的难度较大。因此，按照边际贡献度的方式合理分配港口收益、定量测算港口合作的利益共享机制将是有益的尝试，在未来组建区域港口集团的资本运作方面具有一定的理论支持作用。

基于研究对象具有代表性的原则，选取环渤海港口群中进入 2022 年中国沿海港口货物吞吐量前十位的四个港口展开研究。假设以这四个港口能够结成合作联盟为例，采用 Shapley 值方法计算各港口的贡献度，以此为依据来合理分配港口合作联盟中各港口创造的效益。需要说明的是，这一研究具有一定的前瞻性，但目前还处于理论研究阶段，各港口未真正整合，为避免冲突和引发不必要的讨论，隐去港口的真实名称，用港口 1、港口 2、港口 3、港口 4 代替。

本算例中港口集合 N 包含四个港口。环渤海港口群四个大型港口指标原始数据见表 2-1。

表 2-1 环渤海港口群四个大型港口指标原始数据

总体变量	具体变量	代表变量	港口 1	港口 2	港口 3	港口 4
港口资源状况评估值 R_i	自然资源	百万级泊位数量/个	93	49	101	56
	经济资源	所在城市 GDP/亿元	7002.80	1381.2	12893.88	5281.38
	基础装备资源	堆场装卸机械数量	1056	683	1367	817
	服务软环境资源	开辟航线数量	57	24	115	27
港口运营结构合理度 S_i	货种结构	集装箱吞吐量/万 TEU	800	485.1	1230	185
		货物吞吐量/万 t	41000	30107.3	47697	20297.6
		集装箱吞吐量比例/%	1.96	1.61	2.58	0.91

续表

总体变量	具体变量	代表变量	港口1	港口2	港口3	港口4
港口运营结构合理度 S_i	泊位结构	生产性泊位数量/个	206	75	148	85
		港口泊位数量/个	231	82	159	95
		生产性泊位数量比例/%	89.18	91.46	93.08	89.47
港口可持续发展能力 L_i	集装箱吞吐量增长能力	集装箱吞吐量增长率/%	26	20.3	6.2	16.2
	经济发展能力	所在城市 GDP 增长率/%	35.9	10.8	14.0	10.3
港口对生态环境影响程度 θ_i	节能环保成本	港口所在省市节能环保支出/亿元	93.27	93.27	38.49	154.42

注: 表中数据来源于《国家统计局年鉴》、辽宁省统计局、天津市统计局、山东省统计局。

为进行后续计算,某些指标数据需转换为各港口所占比例值,因此港口指标数据标准化处理后的结果如表 2-2 所示。

表 2-2　港口指标数据标准化处理后的结果

总体变量	具体变量	代表变量	港口1	港口2	港口3	港口4
港口资源状况评估值 R_i	自然资源	万吨级泊位数比例/%	31.1	16.39	33.78	18.73
	经济资源	所在城市 GDP 比例/%	26.37	5.20	48.55	19.88
	基础设施	堆场装卸机械数量比例/%	26.93	17.39	34.85	20.83
	服务软环境	开辟航线数目比例/%	25.56	10.76	51.57	12.11
		总资源发展力/%	109.96	49.74	168.75	71.56
港口运营结构合理度 S_i	货种结构	集装箱吞吐量/万 TEU	800	485.1	1230	185
		货物吞吐量/万 t	41000	30107.3	47697	20297.6
		集装箱吞吐量比例/%	1.96	1.61	2.58	0.91
	泊位结构	集装箱泊位数量/个	206	75	148	85
		港口泊位数量/个	231	82	159	95
		集装箱泊位数量比例/%	89.18	91.46	93.08	89.47
		港口结构系数/%	91.14	93.07	95.66	90.38
港口可持续发展能力 L_i	集装箱吞吐量增长能力	集装箱吞吐量增长率/%	26	20.3	6.2	16.2
	经济发展能力	所在城市 GDP 增长率/%	35.9	10.8	14.0	10.3
		可持续发展总能力/%	61.9	31.1	20.2	26.5
港口对生态环境影响程度 θ_i	节能环保成本	港口所在省市节能环保支出比例/%	24.58	24.58	10.14	40.70

利用表 2-2 中的数据，根据式(2-8)计算各港口的效用函数 $p_i(i=1,2,3,4)$，列入表 2-3 中。

表 2-3　各港口的效用函数值

港口	港口 1	港口 2	港口 3	港口 4
效用函数公式	$p_1=\dfrac{R_1S_1L_1}{\theta_1}$	$p_2=\dfrac{R_2S_2L_2}{\theta_2}$	$p_3=\dfrac{R_3S_3L_3}{\theta_3}$	$p_4=\dfrac{R_4S_4L_4}{\theta_4}$
港口效用函数 p_i	25237.86	5857.25	32157.89	4211.09

根据表 2-3 中的 p_i 值计算各港口合作联盟创造的效益，利用 Shapley 值方法计算这四个港口利益分配过程如下。

步骤1　计算各港口合作联盟创造的效益。

港口集合 $N=\{1,2,3,4\}$，它的所有非空子集如下。

1 项集：$p(\{1\}),p(\{2\}),p(\{3\}),p(\{4\})$。

2 项集：$p(\{1,2\}),p(\{1,3\}),p(\{1,4\}),p(\{2,3\}),p(\{2,4\}),p(\{3,4\})$。

3 项集：$p(\{1,2,3\}),p(\{1,2,4\}),p(\{1,3,4\}),p(\{2,3,4\})$。

4 项集：$p(\{1,2,3,4\})$。

因此可计算不同港口合作联盟的效用函数值。

(1) 各港口独立时的合作效用为 0。

$$p(\{1\})=p(\{2\})=p(\{3\})=p(\{4\})=0 \tag{2-12}$$

(2) 两个港口参与的港口合作联盟。

港口 1 与港口 2 合作所能产生的效用为

$$p(\{1,2\})=p_1+p_2=25237.86+5857.25=31095.11 \tag{2-13}$$

港口 1 与港口 3 合作所能产生的效用为

$$p(\{1,3\})=p_1+p_3=25237.86+32157.89=57395.75 \tag{2-14}$$

港口 1 与港口 4 合作所能产生的效用为

$$p(\{1,4\})=p_1+p_4=25237.86+4211.09=29448.95 \tag{2-15}$$

港口 2 与港口 3 合作所能产生的效用为

$$p(\{2,3\})=p_2+p_3=5857.25+32157.89=38015.14 \tag{2-16}$$

港口 2 与港口 4 合作所能产生的效用为

$$p(\{2,4\})=p_2+p_4=5857.25+4211.09=10068.34 \tag{2-17}$$

港口 3 与港口 4 合作所能产生的效用为

$$p(\{3,4\})=p_3+p_4=32157.89+4211.09=36368.98 \tag{2-18}$$

(3) 三个港口参与的港口合作联盟。

港口 1、港口 2 和港口 3 合作所能产生的效用为

$$p(\{1,2,3\}) = p_1 + p_2 + p_3 = 25237.86 + 5857.25 + 32157.89 = 63253 \quad (2\text{-}19)$$

港口 1、港口 2 和港口 4 合作所能产生的效用为

$$p(\{1,2,4\}) = p_1 + p_2 + p_4 = 25237.86 + 5857.25 + 4211.09 = 35306.2 \quad (2\text{-}20)$$

港口 1、港口 3 和港口 4 合作所能产生的效用为

$$p(\{1,3,4\}) = p_1 + p_3 + p_4 = 25237.86 + 32157.89 + 4211.09 = 61606.84 \quad (2\text{-}21)$$

港口 2、港口 3 和港口 4 合作所能产生的效用为

$$p(\{2,3,4\}) = p_2 + p_3 + p_4 = 5857.25 + 32157.89 + 4211.09 = 42226.23 \quad (2\text{-}22)$$

(4) 四个港口参与的港口合作联盟。

四个港口合作所产生的效用为

$$p(\{1,2,3,4\}) = p_1 + p_2 + p_3 + p_4 = 25237.86 + 5857.25 + 32157.89 + 4211.09 = 67464.09$$

$$(2\text{-}23)$$

步骤 2　计算 Shapley 值。

根据式(2-7)，可采用 Shapley 值方法来确定唯一的一组分配向量。

$$\varphi_1 = \frac{0!3!}{4!}[p(\{1\}) - p(\{\phi\})] + \frac{1!2!}{4!}[p(\{1,2\}) - p(\{2\})] + \frac{1!2!}{4!}[p(\{1,3\}) - p(\{3\})]$$

$$+ \frac{1!2!}{4!}[p(\{1,4\}) - p(\{4\})] + \frac{2!1!}{4!}[p(\{1,2,3\}) - p(\{2,3\})]$$

$$+ \frac{2!1!}{4!}[p(\{1,2,4\}) - p(\{2,4\})] + \frac{2!1!}{4!}[p(\{1,3,4\}) - p(\{3,4\})]$$

$$+ \frac{3!0!}{4!}[p(\{1,2,3,4\}) - p(\{2,3,4\})]$$

$$= \frac{1}{12}(31095.11 - 0) + \frac{1}{12}(57395.75 - 0)$$

$$+ \frac{1}{12}(29448.95 - 0) + \frac{1}{12}(63253 - 32743.14) + \frac{1}{12}(31306.2 - 10068.34)$$

$$+ \frac{1}{12}(61606.84 - 36368.98) + \frac{1}{4}(67464.09 - 42226.23) = 22553.25$$

$$(2\text{-}24)$$

同理，可求得 φ_2、φ_3、φ_4，即 $\varphi_1 = 22553.25$、$\varphi_2 = 8754.17$、$\varphi_3 = 27621.27$、$\varphi_4 = 8535.40$，因此 $\sum_{i=1}^{4} \varphi_i = 67464.09$。

步骤 3　计算各港口在港口群合作联盟中的贡献值。

根据式(2-3)计算每个港口 i 对港口合作联盟的平均边际贡献值，结果 ξ_i 如下：

$\xi_1 = 33.43\%$，$\xi_2 = 12.98\%$，$\xi_3 = 40.94\%$，$\xi_4 = 12.65\%$。

步骤4　计算结论的使用与分析。

由步骤3的计算结果可知，这四个港口构成的港口合作联盟中的利益分配分别为33.43%、12.98%、40.94%、12.65%。基于Shapley值方法的港口群合作联盟的利益分配研究，可有以下思考和结论。

(1) 关于港口效用函数的组成。

由于不同港口在港口资源条件、货种与基础结构、可持续发展能力、生态绿色环保等四个方面表现不同，所以港口的效用函数存在一定的差别。一般规律为：港口规模越大，伴随着越大的效用函数。

(2) 关于港口合作联盟的价值创造。

由式(2-23)可知，四个港口合作创造的联盟效用是最大的，而单一港口是无法享有联盟收益的。港口合作联盟所创造的港口资源整合、货种结构优化、增强可持续发展、建设绿色生态港口等方面，只有合作才能共赢，只有合作才能发展。

(3) 关于合作利益分配与合作损失补偿。

通过求得Shapley值作为各港口在港口合作联盟中因合作而产生的利益分配比例，使联盟中的港口成员在各时间段都可以得到公正合理的利益分配。但在实际应用中，Shapley值方法的3个公理可能很难被同时满足，使得Shapley值方法的应用范围受到一定的限制。比较突出的问题是，可能在港口合作联盟中存在一个或多个成员有能力拒绝按Shapley值确定的利益进行分配，对具有约束力的协议抗拒，反对支付可转移的合作博弈。而利益没有得到合理分配，将导致港口合作联盟的失效。因此，可采用两种解决办法：一种是可在合作联盟博弈中建立协调金制度和损失补偿制度，作为对各成员的有效约束激励机制；另一种是建立更高层级的区域港口集团或者港口群规划组织机构，例如，有些省份将国务院国有资产监督管理委员会作为港口股权的实际控制人，统筹协调港口群内的各项工作。

(4) 港口合作收益定量分配。

建立港口合作博弈模型是有益的研究与尝试，为定量测定港口群中各港口合作收益份额提供了理论依据。但现实是各港口目前处于激烈竞争状态，还需要有效的股份运营机制或者政府主导推动才能促成港口联盟的形成。

2.4　基于利益分配的港口群供应链协同运作机制

利益分配是指合作各方成员从合作形成的总收入或总利润中分得各自应得的份额。合理有效的利益分配模式可以充分调动每个人的积极性，为港口群供应链的建设和发展贡献每个人的力量。

2.4.1　港口群供应链的委托代理关系

供应链上的成员通过建立供应链契约关系来协同卖方和买方的利益。委托代理理论可以用来设计合理的供应链契约，用以监督和激励服务提供商，防范信息不对称引发的逆向选择和道德风险。

在港口服务供应链中，信息不对称将对港口服务供应链利益协同产生重要影响，逆向选择和道德风险并存。

港口服务供应链中的逆向选择是指港口服务集成商(核心的港口企业、委托人)与港口服务提供商(参与港口物流服务供应链的其他上下游成员、代理人)在签订港口服务合约之前，港口服务提供商拥有自己的完全信息(清楚自身的服务能力是高还是低)，而港口服务集成商却不掌握港口服务提供商的信息，很可能会选择服务能力较差的港口服务提供商，引发逆向选择问题。解决逆向选择问题需要选择一个最优的合同来获取服务提供商的私人信息。

而港口服务供应链中的道德风险是签订合约后，由于港口服务集成商观测不到港口服务提供商的具体运作情况，港口服务提供商出于对自身效用最大化的追求而可能采取有损于港口服务集成商利益的行动，例如简化应有的服务过程和降低应有的服务质量等。由于港口联盟以及港口供应链的形成都是港口的战略性长期决策，所以对于解决签署委托代理契约后，港口服务提供商努力水平难以监管的道德风险问题应是研究的重点和难点。

2.4.2　委托代理相关角色和参数定义

1. 相关角色

将港口服务集成商(委托人)和港口服务提供商(代理人)分别抽象为对象 A 和 B ，为了防范服务提供商 B (与港口核心企业协作的供应链上下游企业)的道德风险，服务集成商 A (港口核心企业或者港口集团)合理设计利益分配系数的激励机制。在以后章节的扩展研究中，服务提供商 B 将会是完成多项任务的港口服务提供商或者是由多个港口服务提供商组成的服务团队。

2. 努力水平

港口服务集成商 A 的努力水平为 e_A ；港口服务提供商 B 的努力水平为 e_B 。但是供应链中的信息不对称，使得 e_A 和 e_B 具有不可证实性，需要将可观测信息向量作为努力水平的替代，用来作为制定防范道德风险的激励与监督机制，即确定供应链的利润分配策略。将使用基于服务水平的产出函数作为可观测信息，并且港口服务集成商和港口服务提供商的努力水平共同影响两者的产出函数大小。

如果在某个港口物流服务供应链上有 n 个港口服务提供商，则每个港口服务

提供商用 B_i 表示，其努力水平为 e_{B_i}，为了表明是有效的合作，要求 $e_{B_i} > 0 (i = 1, 2, \cdots, n)$。为了简化，在不必考虑单一港口服务提供商努力水平的情况下，统一用 e_B 表示。

3. 产出函数

1) 委托人——港口服务集成商 A 的产出函数

$$R_A = f_A(e_A, e_B) + \theta_A \tag{2-25}$$

式中，R_A 为港口服务集成商 A 的努力水平 e_A 和港口服务提供商 B 的努力水平 e_B 的联合函数，单调递增，而且满足边际报酬递减规律；θ_A 为随机干扰变量，代表外生不确定因素，服从正态分布 $\theta_A \sim N(0, \sigma_A^2)$；$f_A(e_A, e_B)$ 为严格递增的可微凹函数，即 $f_A'(e_A, e_B) > 0$、$f_A''(e_A, e_B) < 0$，表示港口服务集成商 A 的产出随 A 的努力水平和 B 的努力水平的增加而增加，但增速不断减缓。

2) 代理人——港口服务提供商 B 的产出函数

$$R_B = f_B(e_A, e_B) + \theta_B \tag{2-26}$$

式中，R_B 为港口服务集成商 A 的努力水平 e_A 和港口服务提供商 B 的努力水平 e_B 的联合函数，且满足边际报酬递减规律；θ_B 为随机扰动变量，代表外生不确定因素，服从正态分布 $\theta_B \sim N(0, \sigma_B^2)$；$f_B(e_A, e_B)$ 为严格递增的可微凹函数，即 $f_B'(e_A, e_B) > 0$、$f_B''(e_A, e_B) < 0$，表示港口服务提供商 B 的产出随港口服务集成商 A 的努力水平和港口服务提供商 B 的努力水平的增加而增加，但增速不断减缓。

4. 固定成本与变动努力成本

港口服务集成商 A 的固定成本为 C_A；港口服务集成商 A 的变动努力成本为 $C_A(e_A)$，与港口服务集成商的服务能力负相关，港口服务集成商的能力越强，$C_A(e_A)$ 越小；$C_A(e_A)$ 是严格递增的可微凸函数，$C_A'(e_A) > 0$、$C_A''(e_A) > 0$，即努力增加，则努力成本增加，而且增速加快。为了分析问题的方便，在不影响结论可靠性的前提下，设 $C_A(e_A) = \frac{1}{2} b_A e_A^2$，其中，$b_A$ 为港口服务集成商 A 的努力成本系数。

港口服务提供商 B 的固定成本为 C_B；港口服务提供商 B 的变动努力成本为 $C_B(e_B)$，与港口服务提供商的服务能力负相关。港口服务提供商的能力越强，$C_B(e_B)$ 越少；$C_B(e_B)$ 是严格递增的可微凸函数，即 $C_B'(e_B) > 0$、$C_B''(e_B) > 0$，即努力增加，则努力成本增加，而且增速加快。为了分析问题的方便，在不影响结论可靠性的前提下，设 $C_B(e_B) = \frac{1}{2} b_B e_B^2$，其中，$b_B$ 为港口服务提供商的努力成本系数。

5. 利润分配模式和报酬函数

假设港口服务集成商支付给港口服务提供商的报酬函数为

$$S_B = S_0 + b_B(R_B + R_A) \tag{2-27}$$

式中，S_0 为港口服务集成商为港口服务提供商提供的生产性成本的固定报酬；b_B 为港口服务提供商的努力成本系数，而港口服务集成商可将此系数作为激励系数或分成比例，也就是对港口服务提供商的分配系数（$0 \leqslant b_B \leqslant 1$）。

S_0 和 b_B 的不同取值组合产生了以下三种利润分配模式。

(1) 当 $S_0 = 0$ 时，为共享报酬的分配机制，从合作的总产出中按一定的分配比例系数，每个参与合作的成员均分得一定收益。共享报酬是一种利益共享、风险共担的分配模式。

(2) 当 $b_B = 0$ 时，为固定报酬的分配机制，是指港口服务集成商根据其他港口服务提供商承担的任务，按事先协商好的数目支付固定报酬之外，港口服务集成商将享有全部剩余利润。

(3) 当 $S_0 \neq 0$ 且 $0 < b_B \leqslant 1$ 时，为混合报酬模式的分配机制，港口服务提供商不仅获得固定报酬，也从总产出中按一定比例分配报酬；当 $b_B = 1$ 时，港口服务集成商把所有的利润都转交给港口服务提供商，这是一种极限形式。

可以将共享报酬模式和固定报酬模式看成混合利润分配模式的特殊情况，因此本章将主要采用混合利润分配模式，该模式的报酬函数为

$$S_B = S_0 + b_B(R_B + R_A) = S_0 + b_B[f_B(e_A, e_B) + f_A(e_A, e_B)] \tag{2-28}$$

6. 委托方和代理方的期望效用

1) 委托方——港口服务集成商(核心港口集团)的期望效用

一般情况下，假设港口服务集成商是风险中性的，设 U_A 为港口服务集成商的效用函数，则其期望效用 $E(U_A)$ 等于其期望利润。

$$\begin{aligned} E(U_A) &= E(R_B + R_A - C_A - C_A(e_A) - S_B) \\ &= f_B(e_A, e_B) + f_A(e_A, e_B) - C_A - C_A(e_A) - \{S_0 + b_B[f_B(e_A, e_B) + f_A(e_A, e_B)]\} \end{aligned} \tag{2-29}$$

2) 代理方——港口服务提供商的期望效用

一般情况下，提供商是风险规避的且具有不变风险规避度 ρ_B，则根据 Arrow-Pratt 结论，提供商的风险成本为 $\frac{1}{2}\rho_B b_B^2 \sigma_B^2$。

ϖ_B 为港口服务提供商的实际货币收入，为港口服务提供商的工资函数减去其固定成本和变动成本。因此，港口服务提供商的实际货币收入为

$$\varpi_B = S_B - C_B - C_B(e_B) \tag{2-30}$$

港口服务提供商的确定性等价收入为实际收入的均值减去风险成本，则港口服务提供商的确定性等价收入为

$$E(\varpi_B) - \frac{1}{2}\rho_B b_B^2 \sigma_B^2 = E[S_B - C_B - C_B(e_B)] - \frac{1}{2}\rho_B b_B^2 \sigma_B^2$$

$$= S_0 + b_B[f_B(e_A, e_B) + f_A(e_A, e_B)] - C_B - C_B(e_B) - \frac{1}{2}\rho_B b_B^2 \sigma_B^2$$

$$\tag{2-31}$$

港口服务提供商最大化期望效用等价于最大化确定当量，以上述的确定性等价收入替代期望效用为 $E(U_B)$，因此 $E(U_B) = E(\varpi_B)$。

2.4.3　港口群供应链的委托代理模型

1. 参与约束 IR

参与约束是指委托方的设计需要满足代理方的个人理性约束。如果要一个理性的代理人有任何兴趣接受委托人设计机制(从而参与博弈)，则代理人在该机制下得到的期望效用必须不小于他在不接受这个机制时得到的最大期望效用。令 ϖ_{0B} 为港口服务提供商的保留收入水平，也是代理人接受港口服务集成商任务的机会成本。当确定性等价收入小于 ϖ_{0B} 时，港口服务提供商将不接受合同。因此，在最优情况下港口服务提供商的参与约束，即个人理性化约束——信息比率 (information ratio，IR) 为 $E(U_B) \geqslant \varpi_{0B}$，结合式(2-32)可以得到

$$S_0 + b_B[f_B(e_A, e_B) + f_A(e_A, e_B)] - C_B - C_B(e_B) - \frac{1}{2}\rho_B b_B^2 \sigma_B^2 \geqslant \varpi_{0B} \tag{2-32}$$

2. 激励相容约束 IC

激励相容约束是指在假设委托人不知道代理人类型的情况下，代理人在所设计的机制下必须有积极性地选择委托人希望他选择的行动。显然只有当代理人选择委托人所希望的行动得到的期望效用不小于其选择其他行动得到的期望效用时，代理人才会有积极性地选择该行动。因此，激励相容约束——信息系数 (information coefficient，IC) 为

$$\max\left\{ S_0 + b_B[f_B(e_A, e_B) + f_A(e_A, e_B)] - C_B - C_B(e_B) - \frac{1}{2}\rho_B b_B^2 \sigma_B^2 \right\} \tag{2-33}$$

激励相容约束是港口服务集成商最优的选择，对于港口服务提供商具有完全的约束力，是一个可置信的、有约束力的威胁，保证了港口服务集成商的利益，也提高了港口合作的整体效用。

3. 委托代理模型

使港口服务集成商期望收益最大的委托代理模型的一般形式为

$$\max E(U_A)$$

$$\text{s.t.}\begin{cases} \text{IR} \\ \text{IC} \end{cases} \tag{2-34}$$

即在同时满足参与约束 IR 和激励相容约束 IC 两个约束条件下，使得港口服务集成商获得最大的期望收益。而在港口物流服务供应链中，港口和供应链中的上下游企业均提供生产性运营操作。因此，应考虑的是港口服务集成商和港口服务提供商都将有生产性产出，同时两方的努力水平对对方的产出都有影响的最优激励机制设计模型。因此，若将式(2-29)、式(2-32)、式(2-33)分别代入式(2-34)，则将有如下具体形式：

$$\max_{e_A, e_B} f_B(e_A, e_B) + f_A(e_A, e_B) - C_A - C_A(e_A) - \{S_0 + b_B[f_B(e_A, e_B) + f_A(e_A, e_B)]\} \tag{2-35}$$

$$\text{s.t.}\begin{cases} S_0 + b_B[f_B(e_A, e_B) + f_A(e_A, e_B)] - C_B - C_B(e_B) - \dfrac{1}{2}\rho_B b_B^2 \sigma_B^2 \geqslant \varpi_{0B} & (2\text{-}36) \\ \max\{S_0 + b_B[f_B(e_A, e_B) + f_A(e_A, e_B)]\} - C_B - C_B(e_B) - \dfrac{1}{2}\rho_B b_B^2 \sigma_B^2 & (2\text{-}37) \end{cases}$$

根据激励相容约束 IC 的一阶条件，对式(2-37)求 e_B 的偏导，且令偏导等于 0，得到

$$b_B\left[\frac{\partial f_B(e_A, e_B)}{\partial e_B} + \frac{\partial f_A(e_A, e_B)}{\partial e_B}\right] = \frac{\partial C_B(e_B)}{\partial e_B} \tag{2-38}$$

由于港口服务集成商不会支付港口服务提供商更多的利益，所以参与约束 IR 在最优的情形下取等式，将其通过 S_0 代入式(2-35)，即

$$\max_{e_A, e_B}\left\{f_B(e_A, e_B) + f_A(e_A, e_B) - C_A - C_A(e_A) - \frac{1}{2}\rho_B b_B^2 \sigma_B^2 - \varpi_{0B}\right\} \tag{2-39}$$

对式(2-39)求 b_B 的偏导，且令偏导等于 0，得到

$$\frac{\partial f_B(e_A, e_B)}{\partial e_B}\frac{\partial e_B}{\partial b_B} + \frac{\partial f_A(e_A, e_B)}{\partial e_B}\frac{\partial e_B}{\partial b_B} - \frac{\partial C_B(e_B)}{\partial e_B}\frac{\partial e_B}{\partial b_B} - \rho_B b_B \sigma_B^2 \tag{2-40}$$

再将式(2-38)代入式(2-40)，求得 b_B 为

$$b_B = \left\{1 + \frac{\rho_B \sigma_B^2}{[f_B'(e_A, e_B)_{eB} + f_A'(e_A, e_B)_{eB}]\frac{\partial e_B}{\partial b_B}}\right\}^{-1} \tag{2-41}$$

基于上述模型的参数设置和最优结论,将为研究港口物流服务供应链的协同运作机制提供理论依据。

2.4.4 港口群供应链协同运作机制

港口群物流网络的协同是以港口群内各港口所在的港口物流服务供应链的协同运作为基础的。因此,以区域港口群内的枢纽港或者港口集团为供应链的集成商,主导港口群物流网络的协同管控。根据委托代理模型,证明了四个主要的协同运作机制,主要包括显性激励机制、风险控制机制、市场竞争机制及参与保障机制。

1. 显性激励机制

定理 2-2 如果在港口物流服务供应链的合作契约中,港口服务提供商拥有的利润份额越高,即分成的激励系数 b_B 越大,则在合作中港口服务提供商愿意付出的努力也越多。

证明 对式(2-24)求关于 b_B 的 1 次偏导,可得

$$\frac{\partial f_B(e_A,e_B)}{\partial e_B}+\frac{\partial f_A(e_A,e_B)}{\partial e_B}+b_B\left[f_B''(e_A,e_B)\frac{\partial e_B}{\partial b_B}+f_A''(e_A,e_B)\frac{\partial e_B}{\partial b_B}\right]=C_B''(e_B)\frac{\partial e_B}{\partial b_B}$$

$$(2\text{-}42)$$

根据式(2-28)可得

$$\frac{\partial e_B}{\partial b_B}=\frac{\dfrac{\partial f_B(e_A,e_B)}{\partial e_B}+\dfrac{\partial f_A(e_A,e_B)}{\partial e_B}}{C_B''(e_B)-b_B[f_B''(e_A,e_B)+f_A''(e_A,e_B)]}$$

$$=\frac{f_B'(e_A,e_B)+f_A'(e_A,e_B)}{C_B''(e_B)-b_B[f_B''(e_A,e_B)+f_A''(e_A,e_B)]}$$

$$(2\text{-}43)$$

因为 $b_B>0$、$f_B'(e_A,e_B)_{e_B}>0$、$f_A'(e_A,e_B)_{e_B}>0$、$C_B''(e_B)>0$、$f_A''(e_A,e_B)_{e_B}<0$、$f_B''(e_A,e_B)_{e_B}<0$,所以 $\dfrac{\partial e_B}{\partial b_B}>0$,即港口服务提供商的努力水平随着 b_B 的增大而增大。

由推导结论可知,在港口物流服务供应链上,核心港口组织为了使更多的腹地物流企业参与到区域港口群物流网络的构建与运营中,应设计有效的显性激励机制,通过提高分成比例 b_B,使得物流网络中的成员提高努力水平,降低由道德风险带来的潜在危害或者经济损失。

2. 风险控制机制

定理 2-3 当某港口服务提供商的风险规避程度越大,市场风险和不确

定因素越大时，港口服务集成商可通过动态调整来降低对该港口服务提供商的利润分成比例，这是为了防控由该港口服务提供商规避风险所造成的不良影响。

证明　由式(2-41)可知，当港口服务提供商的风险规避程度 ρ_B 越大，市场风险和不确定因素 σ_B^2 越大时，b_B 越小，即物流企业的利润分成比例应该越小。这是因为市场风险和不确定因素 σ_B^2 越大，港口服务提供商的风险规避程度 ρ_B 越高，则港口服务提供商偷懒的可能性越大，对服务的努力越不可靠，港口服务提供商的努力 e_B 对 b_B 的反映越小，即 $\dfrac{\partial e_B}{\partial b_B}$ 越小，也意味着增加利润分成比例对港口服务提供商创新性努力的激励作用越小。

此时，港口服务集成商最好降低对港口服务提供商所做努力的依赖，给予其利润分成比例应该越小。

3. 市场竞争机制

定理 2-4　港口服务集成商应引入适当的市场竞争机制，采取差异化分成制，根据不同港口服务提供商的努力对供应链总收益的贡献，决定不同的利润分成比例。

证明　当某港口服务提供商 i 的努力对包括港口服务提供商自身和港口服务集成商在内的整个供应链总收益所产生的作用越小，即 $f_B'(e_A, e_{Bi})_{e_{Bi}}$、$f_A'(e_A, e_{Bi})_{e_{Bi}}$ 越小时，意味着该港口服务提供商创新性的努力对供应链收益的正向贡献作用越小，由式(2-41)可知，港口服务集成商给予其收益分成比例 b_{Bi} 越小越合理。

通过引入市场竞争机制，刺激了港口群物流网络中各参与者提高工作努力的程度，从而获取更多的利润分成。

4. 参与保障机制

定理 2-5　港口服务提供商数量众多，但性质各不相同，核心港口企业(集团)需结合港口服务提供商的风险偏好采用多样化的报酬模式，使得供应链的参与者获得合理的收益，以保障港口物流服务供应链的稳定与可持续发展。

证明　由式(2-27)可知，可供选择的主要报酬模式包括共享报酬模式、固定报酬模式和混合利润分配模式等三类，前两类是最后一类的特殊情况。关于港口服务集成商如何选择对港口服务提供商的报酬模式，有以下四个基本准则：

(1) 如果港口服务提供商非常害怕风险 $\rho_B \to \infty$，则应该采取固定报酬模式。

对式(2-41)求关于 ρ_B 的极限, 可得

$$\lim_{\rho_B \to \infty} b_B = \lim_{\rho_B \to \infty} \left\{ 1 + \frac{\rho_B \sigma_B^2}{\left[f_B'(e_A, e_B)_{e_B}, f_A'(e_A, e_B)_{e_B} \right] \frac{\partial e_B}{\partial b_B}} \right\}^{-1} = 0 \qquad (2\text{-}44)$$

式(2-44)表明, 如果港口服务提供商非常害怕风险, 即 $\rho_B \to \infty$, 激励系数 $b_B = 0$, 则混合利润分配模式变为固定报酬模式。

(2) 如果港口服务提供商风险为中性, 港口服务提供商的固定报酬小于害怕风险时的固定报酬, 则当港口服务提供商风险为中性时, 港口服务集成商应提高其变动报酬, 使港口服务提供商获得预期收益。

由式(2-36)可得港口服务集成商给港口服务提供商的固定支付 S_0 为

$$S_0 \geqslant \varpi_{0B} + C_B + C_B(e_B) + \frac{1}{2}\rho_B b_B^2 \sigma_B^2 - b_B[f_B(e_A, e_B) + f_A(e_A, e_B)] \qquad (2\text{-}45)$$

如果港口服务提供商非常害怕风险 $\rho_B \to \infty$, 则对式(2-45)求关于 ρ_B 的极限, 可得

$$\begin{aligned} S_0 &\geqslant \lim_{\rho_B \to \infty} \left\{ \varpi_{0B} + C_B + C_B(e_B) + \frac{1}{2}\rho_B b_B^2 \sigma_B^2 - b_B[f_B(e_A, e_B) + f_A(e_A, e_B)] \right\} \\ &= \varpi_{0B} + C_B + C_B(e_B) \end{aligned} \qquad (2\text{-}46)$$

如果港口服务提供商风险为中性, 即 $\rho_B = 0$, 则代入式(2-41)可得 $b_B = 1$, 再将该结果代入式(2-36)可得

$$S_0 = \varpi_{0B} + C_B + C_B(e_B) - [f_B(e_A, e_B) + f_A(e_A, e_B)] \qquad (2\text{-}47)$$

比较式(2-46)和式(2-47)可知, 如果港口服务提供商风险为中性, 则其所获得的固定报酬小于害怕风险时的固定报酬。

(3) 如果港口服务提供商非常害怕风险, 那么共享报酬模式是不稳定的, 最终必将不存在这种报酬模式, 也就是说如果港口服务提供商非常害怕风险, 则必定不可能实施共享报酬模式。

在共享报酬模式下, $S_0 = 0$。当港口服务提供商非常害怕风险 $\rho_B \to \infty$ 时, 只有式(2-46)等于 0 时才可能使得 $S_0 = 0$, 即 $S_0 = \varpi_{0B} + C_B + C_B(e_B) = 0$。显然, 这种极端情况是不会出现的, 上述假设不可能成立。因此, 在共享报酬模式下, 如果港口服务提供商非常害怕风险, 那么共享报酬模式是不稳定的, 最终必将不存在这种报酬形式, 而是采取其他利益分配方式。

(4) 港口服务集成商应根据收集的可观察和可量化的各参数值, 确定给予各港口服务提供商的最优固定支付。

由式(2-31)可知, 港口服务集成商给港口服务提供商的固定支付 S_0 不仅与港

口服务提供商的保留效用 ϖ_{0B} 正相关,而且与港口服务提供商的固定成本 C_B、努力成本 $C_B(e_B)$、风险规避程度 ρ_B、外生不确定性 σ_B^2、港口服务集成商和港口服务提供商的努力水平 $f_B(e_A,e_B)$、$f_A(e_A,e_B)$ 有关。因此,应结合这些参数,并通过其中可以量化和观察的参数,确定固定支付 S_0。

在港口群物流网络协同管理中,除上述可从委托代理模型中推导求得的显性激励机制、风险控制机制、市场竞争机制、参与保障机制等四类重要的协同运作机制外,还应考虑诚信信任机制、组织整合机制、知识共享机制等其他有效的运行管理机制。

2.4.5 港口群供应链协同算例

宁波港由北仑港区、镇海港区、宁波港区、大榭港区、穿山港区组成,是一个集内河港、河口港和海港于一体的多功能、综合性的现代化深水大港。全港拥有 500t 级以上泊位 132 个(含万吨级及以上泊位 28 个),其中,有 50000t 级国际集装箱泊位。集疏运网络发达便捷,疏港高速与国家高速公路网紧密对接,连接全国铁路网的铁道线直通北仑港区、镇海港区两个港区,世界级的杭州湾跨海大桥、舟山连岛大桥架起了服务新通道,240 家国际海运和中介服务机构为全球客户提供一流配套服务。

在宁波港集装箱供应链中,除宁波港口企业外,还有众多的其他企业。其中,货主企业有中国石油化工有限公司、中国海洋石油总公司、中国石油天然气股份有限公司等。仓储企业有宁波港国际物流有限公司、宁波天航国际物流有限公司、宁波大港货柜有限公司等。物流企业有宁波集装箱运输有限公司、宁波明乐物流有限公司、宁波恒胜物流有限公司等。这些公司共同构成了宁波港集装箱供应链。

宁波港集装箱供应链企业节点示意图如图 2-5 所示,宁波港集装箱供应链由

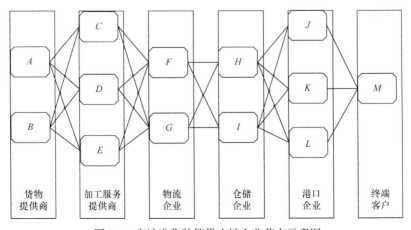

图 2-5 宁波港集装箱供应链企业节点示意图

货物提供商(货主)、加工服务提供商、物流企业、仓储企业、港口企业和终端客户这几个主要节点组成,为研究简便,这里提取其中两家货物提供商(货主)、三家加工服务提供商、两家物流企业、两家仓储企业,与宁波港的宁波仑港工程服务有限公司、宁波港集团宁波港埠有限公司、宁波镇海港埠有限公司进行业务协同,集装箱运输必须通过这五个节点,才能将产品卖给需求客户,用 $A-M$ 表示各个企业。经调查计算该集装箱供应链企业协同的费用是20。根据调查计算,该供应链中的企业协同之后,其利润获得情况如表2-4所示。

表 2-4　协同后供应链各企业在相邻节点创造的利润

上节点	下节点	利润	上节点	下节点	利润	上节点	下节点	利润
A	C	5	D	F	4	H	J	5
A	D	6	D	G	6	H	K	4
A	E	4	E	F	7	H	L	7
B	C	5	E	G	9	I	J	6
B	D	7	F	H	5	I	K	3
B	E	8	F	I	6	I	L	2
C	F	4	G	H	7	J	M	7
C	G	3	G	I	6	K	M	6
						L	M	3

每两个节点之间都会产生相应的利润,协同前供应链各企业相邻节点创造的利润如表2-5所示,每个数字代表一个单位。本节假设每两个节点之间产生利润都由前一节点企业赚取。

表 2-5　协同前供应链各企业相邻节点创造的利润

上节点	下节点	利润	上节点	下节点	利润	上节点	下节点	利润
A	C	2	D	F	6	H	J	4
A	D	3	D	G	7	H	K	3
A	E	3	E	F	9	H	L	5
B	C	4	E	G	10	I	J	3
B	D	6	F	H	7	I	K	5
B	E	7	F	I	6	I	L	4
C	F	6	G	H	8	J	M	10
C	G	8	G	I	6	K	M	7
						L	M	11

货物提供商(货主)、加工服务提供商、物流企业、仓储企业、港口企业都是理性参与者，追求的是自身利益最大化。在参与前他们作为理智的决策人会对实现自身利益最大化做出最合理的决策，那么如何让他们加入这个联盟而不退出是最重要的问题，这就需要保证其协同后利益不减少。而实现整个港口供应链企业运行最优，才有可能使各个企业获得的利益更多。要使宁波港集装箱供应链系统达到整体最优，需要先找出供应链企业协同运行的最优方案，并按照求出的协同运行方案运作(可能会出现参与企业的利益比协同之前减少的情况)。接下来就是在可以使港口供应链整体最优的方案下，研究可以保证该最优方案得以实施的条件，即需要保证该次协同活动参与者分得的利益不少于协同前，并要保证企业总利益增加，在有协同费用的情况下，则要求在一定的时间内企业协同次数 N 不小于一定的值。只有这两个条件都满足，才能使各个节点企业获得的总利益不小于参加协同前的总利益，才能说明这个模型是有意义的，可以在宁波港集装箱供应链系统中进行推广和施行。

供应链各企业协同路径图如图 2-6 所示，运用仿真软件为各个节点所对应的协同路径进行编号，具体的计算步骤如下所示。

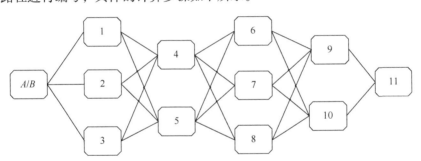

图 2-6 供应链各企业协同路径图

(1) 首先需要创建一个四维的染色体 x，它代表上述问题的解向量 $x = \{x_1, x_2, x_3, x_4\}$，其中，$x_1$ 取 1、2、3，x_2 取 4、5，x_3 取 6、7，x_4 取 8、9、10。

(2) 每一条线路代表一种运输方案，如 A/B—3—5—7—10 代表由货物提供商(货主)从 A/B 地，将原材料交由加工服务提供商 C 进行生产加工，并交由物流企业 F 进行物流运输，将加工后的产品放到仓储企业 H 进行储藏，再通过港口企业 L 进行运输，最终将产品送到客户手中。

(3) 确定适应度函数。定义一个适应度函数 f，反映优化问题的目标。这里令 $f = R = \sum_{i=1}^{n} R_i^*$，经过多次迭代，应用某仿真软件进行遗传算法运算，得到两个帕累托优化结果，分别是：A—3—5—7—10，港口供应链企业的总利润是 37 个单位；B—3—5—7—10，港口供应链企业的总利润是 41 个单位，得出第一个目标函

数 $R = \max \sum_{i=1}^{n} R_i^* = 41$。

在企业协同之后，最佳利润方案是 $B—3—5—7—10$，即由货物提供商(货主) B 赚取 7 个单位的利润，将货物交由加工服务提供商 E 进行生产加工后，E 可以获得 10 个单位的利润，并把它加工后的货物交由物流企业 G 进行物流运输，G 获取的利润是 8 个单位，其后将产品存放到仓储企业 H 的仓库进行储藏，H 可以获得 5 个单位的利润，最后通过港口企业 L 的港口泊位运输，使得 L 获得 11 个单位的利润，最终将产品送到客户手中。

在港口供应链企业外部协同之前，$B—3—5—7—10$ 方案下港口供应链的总利润是 36 个单位，是由货物提供商(货主) B 赚取 8 个单位的利润，比协同之后多赚取了 1 个单位的利润，将货物交由加工服务提供商 E 进行生产加工后，E 可以获得 9 个单位的利润，比协同之后少赚取了 1 个单位的利润，并把它加工后的货物交由物流企业 G 进行物流运输，G 获取 7 个单位的利润，比协同之后少赚取了 1 个单位的利润，其后将产品存放到仓储企业 H 的仓库进行储藏，H 可以获得 5 个单位的利润，与协同之后利润持平，最后通过港口企业 L 的港口泊位运输，使得 L 获得 7 个单位的利润，比协同之后少了 4 个单位的利润，最终将产品送到客户手中。

下面用最直观的方法对这两种情况下，该供应链各个节点所获得的利润值进行比较，突出协同的优势及其中存在的利润分配问题，协同前后港口供应链各个节点企业获得利润对比如表 2-6 所示。

表 2-6　协同前后港口供应链各个节点企业获得利润对比

各企业	货物提供商(货主)	加工服务提供商	物流企业	仓储企业	港口企业
协同前利润	8	9	7	5	7
协同后利润	7	10	8	5	11

港口供应链企业形成联盟之后，要想提高整个港口供应链的运作水平，应施行一系列措施，如加强企业间的信息沟通、对加工服务提供商施行准时化生产等举措、提高货物的运输速度、提高资金的周转率、降低整个链条上的运行成本和库存水平、提高整体利润等，这些举措会使部分企业的利益增加，而部分企业的利益减少。

在这种情况出现后，对利益减少的企业来说(如这里的货物提供商)，加入之后反而降低了自身的利润水平，出于理性决策者的考虑，其会有退出联盟的风险，从而破坏了整个港口供应链企业间协同的正常形成。因此，需要一个有效的利益分配和补偿机制，以保证这些额外的利益能够得到合理的分配。

首先，利用改进的 Shapley 值方法对港口供应链上各个企业对该供应链的贡献度进行计算。

假设货主、加工服务提供商、物流企业、仓储企业、港口企业的贡献度分别为 φ_1、φ_2、φ_3、φ_4、φ_5。其中，$\Phi = 0$、$v(\{1\}) = 3$、$v(\{2\}) = 0$、$v(\{3\}) = 0$、$v(\{4\}) = 0$、$v(\{5\}) = 0$、$v(\{1,2\}) = 17$、$v(\{1,3\}) = 16$、$v(\{1,4\}) = 12$、$v(\{1,5\}) = 18$、$v(\{2,3\}) = 18$、$v(\{2,4\}) = 15$、$v(\{2,5\}) = 21$、$v(\{3,4\}) = 14$、$v(\{3,5\}) = 20$、$v(\{4,5\}) = 16$、$v(\{1,2,3\}) = 25$、$v(\{1,2,4\}) = 22$、$v(\{1,2,5\}) = 28$、$v(\{1,3,4\}) = 21$、$v(\{1,3,5\}) = 27$、$v(\{1,4,5\}) = 23$、$v(\{2,3,4\}) = 23$、$v(\{2,3,5\}) = 29$、$v(\{2,4,5\}) = 26$、$v(\{3,4,5\}) = 24$、$v(\{1,2,3,4\}) = 30$、$v(\{1,2,3,5\}) = 36$、$v(\{1,2,4,5\}) = 33$、$v(\{1,3,4,5\}) = 31$、$v(\{2,3,4,5\}) = 33$、$v(\{1,2,3,4,5\}) = 41$。

将上述数据代入贡献度计算式，求解可得

$$\varphi_1 = \frac{978}{120},\ \varphi_2 = \frac{1506}{120},\ \varphi_3 = \frac{1514}{120},\ \varphi_4 = \frac{1028}{120},\ \varphi_5 = \frac{1676}{120}$$

则

$$\varphi_1 : \varphi_2 : \varphi_3 : \varphi_4 : \varphi_5 = 978 : 1506 : 1514 : 1028 : 167$$
$$\approx 0.1259 : 0.2247 : 0.2259 : 0.1534 : 0.2501$$

所以货物提供商(货主)对该港口供应链协同系统的贡献度为 0.1259，加工服务提供商对该港口供应链协同系统的贡献度为 0.2247，物流企业对该港口供应链协同系统的贡献度为 0.2259，仓储企业对该港口供应链协同系统的贡献度为 0.1534，港口企业对该港口供应链协同系统的贡献度为 0.2501。将这些贡献度作为之后分配协同效用的权重 ω_i，即 $\omega_1 = 0.1259$、$\omega_2 = 0.2247$、$\omega_3 = 0.2259$、$\omega_4 = 0.1534$、$\omega_5 = 0.2501$。

对于货物提供商(货主)，当五家企业对利润的分配方案为 $\overline{x} = (13,9,7,5,7)$ 对它最有利时，相当于他们建立的协同系统产生的额外效用全部归其所有，这显然是一个理想模型。同理，对加工服务提供商来说，五家企业对利润的分配方案为 $\overline{x} = (8,14,7,5,7)$ 对它最有利，对物流企业来说，五家企业对利润的分配方案为 $\overline{x} = (8,9,12,5,7)$ 对它最有利，对仓储企业来说，对其最优的利润分配方案是 $\overline{x} = (8,9,7,10,7)$，对港口企业来说，对其最优的利润分配方案是 $\overline{x} = (8,9,7,5,12)$。运用改进后的利润分配方案，使用对每个节点企业最优的分配方案向量乘以他们各自在供应链中贡献的权重 ω_i，就能够得到他们在联盟中新的利润分配方案，即

$$x = \omega_1 \overline{x_1} + \omega_2 \overline{x_2} + \omega_3 \overline{x_3} + \omega_4 \overline{x_4} + \omega_5 \overline{x_5}$$
$$\approx (8.729632945, 10.12354521, 8.129513578, 5.766935243, 8.250373023)$$

$$(8.729632945 - 8)N \geqslant 20$$
$$(10.12354521 - 9)N \geqslant 20$$
$$(8.129513578 - 5)N \geqslant 20$$
$$(5.766935243 - 5)N \geqslant 20$$
$$(8.250373023 - 7)N \geqslant 20$$

由于 N 为整数，所以第二个目标函数 $N = \max\{N_1, N_2, N_3, \cdots, N_i\} = 28$。

这个由货物提供商(货主)、加工服务提供商、物流企业、仓储企业、港口企业建立的港口供应链企业协同系统中，对于本次协同服务活动的最优协同方案是企业 B、E、G、H、L，参与本次协同服务活动的企业获利情况为：货物提供商(货主) B 的利润是 8.729632945 个单位，加工服务提供商 E 的利润为 10.12354521 个单位，物流企业 G 的利润为 8.129513578 个单位，仓储企业 H 的利润为 5.766935243 个单位，港口企业 L 的利润为 8.250373023 个单位。相比较港口供应链各企业协同前的五家企业利润分别为 8、9、7、5、7，在这些节点企业协同后，利用协同都成功地提高了单次协同服务活动的利润，可以获得额外的利润。但是企业协同会产生费用，这就使得这些企业协同服务活动应该超过一定的次数，才能满足企业总利润增加的需求。通过计算，N 应大于 28 次，才能使供应链中的各节点企业得到共赢的效果，只有这样，这五家企业才会加入港口供应链的协同运作中。

对算例的计算以及协同前后数据的比较，说明港口供应链企业协同模型是合理的，对基于 Shapley 值方法的利益分配方案的改进也使得各节点企业的利益分配更贴近实际，证明了协同机制的存在保证了协同行为的产生和正常进行。有协同机制保证的港口供应链企业更容易进行协同，以有助于降低整个链条的成本，提升资源利用率，提高利润水平，同时投入与回报相关情况的存在，也会刺激港口供应链中的企业优化自身的业务，提升自身技术等水平，努力发展高新技术产品，可以从一定程度上刺激企业创新、降低企业污染等，为实现港口供应链经济的可持续发展提供经验。

参 考 文 献

初楠臣, 姜博, 吴相利, 等. 2021. 环渤海高铁沿线可达性及其空间格局演变研究[J]. 长江流域资源与环境, 30(10): 2373-2382.

邓昭, 段伟, 王绍博, 等. 2023. 环渤海地区港口发展水平及空间溢出效应[J]. 地域研究与开发, 42(1): 26-31.

李剑, 史金阳, 姜宝. 2023. 航运公司"利他偏好"与航运供应链上的纵向合作[J]. 中国管理科学, 31(11): 195-207.

李晓东, 匡海波, 胡燕. 2021. 污染排放控制下港航企业合作减排策略研究[J]. 系统工程理论与实践, 41(7): 1750-1760.

梁晶, 张霖, 刘禹轩. 2023. 考虑碳排放政策的港航企业减排策略研究[J]. 交通运输系统工程与信息, 23(1): 39-47.

刘奎, 李邓宇卉. 2023. 一个应急条件下港口群物资优化调度模型[J]. 管理评论, 35(9): 252-261.

刘宁. 2023. 补贴下的区域集装箱港口定价及利润分配策略研究[D]. 重庆: 重庆交通大学.

孟帝辰. 2022. 区域协调发展视角下环渤海港口群协同发展研究[D]. 大连: 大连海事大学.

宋雨珊, 吕赞. 2022. 绿色低碳理念下环渤海港口群竞争力评价分析[J]. 中国水运, (10): 17-19.

王嘉浩. 2022. 考虑需求扰动的港口物流服务供应链协调策略研究[D]. 大连: 大连海事大学.

王伟, 纪翌佳, 金凤君. 2022. 基于动态空间面板模型的中国港口竞争与合作关系研究[J]. 地理研究, 41(3): 616-632.

叶士琳, 王成金, 蒋自然, 等. 2023. 福建沿海港口群内贸集装箱运输时空分异及其与地方经济的交互响应[J]. 地理科学, 43(7): 1206-1215.

郑俊, 钟铭, 张伟航, 等. 2023. 基于演化博弈的区域港口一体化策略选择及仿真[J]. 中国航海, 46(3): 80-90.

Li D R, Xin X, Zhou S R. 2023. Integrated governance of the Yangtze River Delta port cluster using niche theory: A case study of Shanghai port and Ningbo-Zhoushan port[J]. Ocean and Coastal Management, 234: 106474.

Nie A W, Wan Z, Shi Z F, et al. 2023. Cost-benefit analysis of ballast water treatment for three major port clusters in China: Evaluation of different scenario strategies[J]. Frontiers in Marine Science, 10: 782-790.

Qin J D, Liang Y Y, Martinez L, et al. 2023. ORESTE-SORT: A novel multiple criteria sorting method for sorting port group competitiveness[J]. Annals of Operations Research, 325(2): 875-909.

Wang C S, Yang Q, Wu S H. 2022. Coordinated development relationship between port cluster and its hinterland economic system based on improved coupling coordination degree model: Empirical study from China's port integration[J]. Sustainability, 14(9): 4963-4963.

Wang Y K, Zhang Y, Wu J. 2023. Port integration under government intervention: Analysis based on the development of Beibu Gulf port cluster[J]. Industrial Engineering and Innovation Management, 6(9): 100-112.

第3章 港口群物流网络优化

从网络视角来看，物流是由众多运动过程和停顿过程构成的一种社会活动，而这一活动过程中动态的运动线路和静态的停顿节点之间的连接即构成物流网络。随着我国物流产业的飞速发展，物流运营模式日益多样化，物流资源日益丰富，物流网络这一现代物流运作模式的效能日益凸显，港口群物流网络同样如此。港口群物流网络是以客户需求为目标，以港口物流资源为中心，以腹地物流、港口间物流和目的港物流资源为延展而构成的统一协同的物流网络，为客户提供高效的港口中转物流服务，实现基于港口物流资源的最优化服务和差异化增值。

因此，本章从港口腹地资源优化整合、港口群集疏运体系运营协同优化、港口群航线资源运营优化三个角度对港口群物流网络优化展开论述。

3.1 引　　言

3.1.1 港口腹地相关研究

港口腹地是指港口服务区域。Morgan(1948)研究了港口腹地划分的问题，通过定量研究 Hamburg、Bremen 以及 Emden 三个港口的腹地划分，来定义腹地、货物与运输工具之间的关系，进一步界定港口腹地的概念。此外，Morgan 还谈及了腹地交叉，即可以由多个港口共同服务的腹地，并强调了它们在商业冲突以及国家利益上的复杂关系。在 Morgan 的后续工作中，利用复杂度进行排序，提出了以下腹地分类标准。

(1) 原始腹地，完全由一个港口服务。

(2) 原材料腹地，主要业务是由租船运输的大宗货物。

(3) 班轮港口腹地，大宗货物和普通货物都有，所以需要更多种类的海运服务(Wan et al.，2020)。

1950 年，法国学者提出了对港口腹地的另一种分类方式，即将港口腹地分为区域和超区域。前者由自然腹地(即专门由单个港口服务的区域)组成，该区域是静态的；后者代表了港口的功能性发展，是动态的，是指从其他竞争港口赢得的区域，具有超区域腹地的港口被定义为枢纽港口，其功能发展范围远超出其自然腹地。此外，考虑到港口腹地对腹地组织结构(即生产地点的位置、运输网络的发展等)或海洋空间具有更强的依赖，学者进一步利用大陆与海洋决定论的概念将枢纽港口分为两类。此后，还出现了其他新方法，例如，Mayer(1957)使用运输费率定义港口腹地的方法。更有学者总结出港口腹地运输网络的六个不同发展阶段，进一步促进了人们对港口腹地发展的理解(Kavirathna et al.，2021)。港口腹地发展阶段如图 3-1 所示。

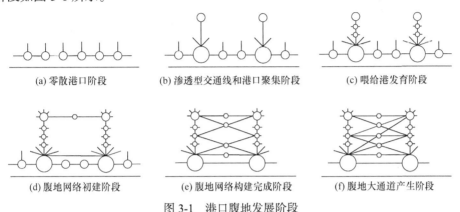

(a) 零散港口阶段　　(b) 渗透型交通线和港口聚集阶段　　(c) 喂给港发育阶段

(d) 腹地网络初建阶段　　(e) 腹地网络构建完成阶段　　(f) 腹地大通道产生阶段

图 3-1　港口腹地发展阶段

随着 20 世纪 60 年代末集装箱运输的引入与高速持续的增长，航运业得到了完全重塑，并产生了巨大的空间效应。多式联运的快速兴起和扩展，显著推动了成本节省，激烈地改变了腹地网络，并引出了许多新的研究领域。此后，研究人员逐渐意识到港口的前陆和腹地之间存在共生关系，开始强调需要将它们作为一个连续体而不是单独体进行解决。在此背景下，以之前的模型为灵感，并将海洋空间的组织结构纳入模型中，研究人员建立了一个五阶段模型，用于描述集装箱港口系统的动态发展过程。在该模型中正式提出负载中心的概念，以此描述由于枢纽和辐条网络形成而将集装箱流量集中在有限数量的大型港口上的过程。他还讨论了由此对腹地产生的影响以及其他相关方面，作者强调了从这些负载中心会产生新的渗透线，并沿着关键运输网络延伸，使之能以较小的代价扩大腹地。这种变化对市场结构产生了重大影响，港口竞争有了新的维度，空间上更遥远的港口也开始成为竞争对手。在模型的最后阶段，还强调由于规模不经济的出现，外围港口将有希望与负载中心展开竞争(Santos et al.，2019)。

事实也的确如此，二级中心迅速兴起预示着港口发展进入了新阶段。在这样的背景下，有学者描述了腹地区域的扩张，并将其定义为港口用户(即托运人、承运人和代理人)通过物流和信息交换进行交互的空间系统。他提出了港口随时间推移在功能和空间上发展的三个阶段：①港口城市，港口充当支持小型工业的贸易中心；②港口区域，港口成为工业综合体；③港口地带，其中，港口在全球集装箱运输中充当枢纽。之后他又在此基础上，提出了港口发展的第四个阶段，在该阶段枢纽港口的规模不经济出现，以及经济、社会和技术的变化引起内陆地区吸引力上升，使得一些与港口相关的业务向这些地区转移。非常突出的是，空间上的去中心化进一步推动了港口腹地的扩大。功能相关业务的空间分布以及高水平的物流一体化，便利了不同地点活动的有效协调，这些腹地区域在功能定位上呈现出很强的相互依赖性(Chen et al.，2020)。

综上所述，港口腹地开始逐渐趋向于根据功能的相互作用来界定，而不是地理上的统一。另外，腹地边界还会随运输方式和物流商品类型不断变化，并深受经济周期环境、运输技术、承运方式、政策以及交通设施等的影响，港口与腹地所形成的空间经济系统较为复杂。因此，如何测度港口腹地空间布局及其影响因素是港口经济研究的热点和难点。研究者也从各方面进行了尝试，国外多从腹地与港口区位关系出发进行研究，例如，Ng 和 Talley(2020)为了更好地理解当代港口与腹地的空间关系和功能复杂性，将其分解为三个子部分，如表 3-1 所示。

表 3-1　港口与腹地的关系

类型	宏观经济腹地	物理腹地	物流腹地
概念	货运需求	货运供应	货运流
要素	物流站点是全球网络的一部分	运输链和码头	模式、定时、可靠性和业务频率
属性	利率、汇率、价格、储蓄、生产	能力、码头、实物资产(固定和移动)	附加值、吨/公里、TEU、时间价值
挑战	生产和消费的国际分离	额外运力	供应链管理

将港口腹地分为宏观经济腹地、物理腹地、物流腹地三部分，从概念、要素、属性、挑战四部分对三类腹地进行阐述与比较，较为清晰地展示了港口与腹地的空间关系和功能。

随着中国经济开放不断深入，国内涌现了诸多港口区位与腹地、港口城市及区域经济等方面的关系研究。随着东部沿海环渤海、长江三角洲(简称长三角)、珠三角等三大经济城市圈的形成，大力发展国家海洋经济和保税物流园区向自贸区转换等政策的发布与实施，使港口迎来了快速发展时期，港口的经济腹地拓展问题逐步成为港口经济领域、区域经济领域和产业经济领域的研究热点，主要有以下方面：港口与腹地的理论研究(林振杰，2021)；交通运输与腹地关系的研究(王圣，2019)；港口与城市关系的研究(张华，2022)；海港空间效应的研究(郭建科等，2021)。

3.1.2　港口集疏运体系相关研究

港口集疏运主要是为港口集结、疏散被运送货物，将水上运输与陆上运输紧密连接，是水上运输在陆上的扩展，帮助保持港口的畅通，提高港口的整体运输效率(Basyrov，2022)。集疏运系统分为两个部分：一是主要服务于纵深腹地长途运输的对外集疏运通道；二是主要服务于港口城市、周围乡镇和连接集疏运大通道的区域集疏运系统。第一部分主要包含铁路、公路、航空、管道、内河等多种运输方式；第二部分不仅包括连接集疏运大通道和港口的疏港高速公路、铁路、干线公路以及内河支线，还包括连接周围乡镇的疏港高速公路、城市道路以及干线公路。

在港口集疏运相关研究中，通过分析集装箱多式联运系统对港口结构以及港口运营产生的深远影响指出，很多传统港口功能由此发生变化，并促使港口竞争、港口层次和腹地划分进入新的阶段。以北美集装箱港为案例进行研究，认为大规模的本地市场、港口的位置优势以及港口管理的积极性等是港口运营中首要考虑的因素。

港口集疏运系统对港口的发展有着至关重要的影响，因此国外对港口集疏运系统的研究十分重视。首先从研究范围来看，国外对港口集疏运系统的研究一般分为两类：一类是以某一港口为核心进行集疏运系统的研究；另一类是以某一区域的港口群为集疏运系统进行研究。前者如美国的纽约港、洛杉矶港，根据港口吞吐量的增长或港口自身面临的问题，对港口集疏运系统进行调整或重新规划；后者如对欧洲大西洋沿岸进行港口集疏运系统研究的大西洋跨国网络研究，根据港口腹地的演变规律及发展现状，运用 SWOT(strengths, weaknesses, opportunities, threats，即优势，劣势，机会，威胁)分析法对港口腹地及市场空间进行分析，结合该区域内港口集疏运系统的现有基础设施及发展模式现状，对该区域内的港口集疏运系统提出一些改善的意见，并对主要港口的集疏运系统进行合理规划(丛杨，2021)。从研究内容来看，国外对港口集疏运系统的研究不仅是对港口集疏运系统的硬件设施进行研究，而且对港口集疏运系统的整体软件设施也特别重视，例如，对港口智能系统和港口物流系统等进行研究，并对集疏运系统进行优化研究(Kuzmicz and Pesch，2019)。另外，国外对港口集疏运系统的研究不再仅围绕单一的运输方式进行，而是把研究的重点放在港口集疏运系统各集疏运子系统间的良好衔接问题上，以港口集疏运系统为整体进行研究分析，例如，现在美国的洛杉矶港，已对铁路和公路集疏运系统进行了专项研究，并请一些专业机构从整体上对其港口集疏运系统进行研究(丛杨，2021)。

在理论研究方面，国外对港口集疏运系统的相关理论研究以某一地区为例，采用了多式联运的运输网络运输 10 类不同货种，开发了交通需求分配模型，这一模型全面考虑了各个可行路径和各运输方式间的组合等，得出了铁路、公路、水运三种运输方式直接和交叉的需求弹性系数(Kurtulus and Cetin，2020)。Wang 和 Chang(2021)提出了集装箱集疏运方式，来解决传统的公路货运集疏运方式造成的环境污染、交通拥堵等问题，建立以总成本最小化为目标的集装箱内陆运输网络优化模型，讨论超低硫柴油对港口集疏运系统碳排放的影响。Lu(2021)介绍了港口集疏运系统的现状，并对其影响因素进行了分析，针对集疏运系统存在的问题提出了相应的对策建议，以加快港口发展，提高港口竞争力。

随着我国各港口吞吐量的快速发展，国内各大港口也十分重视对港口集疏运系统的研究。从研究范围来说，依据港口区域组合化，我国已形成了以大连港、青岛港、天津港为代表的环渤海港口群，以深圳港、广州港为代表的珠三角港口群，以上海港、宁波港和连云港为主的长三角港口群，以厦门港、福州港为主的东南沿海地区港口群，以及以湛江港、海口港等为核心的西南沿海地区港口群等五个港口群。从研究内容来说，国内各港口都对港口集疏运系统的各集疏运子系统之间的协调衔接进行了重点研究，并结合港口自身的特点和当前的集疏运现状对港口集疏运系统的整体性能进行了研究。

国内对港口集疏运系统的理论研究有：周华健(2019)通过设定车辆折算系数，研究了港口集疏运系统中公路的理论通行能力，为国家和相关部门未来对港口集疏运道路汇流区的交通设计和交通组织提供参考。李爽等(2019)从交通基础设施、交通方式和管理体制等内部因素，以及社会环境、经济环境和企业等外部因素出发，分析了交通环境协调不平衡的原因。通过综合信息系统、土地利用规划和标准化建设，促进了区域物流发展。孟晓雨(2019)分析了曹妃甸港在公转铁背景下的集疏运变化，预测了未来曹妃甸港各种方式的集疏运量，并分别分析了港口能力和铁路运输能力，得出曹妃甸港的运输能力能够满足新形势下的集疏运需求。王二冬(2019)分析了河北省港口集疏运系统的发展趋势，提出了加强港口和城市规划的衔接，增强集疏运系统通道能力，建设集约高效的绿色集疏运体系。李树峰和苏堪祥(2020)建议减少启动操作环节，提高了操作效率，缩短了商检流程处理时间，提高了库区货物周转效率，实时关注天气情况，实现了流程设计自动化、可视化模式，全面提高了码头整体集疏运能力。

3.1.3　港口航线资源运营优化相关研究

国内外关于航线运营优化问题的研究有很多。从航线优化方面来说，此类研究主要分为以下两个方向。

(1) 以新航线开辟前的航线规划设计为主，即研究船舶大小与数量、靠泊港口选择、船速计算与航线设计优化等。

(2) 以现有航线的管理与运营优化为主，即舱位分配优化、空箱调运等集装箱的配置与管理(杨中，2022)。

张燕等(2019)通过将航速作为一个重要的参数，研究了一种具有运输时限的班轮航线网络设计问题，以期找到一种既满足运输时限要求，又能够实现最大化总利润的航线网络设计和配船方案；Koza 等(2020)建立了一个包含船舶航速、货物转运时间影响因素的大规模航线网络优化模型,并采用了列生成技术进行求解;Msakni 等(2020)提出了在挪威和欧洲大陆港口之间用不同的网络方式进行运输,该案例部署了一个从欧洲大陆港口出发的支线网络,并研究了使用干线和支线组成的轴辐射式网络的影响,对问题进行了计算研究,基于实际数据的实例表明,在某些情况下,可以显著降低通过不同的网络结构进行运输的成本;Cheng 和Wang(2021)考虑了托运人的惯性偏好和非惯性偏好,首先,使用牛顿引力模型和标定方法预测未来需求起讫(origin-destination,OD)点矩阵作为模型的输入,将班轮运输公司利润最大化作为目标函数,优化船舶航线、船舶类型和船舶速度,对一个亚洲和西欧贸易航线的班轮运输网络进行研究,发现采用混合遗传算法可以有效解决集装箱班轮运输网络的设计难题。因此,将该算法应用于该网络中,取得了良好的效果。

　　Cheng 和 Wang(2021)在托运人惯性偏好和非惯性偏好的基础上设计了集装箱班轮航线网络,以班轮航运公司利润最大化为目标函数对船舶航线、船舶类型和船舶速度进行了优化,设计了一种混合遗传算法来解决集装箱运输网络设计问题,并利用亚洲和西欧之间的贸易航线网络进行案例验证;吕靖和鲍乾(2022)考虑了船舶污染问题的限制,并考虑了硫排放的限制和碳排放的控制,在此背景下研究了航线的配船问题;杨中等(2022)不仅考虑了碳排放问题,还考虑了班轮联盟合作对航线网络规划设计的影响,运用遗传算法设计了模型求解算法。

　　在靳志宏等(2021)的研究中,从运输和库存两个方面对空箱调运问题进行了深入探讨。他们对国内外研究现状进行了梳理,对当前研究的热点问题及其发展趋势进行了评述,并对未来研究方向和领域进行了展望,通过实例进行了对比分析。Reinhardt 等(2020)采用类似的思路,在班轮航线设计时考虑了更多的复杂约束,包括船舶到港时间约束、运河通行时间约束、班轮公司运力共享约束以及海盗活动区域的航速限制约束等;Lee 和 Song(2017)针对班轮航线网络设计、货物运输路径设计和空箱调运的组合优化问题,设计了基于两阶段启发式算法的整数规划方法和基于两阶段最短路径的整数规划方法,两种方法分别适用于解决大规模问题和小规模问题。

3.1.4　理论评述

　　在港口腹地资源方面,首先,从国内外的研究趋势来看,缺乏足够的研究数据,使得全球近乎 50%的研究结论有较大的当地化特征(Sdoukopoulos and Boile,2020),即港口研究者大多对本国或本区域的港口问题进行研究,并且这种趋势愈加明显。其次,海向腹地的研究明显不足,主要原因是数据难以收集(Lee and Kim,2022)。又因为目的港运营、目的地通关手续、目的地海陆运输连接情况等方面的影响,这些不确定因素使得海向腹地范围的划分较为宽泛,如港口及国家,无法具体到更小的地理单元。但在国际物流一体化发展趋势下,从港口、国际航运公司、海外多式联运人等战略协作视角,来探讨港口的海向腹地问题是未来港口与腹地空间关系研究的发展方向之一(Farhan and Ong,2018)。

在港口集疏运体系方面,国外对于集疏运系统的研究侧重于集装箱和多式联运系统方面,致力于将多式联运研究领域指向"正常科学"。国内对于集疏运系统的研究侧重于港口吞吐量预测模型的建立,多采用理论介绍-方法研究-案例分析的模式。也有不少研究人员从港口物流角度探讨了集疏运系统的发展与完善。

3.2　港口腹地资源优化整合

在地理位置上,港口腹地是处于港口下方的城市区域范围,在这片区域范围内,物资进出口、贸易往来以及产品销售等一系列活动都是通过港口进行的。因此,港口腹地的范围会受到不同因素的综合影响,主要包含地理位置因素、经济因素、人口密度因素等,这些因素都会影响港口腹地的延伸与发展。因此,本节对港口腹地理论、模型与求解方法、算例分析等进行论述。

3.2.1　港口腹地理论

港口腹地是指港口能对腹地的货物往来运输和游客的集散产生吸引力,该区域内的货物进出口操作和游客的往来都是通过该港口实现的。王照虎(2023)认为港口腹地指的是港口在运作中所辐射到的经济区域,港口辐射的方式通过贸易运输和游客集散来实现;杨甜甜和李南(2021)认为港口腹地概念的出现是基于港口发展的,是港口进行一系列货运活动和游客集散活动所涉及的经济区域。

总体而言,港口腹地是对港口有货运需求的经济区域,是港口综合实力所辐射到的范围。从地理位置的角度考虑,只要地区不发生太大变化,处于一个相对稳定的状态,港口必然有属于自己的运输覆盖范围,若是该地区往来运输的商品或物资通过直接或者间接的交通节点最终到达港口,随后在该港口进行转运或运输,则这部分地区也算作该港口经济腹地的一部分。

港口的腹地城市与港口相连接的运输线路错综复杂,这些运输线路不仅包括与港口相连的水路航线,还包括陆运直达线路、管道运输线路以及航空线路,正是通过这些运输线路构成的疏运体系,实现货物高效集散与流转。由此可以看出,港口是其腹地与外界进行经济活动的重要桥梁,为腹地提供运输服务,在促进腹地经济发展的同时也受益于腹地经济发展所带来的货运需求量,所以港口与其经济腹地之间是相互依赖、共同发展的关系。

1. 港口腹地物流需求预测

物流需求预测是根据物流市场过去和现在的需求状况，以及影响物流市场需求变化的因素之间的关系，利用一定的判断、技术方法和模型，对物流需求的变化及发展趋势进行科学的分析、估算和推断。

从目前的研究来看，大致可以分为使用单一预测法进行预测和使用组合预测法进行预测两类。单一预测法主要包括时间序列预测法、回归预测法和人工智能算法预测法三种。

1) 单一预测法

(1) 时间序列预测法。

李楠等(2021)基于灰色预测法构建了北海港的货物吞吐量的 GM(1, 1)模型，对港口货物吞吐量进行了预测，并根据预测结果为北海港的物流发展提供了建议，在一定程度上为北海市政府部门制定港口未来发展计划提供了一定的理论依据；黄跃华等(2019)通过建立优化幂指数的 GM(1,1)灰色模型，并通过正弦和进行修正，提高了对广州港货物吞吐量的预测精度。Intihar 等(2019)从影响货物吞吐量的外部宏观经济指标中提取动态因素，基于推导因子生成不同阶次的多元时间序列分析模型，通过对比与拟合度检验选择最佳模型，经过实证发现该模型对中长期的研究更具优势。

时间序列预测法仅利用预测目标的历年数据进行预测，因此预测过程相对简单，历史数据的收集整理工作相应减少。但是，时间序列预测法仅将时间作为影响预测目标的因素，忽视了其他真实影响预测目标的因素，亦无法有效揭示各影响因素之间的关系。

(2) 回归预测法。

陈良云(2022)根据厦门港近 10 年的货物吞吐量，运用多元回归预测模型对其未来 10 年的货物吞吐量进行了预测和分析，提出了建立港口联盟、扩大贸易量、加快现代化建设等加快发展港口物流的对策，以期为厦门港物流的发展提供参考；姜传鹭(2021)结合厦门港海铁联运的相关数据，运用回归预测模型与指数换算法，对厦门港未来 5 年的海铁联运吞吐量进行了预测，并在预测的基础上结合营销理论为厦门港海铁联运市场持续建设提出了合理化建议；蒋庆朝和陈孟婕(2020)针对广义回归神经网络模型只适用于小样本数据的特点进行研究，提出了一种基于聚类的改进方法，通过聚类减少了输入数据的冗余。结果表明，基于聚类的广义回归神经网络模型对于大样本数据集也具有良好的适用性，而且引入环境因素也提高了预测的准确性和稳定性。

建立回归预测模型需要对预测目标及各影响因素之间的相关关系进行分析，

回归预测模型能够有效地揭示各影响因素对预测目标的影响程度,便于决策者做出更为明智的决策。但是,回归预测法是建立在大量历史数据的基础上的,对历史数据的质量要求较高。此外,在现实应用中,为了简便计算,常常采用线性回归进行模型构建。然而,各影响因素与预测目标之间的关系往往非常复杂,而不是简单的线性关系。

(3) 人工智能算法预测法。

王凤武等(2022b)应用长短期记忆(long short-term memory,LSTM)网络模型预测了上海港集装箱的吞吐量;谢新连等(2022)利用随机森林(random forest,RF)算法构建了一种港口集装箱吞吐量预测法;Ruiz-Aguilar 等(2019)比较了季节性差分自回归滑动平均模型(seasonal autoregressive integrated moving average,SARIMA)和各种机器学习算法在货运量预测中的有效性,结果表明,机器学习算法表现更好;Barua 等(2022)将改进的或混合的人工神经网络(artifical neural network,ANN)模型与非线性回归和最小二乘支持向量机(least squares support vector machines,LSSVM)进行了比较,表明人工神经网络模型和 LSSVM 都比多元非线性回归表现更好。机器学习模型兼具时间序列模型和人工神经网络模型的优点,其强大的特征提取能力和高度自适应性得到了人们的广泛关注。

利用人工智能算法预测法进行预测能够有效处理各影响因素与预测目标之间的非线性关系。但是,人工智能算法预测法也存在一定的缺陷,例如,预测模型无法直观地体现出各影响因素对预测目标的影响程度,理论上无法保证预测模型的泛化能力,使得预测结果不稳定,若训练样本过多,则易陷入"过学习",而若训练样本过少,则难以保证预测的精度。

2) 组合预测法

上述预测法各有其优缺点和适用范围。为了提高预测精度,组合预测法越来越多地应用于港口物流预测中。吴涵等(2019)建立了趋势曲线模型、回归模型与灰色预测模型三个单项的预测模型,利用赋权方法将三个预测模型组合起来预测了重庆港的港口物流需求;耿粲和钟铭(2022)以提高港口群总运营收入为出发点,提出了一种基于改进 GM(1,1)模型、logit 模型和伯川德-纳什均衡模型构成的二阶预测博弈模型,并应用于辽宁的港口群,发现二阶预测博弈模型能做出更精准的预测;王凤武等(2022a)利用系统聚类法对青岛港集装箱吞吐量的多种影响因素进行了聚类分析,结合皮尔逊(Pearson)相关系数选取典型影响因素,并作为输入量输入到 LSTM 网络模型中,形成多变量的 LSTM 网络模型进行预测,成功提升了优化的精度;Tang 等(2019)将消费品零售总额、当地城市的国内生产总值、进出口贸易额、第二产业的总产值和固定资产投资总额作为影响因素,建立了灰色模型、三重指数平滑模型、多元线性回归模型和反向传播神经网络模型,通过多个模型的预测误差对比,选取预测精度最高的模型。

2. 港口腹地划分

综合国内外关于港口经济腹地分类的相关文献(马瑜, 2018)来看, 港口腹地的类型有很多。相关研究中学者对港口腹地划分的依据与角度有所不同, 港口腹地的种类也会发生改变。可以将港口腹地按照下面四种方式进行划分。

(1) 按照港口与其腹地联系的紧密程度划分。通过这种方式, 可以将港口腹地分为四类, 分别是完全腹地、直接腹地、间接腹地以及混合腹地。完全腹地与港口之间的经济发展和互动的联系最为紧密, 通常在地理位置上十分接近港口所在地, 一般是港口所在城市或者邻近港口的工业制造中心; 直接腹地在地理位置上与港口也较近, 通常以两种或两种以上的运输方式直接与港口相连, 并且通过该港口进行货物运输, 一般是港口城市所在的经济带; 间接腹地在地理位置上与港口的距离稍远, 需要通过除了水运之外的其他运输方式的转运与港口相连, 一般来说在该港口的水运货运量需求不大; 混合腹地又称为竞争性腹地, 往往处于多个同级港口的中间位置, 是多个港口共同拥有且需要相互竞争的腹地区域。

(2) 按照港口与其腹地联系的空间方位划分。通过这种方式可以将港口腹地分为两类: 一类是海向腹地; 另一类是陆向腹地。港口的海向腹地是一个相对广义的概念, 指的是通过海运船舶以及运输航线与港口所形成关联的陆上区域范围。由于其航线遍布全球, 与各个大陆或国家相连, 又有来自全球各地的商船, 所以港口海向腹地的范围可以是一个港口, 也可以大到一个国家的范围。陆向腹地的概念相对比较传统, 是指通过某些运输方式与港口相连, 主要货物通过该港口来运输的经济区域, 是传统意义上的港口腹地。

(3) 按照港口发展规划的角度划分。通过这种方式可以将港口腹地分为两类: 一类为现状腹地; 另一类为潜在腹地。现状腹地, 顾名思义, 就是根据港口的现有规模而形成的港口经济腹地; 潜在腹地则是基于港口以及港口所在城市未来的经济发展、产业结构变化所带来的运输线路的改变或货运需求的变化, 以至于重新界定港口腹地后的最新腹地范围。

(4) 按照港口腹地经济发展的特点划分。通过这种方式可以将港口腹地分为两类: 一类为内向型经济腹地; 另一类为外向型经济腹地。内向型经济腹地是以腹地内部的生产要素和市场需求为动力的, 从而拉动了腹地经济的发展。相比较而言, 外向型经济腹地可以利用的资源更加丰富, 它在利用腹地内部资源的同时还会与外部市场相互联系, 利用外部市场的优质资源带动其经济的发展, 相较于内向型经济腹地, 外向型经济腹地的市场范围更为广泛。

腹地划分方法可分为定性和定量两大类。常用的定性腹地划分方法主要有行政区划分法、图表法、圈层法等; 而常用的定量腹地划分方法有区位商法、断裂点法等。从上述港口腹地的分类可以看出，港口及其经济腹地的关系密不可分，港口的综合能力决定着其腹地经济的发展，腹地经济的发展反过来对港口的发展也起着促进作用，两者相辅相成，互为依托。

综上，根据港口与腹地联系的介质与载体、联系紧密程度、时间顺序、经济发展特点的不同，对港口腹地进行分类，如表 3-2 所示。

表 3-2　港口腹地划分

划分依据	腹地类型	含义
介质与载体	海向腹地	通过海上运输方式使港口的货物或者旅客能够经济、快捷地进行集散的区域，主要取决于港口航线的密度、范围、港口的海上地理位置
	陆向腹地	通过陆地运输方式与港口相连的陆地区域，主要取决于港口集疏运方式的便捷性和港口综合竞争力
联系紧密程度	完全腹地	一般指港口周围的相邻区域，完全依靠港口进行海上运输
	直接腹地	通过短距离、无换装陆上运输便可以直达港口的货源区域
	间接腹地	通过联运的方式与港口相连，并且该区域通过该港口装运货源占比不大
	混合腹地	多个港口在空间和经济上共同服务、相互竞争的区域，该区域货主可根据自身偏好选择港口
时间顺序	现状腹地	在港口现有条件和货源产业格局下形成的腹地范围
	潜在腹地	在未来产业转移、运输网络优化、港口竞争力改变使得原有腹地发生变化而形成的新的腹地范围
经济发展特点	内向型经济腹地	以腹地内部的生产要素和市场需求为动力
	外向型经济腹地	利用腹地内部资源的同时，与外部市场相互联系

传统的腹地运输网络由节点和线路两部分组成，节点包括起运地、目的地、中转枢纽，线路包括多种交通方式的运输通道。中转节点是港口腹地运输网络中重要的货物转运枢纽，一般位于不同运输干线的交叉点，通过铁路与港口直接相连，以便充分发挥货物的集运和疏运功能。中转节点的货物吸引力和货物处理效率直接影响港口的吞吐量，陆港是港口在腹地运输网络规划中的重要节点之一。

3.2.2　模型与求解方法

1. 问题描述和模型假设(社会福利最大化目标，博弈模型)

海港的腹地由陆上经济腹地和海上经济腹地两部分组成，而传统的陆上经济腹地所划分的直接腹地与间接腹地都逐渐向统一的动态腹地转化。二级港口物流运输网络则是指在港口群物流运输系统内各个港口间的海上航线系统和各个港口与其经济腹地之间的陆上集疏运系统。对于区域港口群整个系统，既要考虑系统的整体优化与协调，又要满足个体港口的经济发展目标。随着经济的发展，特别是综合交通运输体系和现代物流业的迅猛发展，决定港口发展的最重要因素，即腹地的概念发生了根本性变化。港口腹地的划分由传统的直接腹地与间接腹地逐渐向统一的动态腹地转化，港口功能亦由被动服务区域经济发展向主动优化区域资源配置转变，在此背景下对港口的规划与管理必须由个体港口目标转向以地域为特征的港口群。在港口群整合条件下，同一经济腹地可能发生不同货物种类被不同港口所覆盖的情况，如何科学合理地进行资源配置，提高整体物流网络的运营效率，降低成本，在整个物流网络中提高各个参与主体的效用，是今后相当长时间内港口领域探索和研究的热点。

目前，很多专家学者都研究了区域港口或港口群整合问题，例如，麻雪娇(2023)利用离差系数协调度模型对广州港供需协调度和广州港与枢纽港的协调度进行了度量，并综合考虑了子系统对整体系统的影响，对协调度和协调发展度进行了等级划分，以此为基础定性分析了广州港与枢纽港以及其自身供给侧与需求侧的协同发展；丁媛媛(2022)根据物理学中的耦合理论与协同理论，采用港口群交互耦合协调贡献评价模型，对辽宁省内港口群协调度的发展现状进行了实证分析；黄昶生等(2020)以山东半岛港口集群为例，对其地理位置、港口服务功能、港口业务集疏运建设等多维特征进行了对比分析，从产业布局和服务功能系统等框架角度，衡量了布局和功能系统的协同运作程度；Yuan 等(2021)对区域内港口群中两个港口之间的竞争与合作决策问题进行了研究，建立了两个相邻港口之间的四种动态博弈场景，认为在两港口服务替代度较低的情况下，鼓励两港进行服务功能的差异化发展，有利于促进两港采取一体化合作；Santos 等(2019)考虑了港口集群的经济影响和港口用户产业的社会经济意义，证实了里斯本港对葡萄牙经济的重要性，表明里斯本港的影响主要限于靠近该港的地区。

可以发现，已有文献主要是定性地研究港口间以及相关利益者间的合作对区域发展或社会福利的影响，少有文献用模型定量地确定港口群或区域港口的最优布局和最适规模问题，更难找到有关港口整合机制设计与具体整合方法的研究。综上所述，目前，对于复杂的港口物流系统的研究主要侧重于单个港口的结构和布局优化，已不能满足港口群系统的整体性和动态性要求。

1) 问题描述

腹地交叉、港口间地理位置较近等原因，使得区域港口的货运比较复杂，也容易受到诸多外部环境的影响，主要包括自然环境、经济环境、行业环境和政府政策环境等。当货物由起运地运往港口时，若就近运输，则可能受限于港口容量而产生拥堵成本，若选择距离较远、吞吐量大的港口，则可能会产生更多的陆运成本，因此应对容量不能满足货运需求的港口进行投资建设，增加其港口容量，对容量富余的港口进行部分资产闲置，并退出市场。根据货运需求，对区域港口进行投资将有效提高区域港口的货运效率，增加社会福利。

港口投资涉及多方利益，主要有腹地货主、港口方、当地政府及中央政府。腹地货主倾向于选择使其综合运输成本最小的港口。港口方则希望通过港口投资获得更多的市场份额，提高港口盈利能力。当政府对区域港口进行投资规划时，需考虑到港口、港口使用者以及腹地经济等因素，将港口利润、港口经济溢出效益和消费者剩余的总和定义为港口的区域社会福利，当从政府的角度对港口进行投资规划时，其目标即通过投资提高区域社会福利。本书从政府规划的角度考虑港口利润、港口经济溢出效益和消费者剩余等因素，从港口发展角度考虑港口资源的有效利用，综合需求不确定情况下区域社会福利及区域港口资源利用率构建多目标优化模型，对需求不确定情况下的区域港口投资问题进行研究。

2) 模型假设

为使所建模型更加合理，根据前述问题描述和相关理论方法，本节给出如下假设：

(1) 假设政府对区域港口建设做出规划和投资金额预算，且在做出相应规划时将港口利润、港口经济效益和消费者剩余等因素考虑在内。

(2) 假设腹地货运需求为随机变量，且服从几何布朗运动。

(3) 假设港口对腹地经济的溢出效益通过港口吞吐量与处理单位集装箱溢出效益的乘积来计量。

(4) 假设货物单位内陆运输成本保持不变。

2. 模型建立

1) 内部运输成本计算

为确定多港口地区的内部运输成本，需要先划分港口腹地。由于漏斗形港口布局可看作截面形布局中港口1位于原点的特例，本节只研究截面形布局下的腹地划分方法。腹地货主(托运人)通常会基于综合运输成本选择门户港口。货物从腹地运至港口的过程包括内陆运输和港口装卸两个环节，因此内陆运输成本和货物在港费用构成腹地至港口的综合运输成本。在选择门户港口时，托运人一般会选择综合成本最低的港口，从起运地到门户港口的综合运输成本可以表示为

$$C_r = \begin{cases} T_c|x_r - e| + \lambda_1 \dfrac{X_1}{K_1}, & \text{使用港口1} \\ T_c|x_r - (e+d)| + \lambda_2 \dfrac{X_2}{K_2}, & \text{使用港口2} \end{cases} \tag{3-1}$$

式中，C_r 为腹地 r 到港口的综合运输成本；x_r 为腹地 r 在线性腹地上的位置；T_c 为单位距离的内陆运输成本；$\lambda_1 \dfrac{X_1}{K_1}$ 和 $\lambda_2 \dfrac{X_2}{K_2}$ 为不同港口能力下货主需要承担的港

口费用，其中 λ_1 和 λ_2 分别为供给可以有效满足需求时的港口基本费用，X_1 和 X_2 为通过两个港口的货运量，K_1 和 K_2 为两个港口的通过能力，托运人需要支付的港口费用通常包括码头工人费、货物操作费以及其他清关费用。

在竞争模式下，两个港口自主确定自身的能力，以吸引腹地托运人选择本港口作为门户港口；而在合作模式下，两港口合作决策确定各自的最佳能力，以最大化外运系统的内部运输社会福利。$\dfrac{X_1}{K_1}$ 和 $\dfrac{X_2}{K_2}$ 用于衡量发生在港口的节点阻抗，当港口能力不变时，通过的货物越多，港口使费越高，而当通过的货运量不变时，提高港口通过能力，港口使费下降。划分港口腹地的关键是找到两个港口综合运输成本相等的地点 x_r^*。

下面，用 C_{r1} 和 C_{r2} 分别表示腹地 r 至两个港口的综合运输成本，令 $g_1 = \dfrac{\lambda_1}{K_1}$ 和 $g_2 = \dfrac{\lambda_2}{K_2}$，然后根据不同起运地的港口选择划分两港口的腹地。

当 $0 \leqslant x_r \leqslant e$ 时，有 $C_{r1} - C_{r2} = g_1 X_1 - g_2 X_2 - T_c d$。若存在使 $C_{r1} \geqslant C_{r2}$ 的 d $\left(\text{即} \dfrac{g_2 aD - (g_1 + g_2)ae}{T_c + g_1 a + g_2 a}\right)$，令 $C_{r1} = C_{r2}$（即 $g_1 a x_r' - g_2 a(D - x_r') - T_c d = 0$），则有 $x_r^* = x_r' = \dfrac{g_2 aD + T_c d}{(g_1 + g_2)a}$。此时，$[0, x_r']$ 内的起运地为港口 1 的腹地，而 $[x_r', D]$ 内的起运地为港口 2 的腹地。若不存在使 $C_{r1} \geqslant C_{r2}$ 的 d，则位于 $[0, e]$ 的起运地均为港口 1 的腹地。

当 $e + d \leqslant x_r \leqslant D$ 时，有 $C_{r1} - C_{r2} = g_1 X_1 - g_2 X_2 + T_c d$。若存在使 $C_{r1} \leqslant C_{r2}$ 的 d $\left(\text{即} d \leqslant \dfrac{g_2 aD - (g_1 + g_2)ae}{T_c + g_1 a + g_2 a}\right)$，令 $C_{r1} = C_{r2}$（即 $T_c d + g_1 a x_r'' - g_2 a(D - x_r'') = 0$），则有 $x_r^* = x_r' = \dfrac{g_2 aD - T_c d}{(g_1 + g_2)a}$。此时，$[0, x_r'']$ 内的起运地为港口 1 的腹地，而 $[x_r'', D]$ 内的起运地为港口 2 的腹地。若不存在使 $C_{r1} \leqslant C_{r2}$ 的 d，则位于 $[e + d, D]$ 内的起运地为港口 2 的腹地。

当 $e < x_r \leqslant e + d$ 时，有 $C_{r1} - C_{r2} = T_c(2x_r - 2e - d) + g_1 X_1 - g_2 X_2$。若存在使 $C_{r1} = C_{r2}$ 的 d $\left(\text{即} d > \dfrac{g_2 aD - (g_1 + g_2)ae}{T_c + g_1 a + g_2 a}, \text{且} d > \dfrac{(g_1 + g_2)ae - g_2 aD}{T_c + g_1 a + g_2 a}\right)$，则当 $C_{r1} = C_{r2}$ 时，有 $x_r^* = x_r''' = \dfrac{T_c(d + 2e) + g_2 aD}{2T_c + g_1 a + g_2 a}$。此时，$[0, x_r''']$ 内的起运地为港口 1 的腹地，而 $[x_r''', D]$ 内的起运地为港口 2 的腹地。若不存在使 $C_{r1} = C_{r2}$ 的 d，则 $[e, e + d]$

内的起运地只为一个港口的腹地。当 $d \leqslant \dfrac{g_2aD-(g_1+g_2)ae}{T_c+g_1a+g_2a}$ 时，$[e,e+d]$ 内的起运

地均为港口 1 的腹地，而当 $d \leqslant \dfrac{(g_1+g_2)ae-g_2aD}{T_c+g_1a+g_2a}$ 时，$[e,e+d]$ 内的起运地均为港

口 2 的腹地。

综上，当 $d \leqslant \dfrac{(g_1+g_2)ae-g_2aD}{T_c+g_1a+g_2a}$ 时，通过港口 1 和港口 2 的货运量分别为 $X_1 =$

$ax_r' = \dfrac{a(g_2aD+T_cd)}{(g_1+g_2)a}$，$X_2 = a(D-x_r') = \dfrac{a(g_1aD-T_cd)}{(g_1+g_2)a}$ ；当 $d \leqslant \dfrac{g_2aD-(g_1+g_2)ae}{T_c+g_1a+g_2a}$

时，通过港口 1 和港口 2 的货运量分别为 $X_1 = ax_r'' = \dfrac{a(g_2aD-T_cd)}{(g_1+g_2)a}$，$X_2 = a$

$\times(D-x_r'') = \dfrac{a(g_1aD+T_cd)}{(g_1+g_2)a}$ ；当 $d > \dfrac{g_2aD-(g_1+g_2)ae}{T_c+g_1a+g_2a}$ 且 $d > \dfrac{(g_1+g_2)ae-g_2aD}{T_c+g_1a+g_2a}$ 时，

$X_1 = \dfrac{T_ca(d+2e)+g_2a^2D}{2T_c+g_1a+g_2a}$，$X_2 = \dfrac{T_ca(d-2e)+g_1a^2D}{2T_c+g_1a+g_2a}$ 。

在确定了 d 满足不同条件时的港口腹地划分后，即 $\left[0, x_r^*\right]$ 的起运地为港口 1

的腹地，$\left[x_r^*, D\right]$ 的起运地为港口 2 的腹地，就可以计算封闭线性腹地内各起运地

至节点港口的内陆运输总成本： $C = \displaystyle\int_0^{x_r^*} T_ca|x-e|\mathrm{d}x + \int_{x_r^*}^{D} T_ca|x-e-d|\mathrm{d}x$ 。

2) 需求不确定

受经济发展、季节等因素的影响，腹地货运需求具有不确定性。港口投资项
目投入资金大、建设周期长等原因，使得港口在建设完成后很可能与实际需要有
所差距。为了更好地研究需求随市场和时间的波动性，本书引用几何布朗运动理
论来表征需求波动函数。假设腹地需求为随机变量，且满足以下微分表达式：

$$\mathrm{d}Q_a^{t,s} = \mu Q_a^{t,s}\mathrm{d}t + \sigma Q_a^{t,s}\mathrm{d} \tag{3-2}$$

式中，μ 和 σ 为参数；t 为港口投资规划期，$t \in T$ ；s 为情景，$s \in S$ ；a 为腹地，
$a \in A$ ；$Q_a^{t,s}$ 为腹地 a 第 t 期，需求情景 s 下的货运需求。

设 Q_a^0 为腹地 a 的需求初始值，根据伊藤积分得到 $Q_a^{t,s}$ 的表达式为

$$Q_a^{t,s} = Q_a^0\exp\left[\left(\mu-\frac{1}{2}\sigma^2\right)t + \sigma z\right] \tag{3-3}$$

式中，σz 为标准的维纳过程。

(1) 港口利润。

港口出于自身考虑做出的投资决策，目标为最大化港口利润，假设港口的线
性逆需求函数为

$$p_i^t = X_i^{t,s} - \theta_i^2 \tag{3-4}$$

式中，p_i^t 为第 t 期港口 i 的全价格，即货主的支付意愿；$X_i^{t,s}$ 为第 t 期港口 i 的外生需求变动值；θ 为逆需求曲线斜率。

在实际情况中，货主在港口的成本包括两部分，即服务成本和拥堵成本，即

$$p_i^{t,s} = P_i^{t,s} + \beta X_i^{t,s} \frac{q_i^t}{(K_i^t)^2} \tag{3-5}$$

式中，$P_i^{t,s}$ 为第 t 期需求情景 s 下港口 i 的单位服务成本；等式右侧第二项 $\beta X_i^{t,s} \dfrac{q_i^t}{(K_i^t)^2}$ 表示单位货物港口拥堵成本，q_i^t 为港口 i 在第 t 期的港口吞吐量，β 为拥堵货币转化因子，K_i^t 为港口 i 在第 t 期的港口通过能力，$K_i^t = K_i^0 (1 + \delta_1 (I_i^t)^{\delta_2})$，$K_i^0$ 为港口 i 的最初通过能力，δ_1 和 δ_2 为待定系数。

联立式(3-4)和式(3-5)可以得到

$$P_i^{t,s} = X_i^{t,s} - \theta q_i^t - \beta X_i^{t,s} \frac{q_i^t}{(K_i^t)^2} \tag{3-6}$$

港口利润为港口收入与港口运营成本和固定资产投资成本之差，其函数表达式为

$$\pi_i^{t,s} = P_i^{t,s} q_i^t - c q_i^t - I_i^t \tag{3-7}$$

式中，等号右端第二项为港口运营成本，c 为港口处理一个集装箱的成本；I_i^t 为港口 i 在第 t 期的投资成本。

(2) 港口溢出效益。

港口业务通常给当地经济带来正外部性或溢出效益：交通量增加往往导致就业增加和相关产业的发展，如供应链管理、仓储、物流服务以及当地制造业。因此，港口当局和政府经常使用港口吞吐量作为港口绩效的一个关键指标。

第 t 期区域港口的溢出效益为

$$SB = \sum_{i=1}^{N} \lambda q_i^t \tag{3-8}$$

式中，λ 为单位吞吐量当地溢出效益。

(3) 区域港口投资社会福利。

从政府的角度考虑区域港口投资问题，其考虑的主要因素包括港口盈利、港口经济溢出效益和消费者剩余，其目标为各指标的组合函数。腹地货主的消费者剩余可定义为最低港口货运成本与实际货运成本的差值。假设货物内陆单位运输成本为 h，则在第 t 期港口 i 的消费者剩余为

$$\mathrm{CS}_i^{t,s} = \int_0^{X_i^t}(v - \theta q_i^t + h)\mathrm{d}v - (X_i^{t,s} - \theta q_i^t + h)X_i^{t,s} = \theta\frac{(q_i^t)^2}{2} \tag{3-9}$$

式中，v 为一个可积变量，表示港口的外生需求变动。

从政府的角度考虑区域港口投资问题，其考虑的主要因素包括港口盈利、港口经济溢出效益和消费者剩余，因此第 t 期需求情景 s 下对港口 i 投资的社会福利为

$$\mathrm{SW}_i^{t,s} = \pi_i^{t,s} + \lambda q_i^{t,s} + \mathrm{CS}_i^{t,s} \tag{3-10}$$

本书采用离散情景来描述需求不确定性，因此第 t 期目标函数为所有需求情景 s 下的社会福利期望值，设需求情景 s 发生的概率为 ξ_s，则有

$$\max f_1 = \sum_{s=1}^{S}\sum_{i=1}^{N}\xi_s\mathrm{SW}_i^s \tag{3-11}$$

(4) 区域内港口资源利用率。

在港口群多期投资研究中，为保证投资建设的港口得到有效利用，引入港口交通饱和度指标来表示港口群使用效率，即港口货运量与港口通过能力的比值。以港口资源利用率最大为区域港口投资的第二个优化目标。

该部分的目标函数为

$$\min f_2 = \sum_{s=1}^{S}\sum_{i=1}^{N}\xi_s\left|\frac{\displaystyle\sum_{a=1}^{A}x_{ai}^{t,s}}{K_i^0(1 + \delta_1(I_i^t)^{\delta_2})} - 1\right| \tag{3-12}$$

式中，$x_{ai}^{t,s}$ 为第 t 期需求情景 s 下腹地 a 运往港口 i 的货运量。

3. 区域港口投资多目标优化模型

以区域港口投资社会福利和港口资源利用率最大化为目标，考虑港口投资预期收益、港口容量、腹地货运等约束，建立区域港口投资多目标优化模型如下。

目标函数为

$$\max f_1 = \sum_{s=1}^{S}\sum_{i=1}^{N}\xi_s\mathrm{SW}_i^s \tag{3-13}$$

$$\min f_2 = \sum_{s=1}^{S}\sum_{i=1}^{N}\xi_s\left|\frac{\displaystyle\sum_{a=1}^{A}x_{ai}^{t,x}}{K_i^0(1 + \delta_1(I_i^t)^{\delta_2})} - 1\right| \tag{3-14}$$

约束条件如下。

1) 港口投资预期收益约束

港口收益超过投资预期收益，不等式(3-15)左边计算了港口利润，不等式(3-15)右边为投资预期收益，其中 α_{exp} 为港口投资预期收益率。

$$P_i^{t,s} q_i^t - c q_i^t - I_i^t \geqslant \alpha_{\exp} I_i^t, \quad s \in S; i \in N; t \in T \tag{3-15}$$

2) 港口容量约束

腹地货主运至港口 i 的货运量之和应不超过港口的通过能力，即

$$\sum_{a=1}^{A} x_{ai}^{t,s} \leqslant K_i^0 (1 + \delta_1 (I_i^t)^{\delta_2}), \quad s \in S; i \in N; t \in T \tag{3-16}$$

3) 腹地货运量约束

$$X_i^{t,s} = \sum_{a=1}^{A} x_{ai}^{t,s}, \quad s \in S; i \in N; t \in T \tag{3-17}$$

$$Q_a^{t,s} = \sum_{i=1}^{N} x_{ai}^{t,s}, \quad s \in S; a \in A; t \in T \tag{3-18}$$

约束(3-17)表示第 t 期港口外生需求量等于各腹地运往港口货运量总和；约束(3-18)表示第 t 期需求情景 s 下从起运地运出的货运量 $Q_a^{t,s}$ 等于分配到各港口运量之和。

4) 其他约束

约束(3-19)~约束(3-22)为非负约束，分别为

$$x_{ai}^{t,s} \geqslant 0, \quad a \in A; i \in N; t \in T; s \in S \tag{3-19}$$

$$X_i^{t,s} \geqslant 0, \quad i \in N; t \in T; s \in S \tag{3-20}$$

$$q_i^t \geqslant 0, \quad i \in N; t \in T \tag{3-21}$$

$$I_i^t \geqslant 0, \quad i \in N; t \in T \tag{3-22}$$

4. 多目标粒子群优化算法设计

1) 算法介绍

(1) 约束处理方法。

为使设计的求解算法具有更高的求解效率和求解精度，需根据模型的特点选择合适的约束处理方法，主要有拒绝不可行解法、罚函数法、修复不可行解法和多目标优化算法。

① 拒绝不可行解法，即在求解时拒绝解空间中的非可行解。受限于约束条件的数目，当约束增多时，非可行解在解空间中的占比将大幅上升，此时拒绝不可行解法可能在极少的可行解附近寻优，寻优效果较差。

② 罚函数法，即将约束作为惩罚项添加到适应度函数中，可有效降低非可行解的适应度。但这种方法对罚因子的设置要求比较高，惩罚力度的大小直接决定了算法的求解效果。

③ 修复不可行解法，即对算法在每一代产生的不可行解用各种手段进行修复，实施起来比较复杂，因此通用性较差。

④ 多目标优化算法，通过将目标函数和约束条件同时作为优化目标来处理。使用该方法时有两种方案：方案一是将原优化问题的目标函数作为第一个优化目标，将约束条件的违反度之和作为第二个优化目标，即转化为一个多目标问题进行求解；方案二是将原优化问题的目标函数和约束条件的违反度函数分别作为优化目标，此时原问题转化为一个具有多个目标的多目标问题。

根据对每种处理方法的分析，本书选用多目标优化算法来对所建模型进行处理，以降低算法的复杂程度，提高求解效率。

(2) 粒子群优化算法。

粒子群优化算法是模拟自然界鸟群捕食行为而设计的一种基于个体寻求团体最优解的算法。算法中的一个解即为一个粒子，解的集合即为粒子种群，在计算时先给空间中所有粒子随机分配位置和速度，每个粒子在飞行时都可记录自身位置和自身发现的最好位置，且所有粒子都知道种群中发现的最好位置，这两种行为分别称为自学习和社会学习。在迭代过程中，根据两种学习结果不断更新位置和速度直至找到最优解或达到迭代收敛条件。粒子能够对个体最优解和全局最优解进行学习，因此算法在寻优时目的性更强，寻优方向更清晰。

粒子群优化算法中涉及几个关键参数，即最大/最小速度、惯性权重和学习因子。

① 最大/最小速度。粒子的飞行速度对算法寻优具有重要影响，如果粒子飞行速度过大，则可能越过最优解；如果粒子飞行速度过小，则粒子可能无法移动较远的距离，以跳出局部最优区域。因此，有必要设置一个适当的值对粒子的飞行速度进行限制，使飞行速度控制在 $[-v_{min}, +v_{max}]$。一般情况下，令 $v_{max} = x_{max} - x_{min}, v_{min} = x_{min} - x_{max}$ 可以使算法获得不错的效果。

② 惯性权重。惯性权重 ω 是粒子群优化算法非常重要的参数，表示对粒子当前速度继承的多少。ω 的加入很好地控制了粒子的飞行范围，从而使 v_{max} 在粒子的运动中没有那么重要。一般情况下，将 ω 设定为 $[0,1]$ 的固定小数。

③ 学习因子。学习因子分为两类，即前面提到的自学习和社会学习，分别用参数 c_1 和 c_2 来表示。若 $c_1 = 0$，则粒子不再学习自身经历过的最好位置，只学习到群体经验，算法容易陷入局部最优解；若 $c_2 = 0$，则没有社会的共享信息，个体之间没有信息的交互，所以找到最优解的概率较小。一般设置 $c_1 = c_2$，使得个体经营和群体经验具有同样的影响力，求解结果更加精确。

粒子群优化算法的流程如下。

步骤 1 初始化粒子群(速度和位置)、迭代次数、种群规模、速度取值范围等参数。

步骤 2 计算个体极值适应度值和群体极值适应度值。

步骤 3 基于个体极值和群体极值对粒子的速度和位置进行更新，公式为

$$V_t^{j+1} = \omega V_t^j + c_1 r_1 (P_t - x_t^j) + c_2 r_2 (G - x_t^j) \tag{3-23}$$

$$x_t^{j+1} = x_t^j + V_t^{j+1} \tag{3-24}$$

式中，ω 表示惯性权重指标；x_t^j 表示在第 j 代中第 t 个个体的位置；V_t^j 表示在第 j 代中第 t 个个体的速度；c_1 和 c_2 表示学习因子，为非负常数；r_1 和 r_2 表示分布在 $[0,1]$ 区间的随机数。

步骤 4　重新计算个体极值 P 和群体极值 G。

步骤 5　判断迭代次数是否超过最大迭代次数，如果超过最大迭代数，则转步骤 6；否则，返回步骤 3。

步骤 6　达到收敛条件，结束迭代，输出求解结果。

2) 算法设计

针对多目标优化问题，有学者将粒子群优化算法与多目标优化算法相结合，构建了多目标粒子群优化(multi-objective particle swarm optimization，MOPSO)算法进行求解。相比于单目标粒子群优化算法，多目标粒子群优化算法的最优解是一个集合(外部档案)，通过粒子的支配关系不断更新外部档案，而全局最优粒子的选取也是在外部档案中完成的，一般使用网格法或拥挤距离来限制外部档案的规模，本书通过网格法建立外部档案。Hughes 的实验证明，基于 Pareto 占优的多目标粒子群优化算法在解决具有 2 个或 3 个较少目标时非常有效，因此本书将目标函数和约束的违反度之和作为优化目标，设计多目标粒子群优化算法对模型进行求解。

(1) 外部档案。相比于单目标粒子群优化算法，多目标粒子群优化算法的最优解是一个集合(外部档案)，通过粒子的支配关系不断更新外部档案。通过网格法建立外部档案 U，并设定外部档案的大小 $U_{\text{size}} = 100$。当非支配粒子数超出外部档案的规模时，使用轮盘赌方法删除一个或几个粒子。

(2) 全局最优选取。全局最优粒子在外部档案中进行选取。每次迭代时使用轮盘赌方法选择个体最优粒子，经过更新变异后判断与全局最优粒子的支配关系，若支配原全局最优粒子，则取而代之成为新的全局最优粒子。

(3) 个体最优选取。多目标粒子群优化算法中的最优个体通过对比粒子与外部档案中粒子的支配关系来确定，若新成员为非支配粒子，则保留到外部档案中，并更新网格及网格索引，否则，原外部档案成员保持不变。

(4) 变异算子。为避免种群过早陷于局部最优解，在迭代过程中引入变异算子，使算法尽可能地搜寻整个目标空间，设变异率 $m_u = 0.1$。为使算法初期有更多的粒子变异，以在更大范围内搜寻目标，在后期缩小变异率以避免错过最优位置，对变异率进行改进，如下：

$$\mathrm{pm} = \left(1 - \frac{g-1}{g_{\max}-1}\right)^{\frac{1}{m_4}}$$ (3-25)

式中，pm 为改进后的变异率；g 为粒子当前的迭代次数；$g_{\max}$ 为粒子最大迭代次数；m_4 为变异率。

对于每一个粒子，若速度更新公式中的随机项 $r <$ pm，则对粒子的第 j 个位置进行优化。为使算法具有更好的寻优能力，将粒子速度更新公式中的惯性权重参数设为动态变化的，使其随着迭代次数的增加逐渐减小。惯性权重更新公式为

$$\omega_{\mathrm{gen}} = \omega_{\mathrm{canq}}\omega_{\mathrm{dump}}$$ (3-26)

式中，ω_{gen} 为当前迭代次数下的惯性权重值；ω_{canq} 为惯性权重变化率；ω_{dump} 为初始设置的惯性权重值，为固定值 0.99。

本节首先对区域港口群及外部环境、利益相关方进行分析，并基于此为确定多港口地区的内部运输成本，进行港口群腹地划分，提出了模型的基本假设条件。然后从需求不确定，如港口利润、港口溢出效益、区域港口投资社会福利、区域内港口资源利用率等方面建立了相应的函数关系，最后以区域社会福利、港口资源利用率为目标，将港口投资预期收益、港口容量、腹地货运量等作为约束条件，建立了多目标优化模型，并设计了多目标粒子群优化算法对模型进行求解。

3.2.3 算例分析

1. 背景介绍

2008 年，《珠江三角洲地区改革发展规划纲要(2008-2020 年)》提出：到 2012 年，珠江三角洲高速公路通车里程达 3000 公里，轨道交通运营里程达 1100 公里，港口货物吞吐能力达 9 亿吨，集装箱吞吐能力达 4700 万标箱，民航机场吞吐能力达 8000 万人次；到 2020 年，轨道交通运营里程达 2200 公里，港口货物吞吐能力达 14 亿吨，集装箱吞吐能力达 7200 万标箱，民航机场吞吐能力达 1.5 亿人次。2019 年，《粤港澳大湾区发展规划纲要》提出：增强广州、深圳国际航运综合服务功能，进一步提升港口、航道等基础设施服务能力，与香港形成优势互补、互惠共赢的港口、航运、物流和配套服务体系，增强港口群整体国际竞争力。可见，珠三角港口群的建设发展在区域发展规划中具有重要地位，因此本节将以珠三角港口群的投资规划为案例进行分析。

珠三角位于广东省的中南部，同样是江海交汇之地，航道条件好，珠三角地区有深圳、广州、东莞等九个城市，主要港口有广州港、深圳港、东莞港、珠海港、惠州港、中山港、江门港、佛山港和肇庆港。这些港口的位置相近，共享相同的腹地资源，而港口间又存在竞合关系，相辅相成却又相互制约，形成了以共

享腹地为特征的港口格局。珠三角港口集中分布在珠江出海口,拥有天然的水深、航道宽度优势。

表 3-3 中为 2022 年珠三角地区规模以上港口吞吐量,珠三角港口群集装箱吞吐总量占全省的 94.4%,吞吐量超过 2000 万 TEU 的港口有广州港和深圳港,超过 300 万 TEU 的港口有广州港、深圳港、东莞港和佛山港。港口货物吞吐量超过 1 亿 t 的港口有广州港、深圳港、珠海港、东莞港,整个珠三角地区港口货物吞吐量占全省的 75.3%。表 3-4 为 2022 年珠三角地区各市外贸进出口总额占全省比例,珠三角地区占全省外贸进出口总额的 95.5%,珠三角地区各市外贸进出口总额排名前三的分别为深圳市、东莞市和广州市,占比分别为 44.2%、16.8% 和 13.2%,佛山市占比为 8.0%,位居第四。

综合上述分析,珠三角在广东省经济发展中占有举足轻重的地位,从集装箱吞吐量来看,广州港、深圳港、东莞港、佛山港和珠海港五个港口集装箱吞吐总量在全省占比 88.9%;从外贸进出口总额来看,广州市、深圳市、东莞市、佛山市和珠海市外贸进出口总额在全省占比为 85.9%。因此,本书选取这五个港口作为投资对象,对区域港口投资问题进行研究。

表 3-3　2022 年珠三角地区规模以上港口吞吐量

港口	货物吞吐量/亿 t	占比/%	集装箱吞吐量/万 TEU	占比/%
广州港	6.56	32.0	2486	35.2
深圳港	2.78	13.6	3004	42.5
珠海港	1.02	5.0	110	1.6
惠州港	0.90	4.4	42	0.6
东莞港	1.70	8.3	361	5.1
中山港	0.15	0.7	139	2.0
江门港	0.96	4.6	154	2.2
佛山港	0.86	4.2	322	4.6
肇庆港	0.50	2.4	49	0.7
珠三角港口群	15.43	75.3	6667	94.4
广东省合计	20.48	100	7065	100

注: 表中数据来源于《中国港口年鉴 2023》。

表 3-4　2022 年珠三角地区各市外贸进出口总额占全省比例

各市	进出口总额/亿元	占比/%
广州市	10948.4	13.2
深圳市	36737.56	44.2

续表

各市	进出口总额/亿元	占比/%
珠海市	3053.50	3.7
惠州市	3090.99	3.7
东莞市	13927	16.8
中山市	2798.7	3.4
江门市	1789	2.2
佛山市	6637.8	8.0
肇庆市	385.65	0.5
珠三角港口群	79368.6	95.5
广东省合计	83102.9	100

注：表中数据来源于《中国港口年鉴 2023》。

对比表 3-5 中的港口适应度情况可以发现，广州港、深圳港、东莞港港口通过能力不足，港口存在一定的拥堵，而佛山港和珠海港的港口适应度在 1.5 左右，港口容量利用率较低，存在部分码头货运量不足的情况。

表 3-5 港口适应度情况

港口	港口通过能力/亿 t	港口吞吐量/亿 t	港口适应度
广州港	1576	2162	0.73
深圳港	1925	2573	0.75
东莞港	260	355	0.73
佛山港	585	399	1.47
珠海港	378	231	1.64

珠三角港口群的腹地主要有四个，即广东省、广西壮族自治区、湖南省和江西省，2022 年四省(自治区)的国民经济概况如表 3-6 所示。从表中数据可以看出，广东省人口密集、工业发达、对外贸易比较繁荣，是珠三角港口群的最大腹地。湖南省从 GDP、进出口贸易额和第二产业增加值来看均优于其他两省(自治区)，是珠三角港口群的第二大经济腹地。江西省在 GDP、第二产业增加值和进出口贸易额指标上均优于广西壮族自治区，是珠三角港口群的第三大经济腹地。广西壮族自治区进出口贸易额略逊色于其他三省，为珠三角港口群的第四大经济腹地。随着沿海制造业逐渐向内陆迁移，各省(自治区)交通经济联系越来越紧密，未来这些经济腹地将为珠三角港口群的发展发挥重大作用。

表 3-6 2022 年四省(自治区)的国民经济概况

项目	广东省	广西壮族自治区	湖南省	江西省
土地资源/万 km²	17.97	23.76	21.18	16.69
人口/亿人	1.27	0.50	0.66	0.45
GDP/亿元	129118.58	20352.51	48670.37	32074.7
高速公路里程/km	11211	8271	7330	6731
第二产业增加值/亿元	52843.51	8938.6	19182.6	14359.6
进出口贸易额/亿元	83102.9	6603.5	7058.2	6713.0

注: 表中数据来源于《中华人民共和国 2022 年国民经济和社会发展统计公报》。

2. 数据及参数确定

1) 场景设定

以珠三角区域内的广州港、深圳港、东莞港、佛山港和珠海港为投资对象来对需求不确定条件下区域港口投资问题进行研究。2022 年, 对珠三角地区的主要港口进行投资建设, 总规划期为 15 年, 根据以往港口工程项目的建设期, 将总规划期划分为 3 个时间段, 即 $T = 3$, $t = 1$(2022~2027 年), $t = 2$(2027~2032 年), $t = 3$(2032~2037 年), 每个规划期内设 3 个腹地货运需求情景, 即 $S = 3$。$t = 0$ 表示未规划时。

2013~2022 年各港口集装箱吞吐量数据, 如表 3-7 所示。2013~2022 年 4 个腹地集装箱吞吐量数据, 如表 3-8 所示。

表 3-7 2013~2022 年各港口集装箱吞吐量 (单位: 万 TEU)

年份	广州港	深圳港	东莞港	佛山港	珠海港
2013	1550.45	2327.85	189	275	87.26
2014	1661.17	2403.73	283	287.26	117.01
2015	1759	2420.45	336	274.05	133.77
2016	1884.97	2397.94	364	288.66	165
2017	2037.2	2520.87	360	391	227.04
2018	2162.21	2573.59	356	399.49	231
2019	2306.79	2625.12	412	450.94	288.15
2020	2461.41	2691.02	431	510.2	338.27
2021	2627.27	2761.68	446	577.38	393.61
2022	2799.32	2837.11	456	653.56	454.16

注: 表 3-7、表 3-8 中数据来源于《中国港口统计年鉴》(2014—2023)。

表 3-8　2013～2022 年各腹地集装箱吞吐量　　　（单位：万 TEU）

腹地	2013 年	2014 年	2015 年	2016 年	2017 年	2018 年	2019 年	2020 年	2021 年	2022 年
广东省	4951	5326	5512	5728	6227	6412	6798	7167	7555	7963
广西壮族自治区	100	112	142	251	318	396	470	601	769	984
湖南省	29	34	37	56	61	67	81	93	107	122
江西省	29	32	36	52	57	62	74	85	97	109

基于以上数据，对各省(自治区)货运需求变化波动的分布函数进行拟合，并参考已有文献对几何布朗运动分布函数参数的设定，得到各省(自治区)的分布函数参数，取 $\mu = 0.03$、$\sigma = 0.2$，表 3-9 为各规划期和各情景下腹地货运需求量。

表 3-9　各规划期和各情景下腹地货运需求量　　　（单位：万 TEU）

腹地	情景	$t = 1$	$t = 2$	$t = 3$
广东省	$s = 1$	6099	6877	7600
	$s = 2$	6348	7158	7911
	$s = 3$	6607	7302	8070
广西壮族自治区	$s = 1$	415	468	517
	$s = 2$	432	487	539
	$s = 3$	450	497	549
湖南省	$s = 1$	70	79	88
	$s = 2$	73	83	91
	$s = 3$	76	84	93
江西省	$s = 1$	65	73	81
	$s = 2$	68	76	85
	$s = 3$	71	78	86

统计 2013～2022 年五大港口集装箱吞吐量数据，并对港口吞吐量变化的分布函数进行拟合，基于表 3-9 中各规划期腹地货运需求变化情况，得到未规划时及各规划期港口吞吐量预测值，如表 3-10 所示。

表 3-10　未规划时及各规划期港口吞吐量预测值　　（单位：万 TEU）

港口	$t = 0$	$t = 1$	$t = 2$	$t = 3$
广州港	2162	2389	2641	2918
深圳港	2574	2844	3143	3473
东莞港	356	393	435	481
佛山港	399	441	487	539
珠海港	231	255	282	312

2) 基本参数

本节涉及的单位溢出效益、投资与容量增长相关系数等参数受限于数据搜集困难，很难通过统计分析得到精确的取值。因此，此类参数主要参考现有文献中给出的取值，并根据本节所研究的实际情况进行一定的调整。

(1) 港口的单位溢出效益。港口的单位溢出效益是指港口处理一个标准集装箱对腹地经济产生的溢出效益，其取值一般为一个标准集装箱操作成本的 20%～60%，取决于当地政府管辖范围的聚集程度。本章中港口与直接经济腹地的距离较近，因此单位溢出效益取港口操作一个标准集装箱成本的 50%。

(2) 港口的拥堵货币转化因子。港口的拥堵货币转化因子是货物因港口发生拥堵而产生额外成本的体现，在现实中以港口拥堵附加费的形式由承运人向货主收取，但不同航运公司对拥堵附加费的收取没有统一的标准，例如，2017 年汉堡南美航运公司和株式会社商船三井等因港口驳船运营成本增加而对需要驳船转运的货物收取 25 欧元/箱的港口拥堵附加费，2020 年美国总统轮船有限公司对冷藏箱的拥堵附加费为 1250 美元/箱。可见港口拥堵附加费的收取受港口设施供应、货物类型等的影响比较大。现有文献对港口的拥堵货币转化因子的取值为 4 欧元，但本章研究对象为国内沿海港口，因此将此参数调整为 10 元。

(3) 港口预期收益率。通过查阅港口企业年报，得到五个港口企业资产收益率平均值为 10%，因此本章假设港口投资预期收益率为 10%。

(4) 投资与容量增长相关系数。本章假设投资额与港口容量呈函数关系，查阅相关文献，发现并未给出确切的参数取值。为使本研究与实际港口投资情况相符，搜集港口码头建设工程，根据投资金额和港口容量等数据进行分析，取 $\delta_1 = 0.05$、$\delta_2 = 0.3$。

3) 结果分析

将结果代入优化模型中，每个规划期需求情景出现的概率为 $\delta_1 = \delta_2 = \delta_3 = 0.33$，通过编程求解得到需求不确定条件下区域港口投资方案，如表 3-11 所示。

表 3-11　需求不确定条件下区域港口投资方案

港口	$t=1$		$t=2$		$t=3$	
	港口投资额/亿元	港口通过能力/万 TEU	港口投资额/亿元	港口通过能力/万 TEU	港口投资额/亿元	港口通过能力/万 TEU
广州港	49	1829	28	2078	50	2414
深圳港	50	2236	49	2596	66	3052
东莞港	46	301	23	340	26	385
佛山港	23	660	0	660	15	734
珠海港	31	431	15	480	14	532

从表 3-11 中可以得到未来各期的投资结果，广州港、深圳港和东莞港各期投资额较高，佛山港和珠海港各期投资额均处于较低水平。查询广东省交通运输厅网站发布的文件，得到表中港口码头建设项目及相应的投资额数据。将本章得到的投资结果与实际港口码头建设工程资金投入进行对比可得，所得结果与实际的规划期内投资金额相符。

从本章得到的投资结果来看，区域内港口投资对象以广州港、深圳港和东莞港为主，结合港口吞吐量预测结果，以深圳港为例，3 个建设期下港口吞吐量预测值分别为 2844 万 TEU、3143 万 TEU 和 3473 万 TEU，港口通过能力分别为 2236 万 TEU、2596 万 TEU 和 3052 万 TEU，港口通过能力与港口吞吐量存在较大缺口，未来应作为重点投资发展对象。而佛山港和珠海港现有港口吞吐能力基数比较大，分别为 585 万 TEU 和 378 万 TEU，3 个建设期完成后，港口通过能力分别为 734 万 TEU 和 532 万 TEU，远超港口吞吐量预测值，因此应减少这两个港口的投资规划。

为使港口能够提供更加高质量的服务，单纯靠投资港口基础设施是不够的，基于求解结果和前述港口基本现状分析，提出以下几点港口发展建议。

(1) 加快港口大型化发展，提高岸线资源利用率。

以广州港为例，第 3 期港口通过能力为 2414 万 TEU，港口的吞吐量将达到 2918 万 TEU，港口通过能力明显不足。2018 年，广州港泊位数达 556 个，而万吨级泊位数仅 96 个，因此应考虑加快泊位大型化发展，加大泊位扩建投入力度，在有限的岸线泊位条件下，进一步提高港口通过能力，提高岸线资源利用率。

(2) 考虑港口设备的升级改造，淘汰老旧低效设施。

(3) 面对持续增加的港口吞吐需求，改善港口拥堵的一个有效办法就是提高港口的运营效率，加大高效率设备的投入，或者加快智能化港口的建设，及时淘汰老旧低效设备。以青岛自动化码头为例，2017 年青岛港全自动化码头投入运营后，码头的作业效率提升了 30%，人工减少了 80%，在高效完成集装箱作业任务的同时也降低了人员工作量。

(4) 港口容量剩余不仅占用、浪费宝贵的岸线资源，设备的老化折旧也会增大企业固定成本，因此应对码头从地理位置、泊位水深、货物处理量等方面进行综合评估，闲置低使用率的泊位。对于闲置的泊位，应考虑港口产业转移，创造额外营收，以大连港为例，港口相关管理部门在闲置码头附近开发房地产和现代服务业，成功完成码头转型升级，为大连港创造了巨大的额外经济收益。因此，在考虑闲置部分码头时，对码头周边商业环境、消费特征等进行事先评估，制定符合当地发展特色的产业发展计划，确保产业转型顺利进行。

本节以我国珠三角港口群的五个主要港口为例进行了算例分析。首先对珠三角港口群进行初步介绍，从港口吞吐量和珠三角地区各市外贸进出口总额等指标进行分析，选择广州港、深圳港、东莞港、佛山港和珠海港作为区域港口投资对象，接着对各港口概况进行分析，并选取了广东省、广西壮族自治区、湖南省和江西省四个省(自治区)作为本章港口主要腹地进行研究。通过编程计算各规划期港口投资方案，并与港口"十三五"期间的码头建设工程进行对比，发现所得结果符合实际情况，通过对港口投资结果和港口实际发展现状进行综合分析，给出了港口群整合发展建设建议。

3.3　港口群集疏运体系运营协同运作优化

港口集疏运网络是港口集中疏散货物并提供货物运输服务的网络，合理的港口集疏运网络能够提高港口车船周转速度和供应链效率，缩短货物流通时间，从而降低港口物流成本。集疏运网络建设是推进港口区域化发展的重要方式，也是提升港口竞争力的重要途径之一。因此，本节对港口群集疏运体系理论、模型与求解方法、算例分析进行论述。

3.3.1　港口群集疏运体系理论

港口集疏运网络是以港口、中转节点(包括内陆港)、港口经济腹地等为节点，多种交通方式参与，由连接各节点的运输线路构成的网络，是港口货物实现内陆运输的重要载体。港口集疏运网络一般是由港口、港口腹地节点、中转节点(包括内陆港)和各种集疏运方式组成的。集疏运方式以公路、铁路、水路运输为主。下面主要针对港口、中转节点进行阐述。港口是集疏运网络的重要节点，其水域包括锚地、航道、回旋水域和码头前水域，陆域部分按生产作业性质分为装卸作业地带、辅助生产作业地带、铁路站场用地和预留发展用地等。码头从广义上理解为码头建筑物及装卸作业地带的总和，即除码头建筑物自身外，还有装卸设备、库场和集疏运设施，这样才能完成靠船、系船、装卸作业等多种任务。因此，码头是完成水陆货客转换机能设施组合的总称。港口作为多式联运的重要结合点，具有连接陆运和水运等多种运输方式及贯通国内、国际两个市场的作用，汇集了货主、陆上运输企业、航运公司、船代、货代、仓储企业等各种相关参与方的物流信息。

中转节点(包括内陆港)是港口集疏运网络上重要的物流中转枢纽。港口集疏运网络是腹地货物运输网络的重要组成部分。腹地货物通过集疏运网络运送进出港口。腹地货物通过港口腹地中转节点与铁路连接进出港口集疏运网络。腹地中转节点的货物运输需求直接影响港口吞吐量的规模。因此，腹地中转节点的布局在港口物流基础设施系统规划中占有非常重要的地位。港口腹地中转节点是腹地货物通过港口集疏运网络的重要门户，按照运输方式及其功能，港口腹地中转节点主要包括以下几种类型，具体如图 3-2 所示。从运输方式的角度来看，港口腹地中转节点可以分为公路运输站和铁路运输站；从功能的角度来看，可以分为物流园区、物流中心、配送中心、集货中心、分货中心等。港口腹地中转节点作为港口功能在内陆的扩展和延伸，在货物运输和腹地多式联运中具有重要作用。港口腹地中转节点常位于道路的重要节点，方便发挥中转节点的集货功能，通过公路、铁路和水运等多种运输方式往返于港口，形成港口集疏运网络。除了实现货物的集运与输运功能，港口腹地中转节点也是实现港口供应链功能的重要设施，包括储运功能、装卸功能、信息处理功能等。

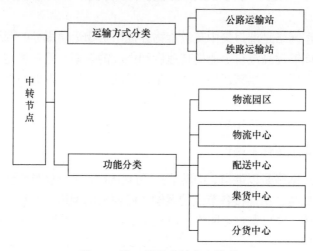

图 3-2　港口腹地中转节点类型

随着港口间竞争的加剧及港口区域化进程的不断深入，港口集疏运网络的建设已成为港口竞争的新方向。在研究铁路引入对港口和货主的影响时，辅助港口企业制定关于铁路引入的策略后，如何布局内陆港和确定港口服务价格是多方博弈下港口集疏运网络规划的重要问题。内陆港作为连接铁路运输和公路运输的重要节点，是港口集疏运网络和内陆多式联运网络的重要设施。内陆港的建设有利于腹地货物的长距离运输，由公路运输转向铁路运输，不仅能够降低货物的运输成本，也能够减轻港口码头和邻近港口城市道路的拥堵情况。同时，港口也可通过建设内陆港，降低货主内陆运输成本，从而吸引更多货物，以增加吞吐量。从政府的角度来看，通过建设内陆港和推广内陆货物多式联运，可以降低物流成本，推动区域发展。对于远距离运输，相比于公路运输，铁路运输产生的碳排放量较少，对环境造成的影响也更小。因此，近年来中国政府提出多项规划来推动内陆港建设和加快多式联运运输方式的发展。

当前，港口企业已成为内陆港的重要投资者和运营者之一，例如，天津港已在朝阳、太原、平谷等地完成内陆港建设并投入运营。在欧洲，众多港口企业通过建设内陆港来扩大港口规模，同时，港口企业也在内陆多式联运运输方式发展中起到重要作用。特别是在中国，港口企业与铁路运输企业通过开展合作，推动了港口铁路合作创新发展，共同投资建设内陆港、运营货物铁路运输班列等，从而达到港口铁路优势互补、利益共赢。同时，区位相近的港口经济腹地重叠明显，导致港口间的竞争日趋激烈。港口企业更加重视对内陆港的建设及运营，希望通过内陆港的建设带动港口集疏运网络的发展，提升港口竞争力，从而增加港口吞吐量，获取更多利润。为了争夺重叠腹地区域的货源，也出现不同港口在同一地区建设内陆港的现象，例如，大连港和营口港均在沈阳、长春建设了内陆港，天津港和青岛港分别在淄博建设了内陆港。

在对港口集疏运网络进行优化时，影响港口集疏运系统优化的因素可分为定量因素和定性因素两大类，具体介绍如下。

1. 定量因素

1) 运输成本

运输是港口集疏运系统的重要物流活动，运输成本与客户要求的货运量、运输距离以及客户和港口选择的运输方式有直接的关系。港口集疏运系统主要采用水路运输、铁路运输、公路运输等交通运输方式，其运输成本应该包括货物从货主供应地运输至中转节点路段的运输成本、从中转节点运输至港口的运输成本两部分。

2) 运输船舶的运营成本

运输过程中运输船舶的运营成本包括船舶的管理人员费用、操作船舶的人力成本、动力成本以及管理港口费用等，与运输路径、货物量和运输线路的起点与终点等因素有着直接的关系。大多数港口在运输货物时把运输交给船舶公司，因此在进行港口集疏运网络结构优化时不考虑此项费用。

3) 港口货物的装卸成本

在货物船舶到达港口后，港口会根据货物情况、船期计划及传送带的分配情况等因素，采用专业设施对货物进行装卸，装卸成本是由货物类型、装卸工具、货物量等决定的。

4) 库存成本

库存成本是指由港口的运输条件不能及时将货物运出、港口可利用的运输资源有限、目的地还没有准备好接收货物等导致货物在港口停留，产品占用存储空间过程中所支付的费用，其与停留时间有直接关系。

5) 投资建设成本

投资建设成本是港口对中转节点进行投资建设时所耗损的成本费用，主要包括固定成本和可变成本。当港口对中转节点进行投资建设时，固定成本主要包括工作人员的薪酬、建筑工程费、基础设备购置费、安装工程费等，可变成本主要是指依据环境的变化而变化的耗损成本，主要包括维修及更新设备的费用，水电气费用，事故应急造成的费用，车辆、办公、生活等消耗的费用，材料费等，由于可变成本依环境而变，本书中所采用的可变成本是综合可变成本，这里不对其进行一一分类。

2. 定性因素

1) 交通运输条件

交通运输条件(铁路、港口、公路、航道等运输线路的交通状况及交通基础设施)直接影响着港口集疏运系统中的货物运输活动，对其物流成本、运作效率也有影响。

2) 客户需求分布

港口主要是为大型企业的货物运输服务的，港口集疏运的效率会直接影响客户的需求分布。客户选择服务港口时不但要考虑距离的远近，更要考虑服务效率的高低及运输成本的多少。如果港口距离客户比较远，那么运输过程的时间耗费就会增加，更重要的是增加了货物运输过程中的风险。因此，客户会根据自身要运送的货物量特点合理选择为其提供运输服务的港口。

3) 经济环境及相关制度因素

港口和企业所处的政策环境以及经济环境都会影响到港口集疏运的发展，企业在选择港口为其提供服务时需要分析其环境因素。

在集疏运网络优化方面的研究，目的是使港口集疏运系统总费用最少，所以模型在构建的时候应该考虑用定量因素去量化在港口集疏运过程中港口及客户的成本费用。因此，在对供应链环境下的港口集疏运网络优化模型进行构建时，对港口来说，选择投资建设费用来量化港口对中转节点建设的成本费用，同时，投资建设费用包括可变成本和固定成本，建立合适的数学模型进行分析和决策，同时应该选择运输成本、库存费用、转载费用来量化货物运输过程中的成本费用。在考虑定量因素的同时也要考虑定性因素，如交通运输条件，在模型构建时应该考虑到各种运输方式的运输状态是否良好，能不能做到在交通方式上的无缝连接。

3.3.2　模型与求解方法

1. 问题概述

对于一个已经确定的集疏运系统，各港口的集疏运方式、港口供应链上的主要中转节点、物流网络以及运输路径一般是确定的，即在该集疏运网络中构成了多个物流链。因此，对港口集疏运网络结构进行优化就是对已经形成的港口物流链网络进行结构优化，在潜在中转节点建设地点投资若干个物流中转节点，以优化物流资源配置，提高港口物流效率，降低港口物流服务成本。

在供应链模式下，港口集疏运网络结构优化不是简单的中转货运站节点的选址问题，从综合考虑港口决策者(政府)和企业或用户两个层面的角度，在最小费用流以及各种交通运输方式合理分配的基础上，通过港口中转节点的布局、规模、路径选择以及运量分配等层面对集疏运网络结构进行优化。

在供应链环境下构建港口集疏运网络优化模型应该达到以下目标。

(1) 该优化模型应该能够适用于由多个货物供应地途经多个中转节点运至多个目的港口的集疏运运输网络系统。

(2) 该模型应该能够实现港口腹地向港口的货物供给问题，在总成本费用最优的前提下，确定腹地与港口间中转节点建设地点、规模以及货物在集疏运运输网络上运量的分配。

(3) 模型应该建立一个有客户参与、在客户路径选择策略的基础上寻求最佳中转节点建设地点及规模，使得系统总费用最小的集疏运系统。

(4) 模型应该能够反映港口决策对运输、物流企业的影响，以及运输、物流企业路径选择对港口决策的影响。

2. 模型构建

港口集疏运系统网络结构优化问题中涉及两种不同目标函数的决策者，即港口决策者(政府)和物流企业、运输企业或者用户。为了较准确地分析港口群决策对物流、运输企业路径选择的影响，以及运输、物流企业路径选择决策的改变对港口群决策者决策的影响，本节运用双层规划的理念对港口集疏运网络进行优化分析。

1) 优化决策选择

港口、港口腹地、港口与港口腹地之间的中转节点以及集疏运方式构成了港口集疏运网络，港口中转节点的投资建设决策、运输网络的选择是影响港口集疏运网络的两个重要因素。从港口决策者的角度来看，港口通过改变投资建设的中转节点来改变集疏运网络的结构；从用户或者运输企业、物流企业的角度来看，运输路网的选择体现了货物在运输过程中在中转节点以及整个集疏运线路中的运量分配模式，故港口中转节点的投资建设决策、用户的路径选择决策是港口集疏运网络优化时要考虑的两个重要决策。为了确定港口集疏运网络优化的上下层具体决策者，对港口中转节点决策和用户路径选择决策的相关关系进行分析。

在港口集疏运过程中，港口通过投资建设不同的中转节点来影响集疏运网络的网络结构，进而影响运输企业、物流企业或者(用户)在中转节点和港口的运量分配,同时用户对中转节点、港口以及运输线路的选择影响港口的中转节点决策。

一般情况下,港口运营管理者首先做出对中转节点的决策,改变集疏运网络结构,运输企业、物流企业或者用户在已存在的中转节点情况下做出对货物运输路径选择的决策,然后把货物运输的路径选择决策反馈给港口企业,影响其对中转节点的投资建设。

港口投资建设中转节点决策只能影响用户的路径选择决策,同时这两种决策反应是相互独立进行的。

通过对港口集疏运港口节点决策和用户路径选择策略的关系进行相关分析,选取港口中转节点的投资建设决策作为港口集疏运网络优化的上层决策模型,运输物流企业的路径选择决策作为港口集疏运网络优化的下层决策模型。

2) 模型假设及参数确定

(1) 模型假设。

为了降低港口集疏运网络优化模型的复杂程度,在合理简化模型的基础上做出以下假设。

① 统一考虑集疏运网络中港口、中转节点与用户路径选择的动态关系。

② 只考虑内陆集疏运网络,忽略港口与港口间的航线网络,并且不把集货和疏货过程分开,看作一个统一的整体进行分析。

③ 对于港口与运输企业、物流企业或者用户之间通过信息共享在运输需求方面达到协调一致。

④ 各种交通运输方式的运输状态良好,运输方式为公路运输和铁路运输,并且运输路线、运输时间及运输成本等都视为已知。

⑤ 公路运输运力约束用节点的汽车可用数量来界定;铁路运输运力约束用该段时间内可用的火车数量来进行限制。

⑥ 集疏运网络中港口及中转节点的操作能力是有限的,所有经港口或者中转节点操作的货运量不得超过港口或者中转节点的可操作能力。

(2) 基本参数。

基本参数如下。

① m 表示货源地 i 的个数。

② n 表示可以投资建设中转节点 j 的潜在地点数量。

③ α_j 表示在 j 处投资建设的中转节点的最大允许货物容量。

④ f'_j 表示在 j 处投资建设中转节点时所需的固定成本。

⑤ $f_j(a_j)$ 表示在 j 处投资中转节点时所需的可变成本。

⑥ C_{ijm} 表示用交通运输力式 m 从节点 i 运至节点 j 的费用。

⑦ C_{jkm} 表示用交通运输方式 m 从节点 j 运至节点 k 的费用。

⑧ P_i 表示货源地 i 的生产量。

⑨ d 表示运输需求。

⑩ N_s 表示运转方式 m 的单位运载工具运输的货运量。

⑪ V_i 表示节点 i 的汽车可用数量。

⑫ W_{ijm} 表示用交通运输方式 m 把货物从 i 运至 j 的交通工具数量。

⑬ $m = 1$ 表示公路运输，$m = 2$ 表示铁路运输。

⑭ t_j 表示货物在 j 中转节点停留的时间。

⑮ b_j 表示货物在 j 处转载的单位成本。

⑯ θ_j 表示货物在 j 处转载的时间价值转化率。

决策变量如下。

① x_{ijm} 表示用交通运输方式 m 把货物从节点 i 运至节点 j 的货运量。

② x_{jkm} 表示用交通运输方式 m 把货物从节点 j 运至节点 k 的货运量。

③ a_j 表示中转中心 j 的最大允许通过量。

④ $y_j = 1$ 表示在 j 处投资建设中转节点，$y_j = 0$ 表示不在 j 处投资建设中转节点。

3) 模型构建

在供应链环境下，对港口集疏运网络优化进行研究，主要是同时考虑港口与运输企业、物流企业或用户的共同利益，在港口投资建设中转节点决策和用户路径选择两个层面运用双层规划的理念进行协调，以达到集疏运系统成本费用最低。

(1) 上层决策模型。

作为港口运营管理者，在集疏运网络中确定最佳中转节点进行投资建设是港口集疏运网络结构优化的一个重要决策。港口通过改变中转节点的布局与规模来提高港口的集货和疏货能力，考虑到港口投资建设中转节点的决策与货物运输需求、中转节点的最大允许通过量有关，构建港口中转节点决策模型为上层决策模型，用 U 表示，目标成本费用为投资建设成本(固定成本、可变成本)，如式(3-27)所示。

$$\min S_1 = \sum_{j=1}^{a} (f_j' + f_j(a_j)a_j b_j) \tag{3-27}$$

s.t.

$$\sum_{j=1}^{n} y_j \geqslant 1 \tag{3-28}$$

$$\sum_{j=1}^{n} a_j y_j \geqslant d \qquad (3\text{-}29)$$

$$0 \leqslant a_j \leqslant \alpha_j \qquad (3\text{-}30)$$

$$y_j \in \{0,1\}, \quad j = 1, 2, \cdots, n \qquad (3\text{-}31)$$

式(3-28)表示在 n 个潜在的中转节点处必须至少投资建设一个；

式(3-29)表示所有中转节点的容量之和应该大于运输需求量，保证满足需求；

式(3-30)表示港口投资建设中转节点的规模不得超过该中转节点最大允许通过量；

式(3-31)表示是否在 j 处投资建设中转节点。

(2) 下层决策模型。

在港口集疏运过程中，运输企业、物流企业或用户主要是在多种中转节点存在的情况下选择适合货物运输的网络、中转节点以及港口，即货物在集疏运线路上的运量分配模式。从运输企业、物流企业或用户的角度来看，运输过程中的成本费用主要包括运输成本、库存费用、转载费用，考虑到运输过程中货物供应地的生产能力、中转节点和港口的操作能力以及交通运输方式的运力等因素的限制，构建目标为成本费用模型最优的用户路径选择决策模型。

为了更好地简化模型，定义 LP 为下层用户路径决策模型，分为货物供应地至中转节点成本费用模型 LP_1 和中转节点至港口的成本费用模型 LP_2。考虑运输成本、库存成本、转载成本，构建模型如下。

货物供应地至中转节点成本费用模型 LP_1 为

$$\min S_2 = \sum_{i=1}^{m'} \sum_{j=1}^{n} \sum_{m=1}^{2} C_{ijm} x_{ijm} + \sum_{i=1}^{m'} \sum_{j=1}^{n} \theta_j t_j + \sum_{i=1}^{m'} \sum_{j=1}^{n} \sum_{m=1}^{2} b_j x_{ijm} \qquad (3\text{-}32)$$

s.t.

$$\sum_{i=1}^{m'} \sum_{m=1}^{2} x_{ijm} \leqslant a_j, \quad j = 1, 2, \cdots, n \qquad (3\text{-}33)$$

$$\sum_{j=1}^{n} \sum_{m=1}^{2} x_{ijm} \leqslant p_i, \quad i = 1, 2, \cdots, m' \qquad (3\text{-}34)$$

$$\sum_{i=1}^{m'} \sum_{j=1}^{n} \sum_{m=1}^{2} x_{ijm} \geqslant d, \quad i = 1, 2, \cdots, m'; j = 1, 2, \cdots, n \qquad (3\text{-}35)$$

$$\sum_{j=1}^{n} x_{ij1} \leqslant N_1 V_i, \quad i = 1, 2, \cdots, m' \qquad (3\text{-}36)$$

$$x_{ij2} \leqslant N_2 W_{ij2}, \quad i = 1, 2, \cdots, m'; \ j = 1, 2, \cdots, n \qquad (3\text{-}37)$$

$$x_{ijm} \geqslant 0, \quad i = 1, 2, \cdots, m'; \ j = 1, 2, \cdots, n \qquad (3\text{-}38)$$

式(3-33)表示在中转节点 j 转载的货运量小于该中转节点的承载能力；

式(3-34)表示货源地 i 运往中转节点转载的货运量之和不得超过货源地 i 的生成能力；

式(3-35)表示经中转节点转载的货运量应该大于运输需求，保证满足需求；

式(3-36)表示用公路运输方式从货源地 i 运出的所有货运量不得超过货源地 i 公路运输的运力限制；

式(3-37)表示从货源地 i 通过铁路运输方式运往中转节点 j 的货运量不得超过从货源地 i 到内陆中转站 j 铁路运输的运力限制；

式(3-38)表示运量要满足非零约束。

货物中转中心至港口部分的成本费用模型 LP_2 为

$$\min S_3 = \sum_{j=1}^{m'} \sum_{k=1}^{l} \sum_{m=1}^{2} C_{jkm} x_{jkm} \qquad (3\text{-}39)$$

s.t.

$$\sum_{j=1}^{n} \sum_{m=1}^{2} x_{jkm} \leqslant q_k, \quad k = 1, 2, \cdots, l \qquad (3\text{-}40)$$

$$\sum_{k=1}^{l} \sum_{m=1}^{2} x_{jkm} \leqslant a_j, \quad j = 1, 2, \cdots, n \qquad (3\text{-}41)$$

$$\sum_{j=1}^{n} \sum_{k=1}^{l} \sum_{m=1}^{2} x_{jkm} \geqslant d \qquad (3\text{-}42)$$

$$\sum_{k=1}^{l} x_{jkl} \leqslant N_l V_j, \quad j = 1, 2, \cdots, n \qquad (3\text{-}43)$$

$$x_{jk2} \leqslant N_2 W_{jk2}, \quad j = 1, 2, \cdots, n; k = 1, 2, \cdots, l \qquad (3\text{-}44)$$

$$x_{jkm} \geqslant 0, \quad j = 1, 2, \cdots, n; k = 1, 2, \cdots, l; m = 1, 2 \qquad (3\text{-}45)$$

式(3-40)表示货物从中转节点运至港口 k 的货运量不得超过港口 k 的可操作能力；

式(3-41)表示中转节点 j 运往港口的总货运量不得超过中转节点 j 的可操作能力；

式(3-42)表示中转节点至港口的总货运量应该满足运输总需求；

式(3-43)表示通过公路运输从中转节点 j 运至港口 k 的货运量不得超过中转节点 j 公路运输的运力限制;

式(3-44)表示通过铁路运输从中转节点 j 运至港口 k 的货运量不得超过从中转节点 j 运至港口 k 铁路运输的运力限制。

4) 模型分析

在上层港口投资建设中转节点决策模型和下层用户路径选择决策模型中,港口节点决策模型主要是界定集疏运网络中需要投资建设的中转节点的布局及规模,用户路径选择决策模型主要是根据港口中转节点决策来确定运输企业、物流企业集疏运过程中所选择的最佳运输线路,求出最小的物流成本。用户路径选择决策通过自身的路径选择来影响港口中转节点的容量决策,港口通过改变中转节点的规模及位置来影响用户路径选择决策,以期达到上层港口投资建设中转节点决策和下层用户路径选择决策综合最优。考虑到系统总物流成本最少,构建包括投资建设成本费用、运输成本、库存费用、转载费用的总目标模型,如式(3-46)所示。

$$\min S = \sum_{j=1}^{n} (f'_j y_j + f_j(a_j) a_j y_j) + S_2(a) + S_3(a) \tag{3-46}$$

$$\text{s.t.} \sum_{j=1}^{n} y_j \geqslant 1, \quad j = 1, 2, \cdots, n \tag{3-47}$$

$$\sum_{j=1}^{n} a_j y_j \geqslant d, \quad j = 1, 2, \cdots, n \tag{3-48}$$

$$0 \leqslant a_j \leqslant \alpha_j, \quad j = 1, 2, \cdots, n \tag{3-49}$$

$$y_j \in \{0,1\}, \quad j = 1, 2, \cdots, n \tag{3-50}$$

式(3-47)表示在 n 个潜在的中转节点中至少投资建设一个;

式(3-48)表示港口所投资建设的规模要满足货物运输需求;

式(3-49)表示港口所投资建设中转节点的规模要小于中转节点的最大允许通过量;

式(3-50)表示是否在中转节点潜在地点 j 处投资建设中转节点。

$$a = (a_1, a_2, \cdots, a_j, \cdots, a_n) \tag{3-51}$$

$S_2(a)$ 为货物供应地至中转节点的运输企业、物流企业的目标成本费用,受货物供应地至中转节点成本费用模型 LP_1 的约束条件控制;$S_3(a)$ 为中转节点至港口路段的运输企业、物流企业的目标成本费用,受中转节点至港口成本费用模型 LP_2 的约束条件控制。

5) 模型求解

对港口集疏运网络中的港口投资建设中转节点决策模型和用户路径选择决策模型进行分析，港口通过中转节点决策的改变来影响用户路径选择决策，同时用户路径选择决策通过中转节点容量约束来影响港口中转节点决策。对这两种决策反应的分析，可以运用双层规划的理念对该模型进行求解，从而体现港口中转节点决策与用户路径选择决策的动态关系。本节对模型求解过程中主要运用双层规划模型的原理，参照影子价格在经济学方面的意义，通过影子价格反映港口中转节点容量变化对下层货物供应地至中转节点和中转节点至港口成本费用变化的影响，并且下层用户把影子价格当作一个反映值反馈给上层港口决策者，以期港口做出改变中转节点布局和规模的决策。

对下层用户路径选择决策模型进行分析，货物供应地至中转节点成本费用模型 LP_1 与中转节点至港口成本费用模型 LP_2 都受中转节点的规模和布局控制。如果增加其中一个中转节点 j 的容量一个单位，相应模型(LP_1 和 LP_2)的成本费用会发生变化，此时对应的中转节点容量变化引起的目标函数值的变化为影子价格。所以，货物供应地至中转节点成本费用模型 LP_1 与中转节点至港口成本费用模型 LP_2 对应中转节点容量的影子价格 μ_j^1 和 μ_j^2 可以求出，它能够反映中转节点容量增加一个单位时下层目标成本费用的变化。

由线性规划的相关理论可知，如果模型 LP_1 的影子价格 $\mu_j^1 > 0$，那么增加中转节点 j 容量一个单位将会导致 LP_1 问题的运输成本减少。同理，如果模型 LP_2 的影子价格 $\mu_j^2 > 0$，那么增加中转节点 j 容量一个单位将会导致 LP_2 问题的运输成本减少，因此本书将 μ_j^1、μ_j^2 分别作为模型 LP_1 和模型 LP_2 对上层港口中转节点决策的反映值。

当下层用户把反映值 μ_j^1、μ_j^2 反馈给上层港口决策者时，上层港口决策者会做出对中转节点容量的调整决策，考虑到尽量不增加港口决策者自身的成本，上层的这种容量调整可通过改变上层模型中的中转节点容量 a_f 的可变成本来实现。也就是说，当下层模型对约束容量的反映值 $\mu_j^1 > 0$、$\mu_j^2 > 0$ 时，可以考虑减小中转中心 a_j 对应的可变成本，从而可以使上层增加中转中心的容量，下层达到降低成本费用的目的。于是，在本书中考虑引进一个调整因子 γ，调整中转中心容量 a_j 的可变成本为 $f_j^2(a_j) = f_j(a_j) - \gamma(\mu_j^2 + \mu_j^2)$，上层模型就转变为求解问题 U_1，以满足至少在一个潜在地点建设中转节点且不超过最大允许容量为前提，构建满足需求的新的上层目标为投资建设成本的模型(式(3-52))，并且该模型受上层模型 U 的约束条件控制。

$$\min S_1' = \left\{ f_j' + f_j^2(a_j)a_j \right\} y_j \tag{3-52}$$

双层规划问题的求解主要是通过对问题 U_1 的求解来调整上层模型 U 决策 a^*。考虑到问题 U_1 的目标函数，可以确定中转中心容量 a_j 的系数 $f_j^2(a_j)$ 应该大于零，即 $f_j^2(a_j) = f_j(a_j) - \gamma(\mu_j^1 + \mu_j^2) \geq 0$，由此可以确定调整因子 γ 的最大值为

$$\gamma_{\max} = \frac{f_j(a_j)}{u_j^1 + u_j^2} | \; u_j^1, \; u_j^2 \geq 0, j = 1, 2, \cdots, n \tag{3-53}$$

由线性规划的相关理论可知，当货物供应地至中转节点成本费用模型 LP_1 和中转节点至港口成本费用模型 LP_2 的最优解发生变化时，其对偶问题的最优解(影子价格) μ_j^1、μ_j^2 也会发生变化，为此调整因子 γ 不宜取过大的数，一开始取比较小的值，然后逐渐增大进行搜索计算，争取取得最优解，可以确定调整因子 γ 的搜索区间为 $[0, \gamma_{\max}]$。在整个模型求解的调整过程中，增加中转中心容量后，用户路径选择决策模型的成本费用模型变得更优，港口投资建设中转节点的成本费用却增加了，为此应该考虑以港口和用户综合利益最优为总目标。

首先求解上层港口投资建设中转节点决策模型 U，得到港口容量决策的一组解为 $a^* = (a_1^*, a_2^*, \cdots, a_n^*)$，以及对应位置决策的 y_j；根据上层港口投资建设中转节点决策模型 U 的规模及位置决策，将 a^* 代入下层用户路径决策模型 LP_1 和 LP_2，求解得到在上层决策 a^* 下各自的最优解，反映中转节点容量约束的影子价格 μ_j^1、μ_j^2，以及调整因子 γ 的取值区间，并且将该影子价格作为反映值，反馈给上层港口决策者。

上层港口决策者根据下层决策的反映值 μ_j^1、μ_j^2 对调整因子 γ 取一个较小的初始值，求解新的上层模型 U_1，得到一组容量决策解 a^{**}。把新的上层模型 U_1 的容量决策解 a^{**} 代入下层用户路径决策模型 LP_1 和 LP_2，求得各自的最优目标值，同时根据问题 U_1，由 $S_1 = S_1' + \sum_{j=1}^{n} \gamma(u_j^1 + u_j^2)(a^*)^{\mathrm{T}}$ 求得该容量决策下港口投资建设中转节点决策模型 U 的一组较优目标值，由此计算出总的目标值。不断改变调整因子 γ 的值，直至 $\gamma \geq \gamma_{\max}$，从中找出上下两层决策目标值之和最小的解，此解即为所求双层决策问题的最优解。

3.3.3 算例分析

为了验证港口集疏运网络优化模型的实用性，选取 3 个经济腹地相同的港口，

在港口的经济腹地中有 4 家煤炭供应企业，且煤炭供应企业的生产能力分别为1800t、1500t、1600t、1200t，港口通过运输、物流企业完成从煤炭供应地运输 6000t煤炭至港口的任务。在港口与煤炭供应地之间，潜在的中转节点建设地点有 5 个，且中转节点的最大允许通过量分别为 1600t、1500t、1300t、2000t、1400t。根据该背景，以港口、中转节点、煤炭供应地为节点，以连接各个节点的运输线路为弧，建立集疏运网络，通过中转节点建设和运输线路选择进行优化，以期港口物流成本最低。模型中基本参数变量的取值如表 3-12 所示。

表 3-12 模型中基本参数变量的取值

参数	数值			
运输需求 d/t	6000			
单位运载工具 m 允许的货运量/t	N_1		N_2	
	10		200	
集疏运方式	$m=1$		$m=2$	
	公路		铁路	
港口的可操作能力/t	Q_1		Q_2	Q_3
	1900		2100	200
煤炭供应地的供应能力/t	P_1	P_2	P_3	P_4
	1800	1500	1600	1200
煤炭供应地的可用汽车数量/辆	V_1	V_2	V_3	V_4
	150	120	100	90
中转节点的最大允许通过量/t	A_1	A_2	A_3	A_4	A_5
	1600	1500	1300	2000	1400
中转节点的汽车数量/辆	M_1	M_2	M_3	M_4	M_5
	150	100	110	160	120
中转节点建设的固定成本/万元	f_1	f_2	f_3	f_4	f_5
	728	650	670	580	850
中转节点建设的可变成本/万元	$f_1(a_1)$	$f_2(a_2)$	$f_3(a_3)$	$f_4(a_4)$	$f_5(a_5)$
	7.5	6.8	5.6	6.7	8.8
货物在中转节点的停留时间/天	t_1	t_2	t_3	t_4	t_5
	0.5	1	1.7	1.5	1.6
货物在中转节点停留的转换率 θ_j	θ_1	θ_2	θ_3	θ_4	θ_5
	1	1	0.9	1	1.5
货物在中转节点的单位成本/万元	b_1	b_2	b_3	b_4	b_5
	1.6	1.7	1.8	1.9	1.2

货源地 i 至中转节点 j 的公路运输成本 $C_1(i,j)$ (万元)和铁路运输成本 $C_2(i,j)$ (万元)分别为

$$C_1(i,j) = \begin{bmatrix} 9.8 & 6.8 & 3.8 & 6.7 & 7.4 \\ 12.4 & 10.6 & 4.8 & 8 & 3.9 \\ 6.9 & 8.4 & 7.6 & 5.9 & 4.6 \\ 7.5 & 7.9 & 11.2 & 8.7 & 5.4 \end{bmatrix}$$

$$C_2(i,j) = \begin{bmatrix} 8.5 & 5.9 & 2.9 & 6.4 & 6.9 \\ 7.9 & 6.9 & 4.5 & 7.4 & 3.6 \\ 3.8 & 7.9 & 7.3 & 5.8 & 4.3 \\ 6.7 & 7.6 & 10.9 & 6.3 & 4.9 \end{bmatrix}$$

中转节点 j 至港口 k 的公路运输成本 $C_1(j,k)$ (万元)和铁路运输成本 $C_2(j,k)$ (万元)分别为

$$C_1(j,k) = \begin{bmatrix} 13.6 & 12.4 & 15.6 \\ 15.7 & 11.8 & 13.8 \\ 16.8 & 10.7 & 14.6 \\ 12.8 & 12.5 & 12.8 \\ 10.9 & 9.8 & 11.5 \end{bmatrix}$$

$$C_2(j,k) = \begin{bmatrix} 12.8 & 12 & 15 \\ 14.7 & 11.3 & 13.6 \\ 16.4 & 10.4 & 13 \\ 12 & 12 & 12.6 \\ 10 & 8.9 & 10 \end{bmatrix}$$

货源地 i 至中转节点 j 路段可用火车数量 $W(i,j)$ (辆)为

$$W(i,j) = \begin{bmatrix} 6 & 6 & 6 & 8 & 5 \\ 6 & 5 & 5 & 6 & 5 \\ 7 & 6 & 5 & 7 & 4 \\ 5 & 4 & 3 & 5 & 3 \end{bmatrix}$$

中转节点 j 至港口 k 路段可用火车数量 $W(j,k)$ (辆)为

$$W(j,k) = \begin{bmatrix} 7 & 6 & 5 \\ 4 & 5 & 6 \\ 6 & 5 & 4 \\ 8 & 7 & 6 \\ 6 & 5 & 6 \end{bmatrix}$$

为了对比该数值算例的结果,本书在设置参数不变的情况下,忽略运输企业、

物流企业决策结果对港口决策者的影响,仅考虑港口中转节点决策对运输企业、物流企业路径选择决策的影响,从港口单层决策的角度对集疏运网络优化的结果进行计算。将两种计算结果反映到港口物流成本、各种交通运输方式在货物运输中所占比例及变化率、各港口货物操作能力占货物运输比例及变化率进行分析,对比结果分别如表3-13~表3-15所示。

表 3-13　不同决策情况下港口物流成本比较

港口单独决策/万元	港口和运输企业、物流企业共同决策/万元	变化率/%
157275.72	152187.72	−3.24

表 3-14　不同决策情况下各种交通运输方式在货物运输中所占比例及变化率

运输方式	港口单独决策/%	港口和运输企业、物流企业共同决策/%	变化率/%
公路运输	13.33	10.83	−18.76
铁路运输	86.67	89.17	2.88

表 3-15　不同决策情况下各港口货物操作能力占货物运输比例及变化率

港口类型	港口单独决策/%	港口和运输企业、物流企业共同决策/%	变化率/%
1	31.67	31.67	0
2	35	35	0
3	33.33	33.33	0

由表3-13可知,运用双层规划的理念对港口集疏运网络进行优化后的港口物流成本小于港口单独决策情况下的港口物流成本,验证了供应链环境下的港口集疏运网络优化模型的经济实用性。由表3-14可知,运用双层规划的理念对集疏运网络进行优化可以提高铁路在货物运输中的比例,同时在不改变港口货物操作能力的情况下降低港口物流成本,证实了供应链环境下的港口集疏运网络优化模型可以在一定程度上改进港口集疏运方式,降低运输成本。同时,由表3-15还可以知道,中转节点在集疏运运输中能够发挥显著作用,由于在该算例中铁路运输货物的比例相比于公路运输较大,所以中转节点的建设应该靠近铁路运输枢纽。以某区域港口的集疏运网络为例,使用对偶协调搜索算法对双层规划模型进行求解,所得结果与港口单层决策时相比,铁路运输在货物运输中的比例增加,验证了通过该模型对港口集疏运网络进行优化可以提高铁路运输在货物运输中的比例,降低港口物流过程中的运输成本。

3.4　港口群航线资源运营优化

航线网络是指某一地域内的航线按一定方式连接而成的构造系统，规定了班轮船舶的服务范围和规模，是航运公司的中长期战略决策问题。航线网络规划与设计，是制定班轮计划的依据，是影响货运行为的关键，是航运公司产生最佳效益的根本。因此，航线资源运营得当，对整个航运公司的运营起着重要的作用。科学合理地设计精简有效的航线网络，对于航运公司有效组织生产、充分发挥运输企业潜力、提高生产质量与效率具有重要的作用。因此，本节对港口群航线规划理论、优化算法以及算例分析进行论述。

3.4.1　港口群航线规划理论

港口群航线优化设计问题可以分为以下两个阶段：

(1) 航线设计，包括港口选择和港口挂靠顺序确定。

(2) 航线配船和舱位分配。

通常上述两个阶段相互影响、相互联系、相互制约，不能割裂开来进行研究。

航线设计是班轮航线优化设计的基础。可以将其理解为在港口对间集装箱运输需求已知情况下，如何规划船舶航行路径，满足集装箱运输需求。因此，在航线设计阶段需要完成以下两个方面的工作。

1) 确定航线结构

集装箱运输系统是由港口、航线与航线网络上的运行船舶组成的。国际贸易需求和港口变迁催生了很多不同类型的航线布局，根据现有相关研究，集装箱班轮航线结构大体分为点对点式航线结构、钟摆式航线结构、环绕式航线结构和干-支线式网络结构四个类别。常见的航线布局如下所示。

(1) 点对点式航线结构。

点对点式航线结构是最简单和最基本的航线布局，航线上只有 2 个港口，船舶在 2 个港口间往返航行来运输货物。点对点式航线结构网络拓扑图如图 3-3 所示。

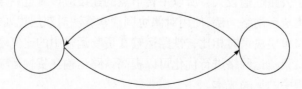

图 3-3　点对点式航线结构网络拓扑图

(2) 钟摆式航线结构。

钟摆式航线结构中有若干个港口，船舶从始发港出发经过一系列港口到达目的港，再从目的港沿相同港口返回始发港。航线中间港口都挂靠二次，航线两端港口只装载航行方向的货物或者卸空到达两端港口的货物。在现实环境下，这种航线适合于近洋货物运输。钟摆式航线结构网络拓扑图如图 3-4 所示。

图 3-4　钟摆式航线结构网络拓扑图

(3) 环绕式航线结构。

环绕式航线结构中有若干个港口，船舶在港口间单向循环，一般环球航线采用这种航线布局，在单个航次中，有的港口可能挂靠两次。该航线布局可以在一定程度上缓解由货物流向不平衡造成舱位利用率低和产生大量空箱的问题。环绕式航线结构网络拓扑图如图 3-5 所示。

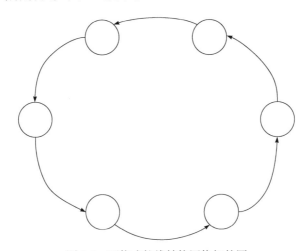

图 3-5　环绕式航线结构网络拓扑图

(4) 干-支线式网络结构。

图 3-6 和图 3-7 都是比较典型的干-支线集装箱航线网络，不同的是图 3-6 喂给港只与枢纽港相连，喂给港之间没有联系。图 3-7 喂给港不仅与枢纽港相连，喂给港之间也有联系。在干-支线集装箱航线网络中，干线运营大型船舶，具有规模经济效益；支线运营小型船舶，优点是灵活、舱位利用程度高，干线、支线相结合可实现优势互补。

2) 确定航线挂靠方案

港口航线是指船舶的航行路线，由港口和港口挂靠顺序组成。首先，在进行

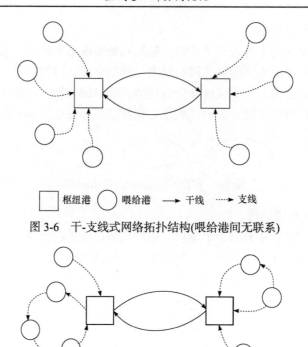

图 3-6　干-支线式网络拓扑结构(喂给港间无联系)

图 3-7　干-支线式网络拓扑结构(喂给港间有联系)

集装箱航线优化设计时,需要进行挂靠港口选择和挂靠顺序确定两个方面的决策。根据以往研究来看，在进行挂靠港口选择时，一般考虑港口货流量、港口间运输距离、港口相关费用三个因素。货源稳定且货流量大的港口通常基础设施先进、港口腹地经济发达、自然条件良好、集疏运便利，会吸引更多船舶挂靠。而货源不稳定、货流量较少的港口，停靠的船舶数量相对较少。其次，港口间运输距离也是影响港口选择的重要因素，港口间运输距离与运输时间成正比，港口间运输距离长意味着相同航速下港口间运输时间也长。但是有些托运人对货物有运输时间限制，必须在一定时间内运达，因此为了保证服务质量，班轮公司只能选择满足托运人时间要求的港口挂靠。同时，港口相关费用也是影响航运公司港口选择的重要因素，承运人会选择港口相关费用低的港口挂靠，例如，珠三角地区有珠海、盐田、蛇口、赤湾、南沙等多个大型港口，但部分地区的高消费造成其港口相关费用较高，这就造成很多航运公司在珠三角地区会选择盐田、蛇口、赤湾、南沙等港口相关费用较低的港口挂靠。停靠港口选择后还要确定港口停靠顺序，影响港口停靠顺序的主要是货物因素，包括货物流量和流向、特殊货物(如危险品货物)的运输要求等。

3.4.2 港口群航线规划优化算法

各个港口地域组合之间既相互竞争又相互协作，同一港口地域组合内部港口等级划分清楚，喂给港、支线港和枢纽港功能合理定位，对外协同运作能力强，形成了一个凝聚力强的、有机的、高效率的港口群。因此，为提高整个港口群和各个港口的利益与效率，航线规划是必要且必需的，关系到长期运行成本、可持续发展和竞争能力。本小节主要介绍港口群航线规划优化算法。

1. 问题描述与基本假设

为了便于对港口群航线问题进行优化研究，本节对相关问题进行了必要的情境描述和基础假设，聚焦于航运联盟港口群，降低其他内外部因素的影响，以求得最优航线及其他最优数据设置，具体如下所示。

1) 问题描述

当前，为了提高港口集装箱的运输效率，一些班轮承运人建立了联盟进行合作和运营。显然，联盟可以帮助班轮承运人降低成本，提升服务水平。这种模式可以使协议各方在保证发班频率的基础上，以较小的资本成本进入市场，降低了可能带来的投资风险。通常，联盟成员在开辟某条新航线时，为了保证船舶发班频率满足托运人要求，同时降低新航线开辟成本和提高新开辟航线的舱位利用效率，采取共同派船方式开辟新航线。当联盟成员采用共同派船、共同开辟并运营某条航线时，为了联盟利益最大化，需要决策的变量包括航线选择、船型和船舶数量、挂靠频率、每个成员各自派遣的船舶数量。

从系统角度出发，集装箱班轮航线可以分为运输和库存两个系统。运输系统由港口、航线和船舶组成；库存系统由等待装船港口库存环节和集装箱运输过程中的在途储存环节组成。只有对运输系统和库存系统进行整体优化，才能提高航线的效率。

在航运联盟背景下，班轮航线优化实质上是平衡航运联盟成员与托运人之间的利益。联盟成员在不损害自身利益的情况下，即在控制航线成本的基础上，尽量投入更多船舶，提高航速，保持较高发班频率，降低航线运价，向托运人提供更便捷和更快速的服务，提升市场竞争力。

因此，基于共同派船的航线优化设计问题可以表述如下：首先，航运联盟成员在决定实施共同派船策略的运营区域内，通过分析比较选出候选港口群；然后，根据港口间贸易量、联盟成员揽货能力等，利用预测法得到联盟成员在候选港口间的集装箱运输需求；最后，综合考虑备选港口间集装箱市场运输价格、航运公司运输成本和托运人库存成本的基础上，以联盟成员航线总利润最大化为目标，以舱位容量限制、船舶数量限制、需求限制等为约束条件，构建基于共同派船的集装箱航线优化设计模型，得到联盟最优航线、航线上运营船型和挂靠频率、联盟成员各自派船数量以及航线上舱位分配情况。

2) 相关假设

模型的假设如下：

(1) 假设船舶班期确定，船舶按时抵达港口和离开港口。

(2) 假设 40ft[①]集装箱为 2 个 20ft 集装箱。

(3) 假设货物在船舶一个班期内均匀集港。

(4) 不考虑空箱调运。

(5) 不考虑港口吃水等物理限制，船舶可以靠泊所有港口。

(6) 航线类型为钟摆式航线或者环绕式航线。

(7) 结合目前集装箱班轮运输市场现状，假设所有船舶都以经济航速在航线上运行。

2. 航线和集装箱船舶参数

1) 航线参数

(1) θ 表示班轮承运人集合。

(2) k 表示班轮承运人，$k \in \theta$。

(3) P 表示一系列备选港口集合。

(4) R 表示可能的航线集合。

(5) r 表示特定航线，$r \in \mathbb{R}$。

(6) P_r 表示航线 $r \in \mathbb{R}$ 上挂靠港口集合。

(7) h 表示货物从港口 i 运到港口 j 途中经过的挂靠港。

(8) x 表示货物从港口 i 运到港口 j 途中除挂靠港口 h 外其他的经停港。

(9) M_r 表示航线 r 上的航段集合。

(10) m 表示航线 r 上的航段。

2) 集装箱船舶参数

(1) V 表示联盟承运人 $k \in \theta$ 拥有的船型集合。

(2) n_v^k 表示班轮承运人 $k \in \theta$ 拥有的船型 v 船舶的数量。

(3) s_v 表示船型 v 船舶的经济航速(单位：kn/h)。

(4) Cap_v 表示船型 v 船舶的装载量(单位：TEU)。

(5) c_v^{fix} 表示船型 v 船舶每天的固定费用(单位：美元/天)。

(6) c_v^{bunker} 表示船型 v 船舶每天的燃油费用(单位：美元/天)。

---

① 1ft = 3.048 × 10^{-1}m。

3) 时间参数

(1) T 表示航线规划期(单位：天)。

(2) T^{total} 表示船舶单个航次总航行时间(单位：天)。

(3) T^{sea} 表示船舶单个航次海上航行时间(单位：天)。

(4) T^{port} 表示船舶单个航次在港时间(单位：天)。

(5) T^{handle} 表示船舶单个航次在港作业时间(单位：天)。

(6) T^{wait} 表示船舶单个航次在港待泊时间(单位：天)。

(7) t_i^{wait} 表示港口 i 的平均等待时间(单位：h)。

(8) L_{ij} 表示从港口 i 到港口 j 船舶运输距离(单位：n mile)。

(9) q_i 表示港口 i 的单位时间平均集装箱装卸量(单位：TEU/h)。

4) 需求参数

D_{ij}^k 表示规划期内从港口 i 到港口 j 班轮承运人 $k \in \theta$ 的集装箱运输需求(单位：TEU)。

5) 收入参数

(1) I_t 表示航线 $r \in \mathbb{R}$ 的利润(单位：美元)。

(2) G 表示联盟总收入(单位：美元)。

(3) G_k 表示班轮承运人 k 的总收入(单位：美元)。

(4) p_{ij} 表示从港口 i 到港口 j 的单位集装箱运输价格(单位：美元/TEU)。

6) 成本参数

(1) $C^{\text{transport}}$ 表示联盟总运输成本(单位：美元)。

(2) $C_k^{\text{transport}}$ 表示班轮承运人 k 总运输成本(单位：美元)。

(3) C_k^{sail} 表示班轮承运人 k 海上航行成本(单位：美元)。

(4) C_k^{fix} 表示班轮承运人 k 总船舶运营固定成本(单位：美元)。

(5) C_k^{bunder} 表示班轮承运人 k 总燃油成本(单位：美元)。

(6) C_k^{handle} 表示班轮承运人 k 总装卸成本(单位：美元)。

(7) C_k^{load} 表示班轮承运人 k 总装船作业成本(单位：美元)。

(8) $C_k^{\text{discharge}}$ 表示班轮承运人 k 总卸船作业成本(单位：美元)。

(9) C_k^{port} 表示班轮承运人 k 总港口使费(单位：美元)。

(10) C^{invent} 表示航运联盟总库存成本(单位：美元)。

(11) C_k^{invent} 表示班轮承运人 k 的总库存成本(单位：美元)。

(12) C_k^{collect} 表示班轮承运人 k 货物集港过程的库存成本(单位：美元)。

(13) C_k^{wait} 表示班轮承运人 k 货物在港作业与船舶等待泊位的库存成本(单位：美元)。

(14) C_k^{sea} 表示班轮承运人 k 货物在运输过程中的库存成本(单位：美元)。

(15) c^{load} 表示单位集装箱的装船费用(单位：美元/TEU)。

(16) $c^{\text{discharge}}$ 表示单位集装箱的卸船费用(单位：美元/TEU)。

(17) c_i^{port} 表示港口 i 的港口相关费用(单位：美元)。

(18) c^{invent} 表示单位集装箱平均每天的库存成本(单位：美元/(TEU·天))。

7) 决策变量

(1) β_r 为 0-1 变量，若 $r \in \mathbb{R}$ 被选中，则 β_r 为 1，否则，β_r 为 0。

(2) n_{rv}^k 表示承运人 k 航线 r 上投入船型 v 的船舶数量。

(3) f_r 表示航线 r 在规划期内停靠港口次数。

(4) X_{ij}^k 表示班轮承运人 k 航线上单个航次实际分配到的舱位数量。

3. 模型建立

根据集装箱航线系统各个影响因素之间的相互关系，可将共同派船下班轮航线设计优化问题分为两个阶段：第一个阶段为航线路径选择模型，第二个阶段是配船和舱位分配模型。

1) 航线路径选择模型

集装箱航线是指集装箱船舶的航行线路，集装箱航线路径选择问题属于背包问题(knapsack problem，KP)和旅行商问题(traveling salesman problem，TSP)综合的问题，参考 KP 和 TSP 的一般模型，本节建立如下所示航线路径选择模型：

$$\max \sum_{r=1}^{R} I_r \beta_r \tag{3-54}$$

$$\text{s.t.} \sum_{r=1}^{R} \beta_r = 1 \tag{3-55}$$

$$\beta_r \in \{0,1\}, \quad \forall r \in \mathbb{R} \tag{3-56}$$

在上述模型中，式(3-54)为路径选择模型的目标函数，可以筛选出使联盟整体利润最大的航线；约束(3-55)保证只有一条最佳航线被选中；约束(3-56)表明，β_r 为 0-1 变量，若航线 $r \in \mathbb{R}$ 被选中，则 β_r 为 1，否则，β_r 为 0。

2) 配船和舱位分配模型

(1) 目标函数。

目标函数为

$$\max I_r = G - C^{\text{transport}} - C^{\text{invent}} \tag{3-57}$$

目标函数是求共同派船模式下联盟总利润最大，联盟总利润等于联盟总收入 G 减去联盟总运输成本 $C^{\text{transport}}$ 和联盟总库存成本 C^{invent}。

① 联盟收入计算。

联盟总收入 G 是联盟中各承运人收入 G^k 之和，即

$$G = \sum_{k=1}^{\theta} G_k \tag{3-58}$$

$$G^k = \sum_{i=1}^{P} \sum_{j=1}^{P} f_r X_{ij}^k p_{ij} \tag{3-59}$$

式中，G_k 表示班轮承运人 k 的总收入；p_{ij} 表示从港口 i 到港口 j 的单位集装箱运输价格；X_{ij}^k 表示班轮承运人 k 航线上单个航次实际分配到的舱位数量。

② 运输成本计算。

联盟总运输成本 $C^{\text{transport}}$ 是联盟各承运人 $C_k^{\text{transport}}$ 运输成本之和，即

$$C^{\text{transport}} = \sum_{k=1}^{\theta} C_k^{\text{transport}} \tag{3-60}$$

班轮承运人 k 运输成本 $C_k^{\text{transport}}$ 包括海上航行成本 C_k^{sail} 集装箱作业成本 C_k^{handle} 和港口相关成本 C_k^{port}。海上航行成本 C_k^{sail} 包括船舶运营固定成本 C_k^{fix} 和总燃油成本 C_k^{bunker}，集装箱作业成本包括港口装船作业成本 C_k^{load} 和港口卸船作业成本 $C_k^{\text{discharge}}$。其具体表达式为

$$C_k^{\text{transport}} = C_k^{\text{sail}} + C_k^{\text{handle}} + C_k^{\text{port}} \tag{3-61}$$

$$C_k^{\text{sail}} = C_k^{\text{fix}} + C_k^{\text{bunker}} \tag{3-62}$$

$$C_k^{\text{handle}} = C_k^{\text{load}} + C_k^{\text{discharge}} \tag{3-63}$$

船舶运营固定成本通常包括船舶经营成本和资本成本，与船舶的类型有关。经营成本是航运公司为使船舶保持适宜航行状态必须支付的费用，包括船员费用、船舶维护费用、保险费用、管理费用等。资本成本是航运公司为购置船舶或获得船舶使用权而支付的费用。班轮承运人 k 船舶运营固定成本 C_k^{fix} 可以表示为

$$C_k^{\text{fix}} = C_v^{\text{fix}} T^{\text{total}} f_r \frac{n_{rv}^k}{\sum\limits_{k=1}^{\theta} n_{rv}^k} \tag{3-64}$$

式中，C_v^{fix} 表示船型 v 船舶每天固定费用(单位：美元/天)；T^{total} 表示船舶单个航

次总航行时间；n_{rv}^k 表示班轮承运人 k 航线 r 上投入的船舶数量；f_r 表示航线 r 在规划期内的港口挂靠次数。

班轮承运人 k 船舶燃油成本 C_k^{bunker} 可以表示为

$$C_k^{\text{bunker}} = C_v^{\text{bunker}} T^{\text{total}} f_r \frac{n_{rv}^k}{\sum\limits_{k=1}^{\theta} n_{rv}^k} \tag{3-65}$$

班轮承运人 k 港口装船作业成本 C_k^{load} 和港口卸船作业成本 $C_k^{\text{discharge}}$ 可以分别表示为

$$C_k^{\text{load}} = c^{\text{load}} \sum_{i=1}^{P} \sum_{j=1}^{P} X_{ij}^k f_r \tag{3-66}$$

$$C_k^{\text{discharge}} = c^{\text{discharge}} \sum_{i=1}^{P} \sum_{j=1}^{P} X_{ij}^k f_r \tag{3-67}$$

港口相关费用包括船舶吨税、港口使费、码头费、引水费、拖轮费、通信费、垃圾费及相关部门检验费用等。班轮承运人 k 的港口相关费用 C_k^{port} 可以表示为

$$C_k^{\text{port}} = \sum_{i=1}^{P} c_i^{\text{port}} f_r \frac{n_{rv}^k}{\sum\limits_{k=1}^{\theta} n_{rv}^k} \tag{3-68}$$

③ 库存成本计算。

在集装箱运输过程中，产生库存成本的环节有两个：一个是商品在起运港集港过程中的堆场储存成本；另一个是商品从起运港装上船舶到终点港卸下船舶的在途库存成本。总库存成本 C^{invent} 是联盟各承运人库存成本 C_k^{invent} 之和，即

$$C^{\text{invent}} = \sum_{k=1}^{\theta} C_k^{\text{invent}} \tag{3-69}$$

班轮承运人 k 的库存成本 C_k^{invent} 包含三个部分，即

$$C_k^{\text{invent}} = C_k^{\text{collect}} + C_k^{\text{sea}} + C_k^{\text{wait}} \tag{3-70}$$

班轮承运人 k 货物集港库存成本的计算表达式为

$$C_k^{\text{collect}} = C^{\text{invent}} \frac{T}{2} \sum_{i=1}^{P} \sum_{j=1}^{P} X_{ij}^k \tag{3-71}$$

班轮承运人 k 物品在运输过程中的库存成本 C_k^{sea} 为

$$C_k^{\text{sea}} = C^{\text{invent}} \frac{\sum\limits_{i=1}^{P} \sum\limits_{j=1}^{P} \sum\limits_{h=1}^{P_r} X_{ij}^k f_r \delta_{ijh}^r \varepsilon_{ij}^r L_{ij}}{24 s_v} \tag{3-72}$$

班轮承运人 k 货物在港作业与船舶等待泊位的库存成本 C_k^{wait} 为

$$C_k^{\text{wait}} = c^{\text{invent}} \sum_{i=1}^{P} \sum_{j=1}^{P} \sum_{h=1}^{P_r} X_{ij}^k f_r \delta_{ijh}^r t_h^{\text{wait}} + f_r \sum_{i=1}^{P} \sum_{j=1}^{P} \sum_{h=1}^{P_r} \sum_{x=1}^{P_r} \frac{\delta_{ijh}^r \sum_{k=1}^{\theta} (X_{hx}^k + X_{xh}^k)}{24 q_h}$$

(3-73)

④ 航次时间计算。

船舶在航线上的运营时间 T^{total} 由船舶航行时间和船舶在港时间两部分组成，即

$$T^{\text{total}} = T^{\text{sea}} + T^{\text{port}}$$

(3-74)

船舶航行时间与航线运输距离和船舶航速相关，其表达式为

$$T^{\text{sea}} = \frac{\sum_{i=1}^{P} \sum_{j=1}^{P} \varepsilon_{ij}^r L_{ij}}{24 s_v}$$

(3-75)

为了简化模型，船舶在港时间不考虑船舶进出港口时间、港口托运时间等因素，因此船舶在港时间分为两部分：船舶在港作业时间和船舶在港等待时间。船舶在港时间 T^{port} 可以表示为

$$T^{\text{port}} = T^{\text{handle}} + T^{\text{wait}}$$

(3-76)

船舶在港作业时间 T^{handle} 的表达式为

$$T^{\text{handle}} = \sum_{k=1}^{\theta} \sum_{i=1}^{P} \frac{\sum_{j=1}^{P} (X_{ij}^k + X_{ji}^k)}{24 q_i}$$

(3-77)

船舶在港等待时间 T^{wait} 的表达式为

$$T^{\text{wait}} = \sum_{i=1}^{P} \frac{t_i^{\text{wait}}}{24}$$

(3-78)

(2) 约束条件。

① 船舶数量约束。

船舶数量约束为

$$\sum_{k=1}^{\theta} n_{rv}^k \geqslant \frac{T^{\text{total}} f_r}{T}, \quad \forall v \in V; \forall r \in \mathbb{R}; \forall k \in \theta$$

(3-79)

$$n_{rv}^k \leqslant n_v^k, \quad \forall v \in V; \forall r \in \mathbb{R}; \forall k \in \theta$$

(3-80)

式(3-79)表示当运行完单个航次的时间为 T^{total} 时，在规划期 T 内，为确保挂靠频率为 f_r，联盟成员在航线 r 上要投入运营的船舶总数量约束。式(3-80)表示班轮

承运人 k 投入到航线 r 上船型 v 的船舶数量要不超过班轮承运人 k 所拥有船型 v 的船舶数量。

② 舱位容量约束。

舱位容量约束为

$$\max \sum_{i=1}^{P} \sum_{j=1}^{P} \lambda_{ijm} X_{ij}^{k} \leqslant \text{CAP}_v \frac{n_{rv}^{k}}{\sum_{k=1}^{\theta} n_{rv}^{k}}, \quad \forall i, j \in P_r; \forall r \in \mathbb{R}; \forall k \in \theta \tag{3-81}$$

确保班轮承运人 k 在航线 r 上所装载的集装箱数量不超过按照投入船舶比例分配到的舱位数量。

③ 需求约束。

$$X_{ij}^{k} f_r \leqslant D_{ij}^{k}, \quad \forall i, j \in P_r; \forall r \in \mathbb{R}; \forall k \in \theta \tag{3-82}$$

式(3-82)表示班轮承运人 k 航线 r 上单个航次实际分配到舱位数量不大于班轮承运人 k 的需求。

综上所述,船型选择和舱位分配模型构建如下:

$$\max I_r = \sum_{i=1}^{P} \sum_{j=1}^{P} \sum_{k=1}^{\theta} X_{ij}^{k} f_r P_{ij} - \sum_{k=1}^{\theta} C_k^{\text{fix}} + C_k^{\text{bunker}} + C_k^{\text{load}} + C_k^{\text{discharge}} + C_k^{\text{port}}$$

$$+ C_k^{\text{sea}} + C_k^{\text{wait}} - \sum_{k=1}^{\theta} C_k^{\text{collect}}$$

$$\tag{3-83}$$

4. 求解方案设计

前面所建立的基于共同派船的班轮航线优化设计模型,从模型结构上看分为航线路径选择模型、配船和舱位分配模型两个阶段。航线路径选择问题包括背包问题和旅行商问题,配船和舱位分配模型是混合整数规划模型。当前,求解本书模型仍无准确、高效的方法。所以,从模型的结构特征和对计算结果的要求,拟使用启发式算法求解基于共同派船的班轮航线优化设计模型。联盟中班轮承运人的船队一般是按梯度进行建设的,船舶的装载量是不连续的。所以,选择不同装载量对应船型,求解船型固定情况下航线路径选择、挂靠频率、联盟成员各自船数量、舱位分配是符合实际情况的,并且可以极大地降低计算难度,缩短求解的时间。

为求解上述优化问题,设计求解步骤如下:

步骤 1 将船型各项数据代入航线路径选择模型、配船和舱位分配模型中,将问题转化为船型已知的情况下,求解最优航线路径选择、船舶挂靠频率、联盟成员派遣船舶数量、舱位分配等问题。

　　步骤 2　以航线路径选择、船舶挂靠频率、联盟成员派遣船舶数量、舱位分配为决策变量，在船型给定的情况下，得出该船型适合的最优航线路径选择、船舶挂靠频率、联盟成员派遣船舶数量、舱位分配，并计算相应船型下最优航线总收益 $I(v)$。为求解船型已知的情况下最优航线路径选择、船舶挂靠频率、联盟成员派遣船舶数量、舱位分配，首先对包含所有航线的解空间进行搜索，找出其中一条可行航线后，将该航线上的挂靠港口和顺序代入配船和舱位分配模型，在配船和舱位分配模型中，以挂靠频率、联盟成员派遣船舶数量、舱位分配为决策变量，求解该可行航线下的最高收益。然后，代入航线路径选择模型搜索是不是满足终止条件，如果没有满足终止条件，则继续在解空间进行搜索，找到新的可行航线，再次代入配船和舱位分配模型进行计算，如果满足终止条件，则算法停止，计算结果即为给定船型下的全局最优解。本步骤中船型给定下航线路径选择问题属于 KP 和 TSP 的综合问题，问题的规模较大，直接搜索计算量大，计算时间长，为了加快计算速度，拟采用启发式算法中的遗传算法进行航线路径选择。此时，船型给定下的配船和舱位分配模型可以转化为以联盟总收益最大化为目标，以挂靠频率、联盟成员派遣船舶数量、舱位分配为决策变量的混合整数规划问题，并利用混合整数规划方法进行求解。

　　步骤 3　对联盟中拥有的所有船型重复步骤 1 和步骤 2，求解出相应船型的最优航线路径选择、船舶挂靠频率、联盟成员派遣船舶数量、舱位分配。

　　步骤 4　比较不同船型下最优航线路径选择总收益，计算 max $I(v)$ 所对应的船型 v。v 所对应的最优航线路径、船舶挂靠频率、联盟成员各自派遣船舶数量、舱位分配情况，即为联盟成员在该备选港口群区域采用共同派船模式时的合作航线、船舶挂靠频率、联盟成员各自派遣船舶数量以及舱位分配情况。

3.4.3　算例分析

　　中国"一带一路"倡议的实施，使得中国与东南亚国家的贸易快速增长，班轮公司 A 和班轮公司 B 为了响应政策的号召，也为了在相应航线上更有竞争力，计划建立航运联盟，采取共同派船的方式运营这一区域的航线。班轮公司 A 和班轮公司 B 需要决策的问题包括如何在这一区域内选择最优的航线路径、航线挂靠频率、班轮公司 A 和班轮公司 B 派遣船舶数量等。

　　1. 参数设置

　　班轮公司 A 和班轮公司 B 综合考虑区域内港口间贸易量、港口实力、港口间距离等因素，选取了 10 个港口作为候选港口群，分别为天津、青岛、宁波、深圳、雅加达、巴生港、基隆、高雄、曼谷、新加坡。

假设本章航线规划期为 91 天，港口装卸平均作业量为 200TEU/h；为了方便计算，假设港口装卸费用相同，港口单位 TEU 的装卸费用为 50 美元；假设不同港口平均等待时间相同，为 3h；日均单箱库存成本为 20 美元。表 3-16～表 3-20分别表示港口对间距离、港口对间运输价格、班轮公司 A 货物运输需求、班轮公司 B 货物运输需求和船舶基本参数。

表 3-16 港口对间距离 (单位：km)

港口	天津	青岛	深圳	宁波	雅加达	巴生港	基隆	高雄	曼谷	新加坡
天津	0	442	1395	827	3092	2959	1003	1185	2789	2757
青岛	443	0	1227	515	2809	2644	693	875	2479	2463
深圳	1397	1227	0	819	1784	1629	472	340	1454	1438
宁波	827	517	819	0	2410	2255	332	514	2089	2072
雅加达	3092	2809	1784	2409	0	683	2119	1914	1272	493
巴生港	2959	2644	1627	2255	682	0	2035	1821	1021	205
基隆	1004	693	472	332	2119	2035	0	229	1866	1827
高雄	1185	875	340	514	1914	1820	229	0	1681	1616
曼谷	2791	2479	1454	2089	1272	1021	1865	1681	0	826
新加坡	2757	2463	1438	2072	493	205	1827	1616	826	0

注：表中数据为作者通过地图软件测量估算得到。

表 3-17 港口对间运输价格 (单位：美元)

港口	天津	青岛	深圳	宁波	雅加达	巴生港	基隆	高雄	曼谷	新加坡
天津	0	400	670	530	1085	1040	660	670	1040	1050
青岛	390	0	640	440	1070	1040	570	560	1025	1030
深圳	670	640	0	610	780	780	510	400	725	740
宁波	530	440	610	0	900	860	480	485	845	840
雅加达	1085	1070	790	900	0	560	845	815	660	490
巴生港	1080	1040	780	870	556	0	815	800	640	400
基隆	650	570	500	475	840	810	0	400	800	780
高雄	670	560	390	485	810	795	395	0	760	759
曼谷	1050	1025	720	840	660	630	795	759	0	600
新加坡	1050	1030	748	840	490	390	780	755	600	0

注：表中数据为作者通过易商运费网等网站搜集得到。价格为 2024 年的运输价格。

表 3-18　班轮公司 A 货物运输需求　　　　　　（单位：TEU）

港口	天津	青岛	深圳	宁波	雅加达	巴生港	基隆	高雄	曼谷	新加坡
天津	0	0	0	0	8000	0	8000	16000	13000	14000
青岛	0	0	0	00	0	10000	0	9000	22000	0
深圳	0	0	0	0	0	0	510	12000	22600	16000
宁波	0	0	0	0	0	0	10500	0	27000	11500
雅加达	0	24000	0	0	0	0	0	3500	0	0
巴生港	0	0	11000	0	0	0	0	0	0	0
基隆	14000	12000	13000	20000	0	0	0	0	0	0
高雄	17300	15000	15000	16100	0	0	0	0	4000	0
曼谷	0	0	15000	6000	0	0	0	0	0	25000
新加坡	11000	17000	0	12000	0	3000	0	0	0	0

表 3-19　班轮公司 B 货物运输需求　　　　　　（单位：TEU）

港口	天津	青岛	深圳	宁波	雅加达	巴生港	基隆	高雄	曼谷	新加坡
天津	0	0	0	0	7000	0	7000	15500	12900	14000
青岛	0	0	0	0	0	9800	0	8500	21000	0
深圳	0	0	0	0	0	0	9900	11500	21700	15800
宁波	0	0	0	0	0	0	10000	0	28000	12000
雅加达	0	23000	0	0	0	0	0	3500	0	0
巴生港	0	0	10000	0	0	0	0	0	0	0
基隆	13000	12000	13000	20000	0	0	0	0	0	0
高雄	16300	14000	15000	15600	0	0	0	0	5000	0
曼谷	0	0	14700	6600	0	0	0	0	0	26000
新加坡	10000	16000	0	11000	0	2400	0	0	0	0

表 3-20　船舶基本参数

船型	1	2	3	4	5	6
船舶容量/TEU	1000	1500	2000	2500	3000	4000
船舶速度/(kn/h)	15.8	16.0	16.7	17.5	18.9	20
燃油费用/(美元/h)	200	225	250	275	300	400
固定成本/(美元/天)	10000	11200	12000	13890	15000	20000
班轮公司 A 拥有船舶数量/艘	8	7	9	9	7	7
班轮公司 B 拥有船舶数量/艘	7	6	7	9	6	7

船型以载箱数量划分，前面的船型具有代表性。从表 3-20 可以看出，不同的船型对应不同的参数，当船舶的大小发生变化时，相应的油耗、日均固定成本、航速等并没有随船舶大小以相同的比例变化，证明大型船舶的规模化经济效应明显。本章将上述船型数据代入模型进行算例分析，但是在针对实际问题时，可以将实际研究的航运公司所拥有的船型代入计算。

2. 计算结果和分析

根据前面设计的求解方案，本章问题可转化为求解船型确定情况下的航线路径选择、挂靠频率、联盟成员派遣船舶数量问题。通过编程对模型进行求解。参数设置为：种群规模为 100，最大遗传代数为 500，交叉概率为 0.8，变异概率为 0.01。

最优航线方案如表 3-21 所示。

表 3-21　最优航线方案

船型	最优路径	挂靠频率/次	目标值	班轮公司 A 派遣船舶数量/艘	班轮公司 B 派遣船舶数量/艘
3000	3-4-9-10-8-3	34	2.23×107	5	4

班轮公司 A 和班轮公司 B 新开辟航线最佳航行路径为曼谷—深圳—宁波—高雄—新加坡—曼谷，最佳船型大小是 3000TEU，靠泊频率为 34 次，周均靠泊频率是 2.61 次。联盟航线上派遣船舶总数量为 9 艘，其中，班轮公司 A 派遣船舶数量为 5 艘，班轮公司 B 派遣船舶数量为 4 艘。联盟总航线收益为 2.23×10^7 美元。

综上，以现代化网络物流视角来审视，港口作为现代物流体系的重要组成部分，资源优势明显，潜力巨大，是推动区域经济发展的重要力量，因而提升港口竞争力意义重大，而其中的核心问题即是依托现代物流发展打造"港口物流网络化发展"之路，意即网络化发展是港口物流核心竞争力所在。对港口群物流网络的优化可以从腹地资源优化整合、港口群集疏运体系运营协同运作优化、港口群航线资源运营优化三个角度展开。

首先，增强港口与腹地物流之间的网络化协同运作发展能力，大力推进腹地中转节点建设，以物流园、产业园、贸易区、保税区等形式多方布局港口物流网络的战略支撑点。争取在各个主要货源地构建相应的中转节点，延展服务能力，争取货源，形成以港口为中心、向内陆辐射的物流网络布局，这一过程中要注意资本运作效率，发挥战略合作伙伴作用，以增强效能，减小资金压力；积极利用现有物流资源，发展海铁联运、海陆联运、多式联运等，深化港口和公路、铁路资源间的战略合作，深化港口与大型企业、货主的战略合作，以集装箱物流为重点，以大宗散货和专业物流为辅助，体现港口特色化和专业化服务能力。

其次，增强港口与港口物流之间的网络化协同运作发展能力。基于战略联盟强化与航运公司的合作关系,以第三方物流资源为抓手联结区域港口及线路港口,实现更广范围的港港联盟。目前,港口间竞争激烈,合作壁垒较高,因此可以引入第三方物流企业作为港港合作的利益协调者,以市场效能调节各港口之间的优势资源配置,发挥资源潜能;另外,以行业协会、企业协会的方式制定规范港口间的统一经营策略,遏制无序竞争态势,协调行业发展。同时,港口应与航运公司开展紧密合作,以航运公司为媒介实现始发港、中转港、目的港之间的协同运作,重点是争取得到航运公司签发的以本港口为始发港或目的港的直达提单,争取港口利益最大化。港口也应依托此种优势,与航运公司、链条港口之间形成战略联盟,打造精品航线、优势航线,增强品牌知名度和核心竞争力。

参 考 文 献

陈良云. 2022. 厦门港货物吞吐量预测及港口物流发展对策[J]. 铁路采购与物流, 17(12): 57-60.

丛杨. 2021. 基于服务网络设计的集装箱港口疏运系统优化研究[D]. 北京: 北京交通大学.

丁媛媛. 2022. 辽宁省港口群与区域经济互动发展仿真研究[D]. 大连: 大连海事大学.

耿粲, 钟铭. 2022. 集装箱港口群的吞吐量预测及运价博弈决策改进模型 [J]. 中国航海, 45(2): 100-108.

郭建科, 秦娅风, 董梦如. 2021. 基于流动要素的沿海港——城网络体系空间重构[J]. 经济地理, 41(9): 59-68.

黄昶生, 王刚, 周备. 2020. 区域港口群协同发展研究——以山东半岛为例[J]. 河南科学, 38(2): 311-320.

黄跃华, 陈小龙, 王亚辉. 2019. 基于正弦和的 GM(1, 1)幂模型在港口吞吐量预测中的应用[J]. 上海海事大学学报, 40(3): 69-73.

姜传鹭. 2021. 厦门港海铁联运市场规模研究[D]. 厦门: 集美大学.

蒋庆朝, 陈孟婕. 2020. 基于改进广义回归神经网络的渔船流量预测[J]. 现代计算机, (33): 25-29.

靳志宏, 邢磊, 蔡佳芯, 等. 2021. 集装箱空箱调运问题研究综述[J]. 大连海事大学学报, 47(1): 52-60, 110.

李楠, 孙晓燕, 陈慧敏. 2021. 基于灰色预测法的北海港口货物吞吐量研究[J]. 全国流通经济, (13): 6-8.

李树峰, 苏堪祥. 2020. 大型原油港口综合集疏运能力的提升研究[J]. 船舶物资与市场, (4): 81-82.

李爽, 越明, 吕姁婧, 等. 2019. "一带一路"倡议下我国沿海港口集疏运系统发展协调性分析 [J]. 中国水运(下半月), 19(6): 33-34.

林振杰. 2021. 港口物流与腹地经济的互动关系与协调发展研究[J]. 商展经济, (23): 20-22.

吕靖, 鲍乾. 2022. 考虑硫排放限制和碳减排的集装箱班轮航线配船[J]. 上海海事大学学报, 43(2): 25-31, 39.

麻雪娇. 2023. 粤港澳大湾区港口整合背景下广州港协同发展与博弈治理研究[D]. 广州: 广东财经大学.

马瑜. 2018. 中国外贸集装箱生成机制及港口腹地划分研究[D]. 大连: 大连海事大学.

孟晓雨. 2019. 曹妃甸港口集疏运研究[J]. 铁道货运, 37(3): 39-42.

王二冬. 2019. 河北省港口集疏运体系发展分析[J]. 交通与运输, 35(3): 71-73.

王凤武, 张晓博, 吉哲, 等. 2022a. 基于多变量 LSTM 模型的青岛港集装箱吞吐量预测[J]. 重庆
　　交通大学学报(自然科学版), 41(10): 54-61.

王凤武, 张晓博, 阎际驰, 等. 2022b. 基于 LSTM 的上海港集装箱吞吐量预测[J]. 中国航海,
　　45(2): 109-114.

王圣. 2019. 基于多部门动态博弈的港口腹地供应链优化[J]. 物流技术, 38(11): 93-99.

王照虎. 2023. 长三角地区港口腹地范围演化及协调发展研究[D]. 南京: 南京财经大学.

吴涵, 张立, 刘岱, 等. 2019. 港口物流需求趋势预测方法研究——基于组合预测模型对重庆港
　　口物流需求趋势分析[J]. 价格理论与实践, 423(9): 75-78.

谢新连, 王余宽, 许小卫, 等. 2022. 基于随机森林算法的港口集装箱吞吐量预测方法[J]. 重庆
　　交通大学学报(自然科学版), 41(2): 15-20.

杨甜甜, 李南. 2021. 环渤海港口群与其直接腹地经济互动发展的实证分析[J]. 华北理工大学学
　　报(社会科学版), 21(1): 59-65.

杨中, 葛诗浓, 刘宴志, 等. 2022. 考虑碳排放和班轮联盟合作的航线网络优化模型[J]. 重庆师
　　范大学学报(自然科学版), 39(1): 90-99.

杨中. 2022. 基于遗传算法的班轮航线网络优化模型[D]. 大连: 大连海事大学.

张华. 2022. 港城关系协调发展理论与经验借鉴[J]. 中国水运, (6): 147-148.

张燕, 计明军, 郑建风, 等. 2019. 考虑运输时限和航速优化的班轮航线网络设计[J]. 交通运输
　　系统工程与信息, 19(5): 219-224.

周华健. 2019. 港口集疏运道路上匝道合流区通行能力研究[J]. 交通科技与经济, 21(1): 57-60, 65.

Barua L, Zou B, Zhou Y. 2022. Machine learning for international freight transportation management:
　　A comprehensive review[J]. Research in Transportation Business &Management, 34: 100453.

Basyrov I. 2022. The fulfillment of transported products of a container operator using differentiated
　　block train length[J]. Transportation Research Procedia, 61: 112-117.

Chen X C, He S W, Zhang Y X, et al. 2020. Yard crane and AGV scheduling in automated container
　　terminal: A multi-robot task allocation framework[J]. Transportation Research Part C: Emerging
　　Technologies, 114: 241-271.

Cheng Q, Wang C X. 2021. Container liner shipping network design with shipper's dual preference[J].
　　Computers & Operations Research, 128: 105187.

Farhan J, Ong G P. 2018. Forecasting seasonal container throughput at international ports using
　　SARIMA models [J]. Maritime Economics & Logistics, 20(1): 131-148.

Intihar M, Kramberger T, Dragan D. 2019. Container throughput forecasting using dynamic factor
　　analysis and ARIMAX model [J]. Promet-traffic & Transportation, 29(5): 529-542.

Kavirathna C A, Hanaoka S, Kawasaki T, et al. 2021. Port development and competition between the
　　Colombo and Hambantota ports in Sri Lanka[J]. Case Studies on Transport Policy, 9(1): 200-211.

Koza D F, Desaulniers G, Ropke S. 2020. Integrated liner shipping network design and scheduling [J].
　　Transportation Science, 54(2): 512-533.

Kurtulus E, Cetin I B. 2020. Analysis of modal shift potential towards intermodal transportation in
　　short-distance inland container transport[J]. Transport Policy, 89: 24-37.

Kuzmicz K A, Pesch E. 2019. Approaches to empty container repositioning problems in the context of

Eurasian intermodal transportation[J]. Omega, 85 : 194-213.

Lee C Y, Song D P. 2017. Ocean container transport in global supply chains: Overview and research opportunities [J]. Transportation Research Part B: Methodological, 95: 442-474.

Lee J, Kim B I. 2022. Mathematical models for a ship routing problem with a small number of ports on a route[J]. Applied Mathematical Modelling, 111: 126-138.

Lu L P. 2021. Research on the collection and distribution system of Qinhuangdao Port[J]. E3S Web of Conferences, 248: 03005.

Mayer H M. 1957. The Port of Chicago and the St. Lawrence Seaway[D]. Chicago: University of Chicago.

Morgan F W. 1948. Ports and Harbors[M]. London: Hutchison Press.

Msakni M K, Fagerholt K, Meisel F, et al. 2020. Analyzing different designs of liner shipping feeder networks: A case study[J]. Transportation Research Part E: Logistics and Transportation Review, 134: 101839.

Ng M W, Talley W K. 2020. Rail intermodal management at marine container terminals: Loading double stack trains[J]. Transportation Research Part C: Emerging Technologies, 112(3): 252-259.

Reinhardt L B, Pisinger D, Sigurd M M, et al. 2020. Speed optimizations for liner networks with business constraints [J]. European Journal of Operational Research, 285(3): 1127-1140.

Ruiz-Aguilar J J, Turias I, Moscoso-López J A, et al. 2019. Efficient goods inspection demand at ports: A comparative forecasting approach [J]. International Transactions in Operational Research, 26(5): 1906-1934.

Santos A M P, Salvador R, Dias J C Q, et al. 2019. Assessment of port economic impacts on regional economy with a case study on the port of Lisbon[J]. Maritime Policy & Management, 45(5): 684-698.

Sdoukopoulos E, Boile M. 2020. Port-hinterland concept evolution: A critical review[J]. Journal of Transport Geography, 86: 102775.

Tang S, Xu S D, Gao J W. 2019. An optimal model based on multi-factors for container throughput forecasting [J]. KSCE Journal of Civil Engineering, 23(9): 4124-4131.

Wan S L, Luan W X, Ma Y, et al. 2020. On determining the hinterlands of China's foreign trade container ports[J]. Journal of Transport Geography, 85: 102725.

Wang S, Chang D F. 2021. Analysis of the impact of underground logistics system on port collection and distribution based on low-carbon perspective[J]. Frontiers in Economics and Management, 2(3): 316-331.

Yuan K B, Wang X F, Zhang Q. 2021. Inter-port competition and cooperation under different market environments[J]. Transportation Research Record, 2676(3): 643-659.

第4章　港口群设施设备资源运营优化

中国已经成为世界最大的集装箱集疏地。随着中国经济的开放度大大提高，进出口也大幅增长，而需求增长必然迎来港口行业的快速发展。中国港口迎来了新的发展机遇和挑战，港口管理与运营及单一港口维度一个或者多个资源的运作优化问题，港口群维度港口之间的协作行为和机制问题，海运供应链维度港口与主要利益相关者之间的协作行为和机制问题等。

4.1　引　　言

从单一港口维度来看，港口管理和运营过程涉及泊位、岸桥、堆场、集卡、人力资源等多个港口运营资源，以往对单个港口的研究主要集中在单一资源配置优化上，近年来，港口多资源集成优化成为研究热点问题。另外，基于随机优化、鲁棒优化、实时优化等处理不确定性的理论越来越多地被运用到港口运营优化的研究中，并且更加贴合实际。

从港口群维度来看，运营层面港口群服务资源(主要是指空箱)配置优化、战术层面港口群运输网络设计以及运输模式选择、战略层面研究港口与港口间协作行为和机制是学者关注的热点。港口群服务资源配置优化方面的研究主要是综合考虑港口群的网络结构、港口服务定价、航线设计以及货轮运载能力等因素，进行服务资源在枢纽港与枢纽港之间、枢纽港与支线港之间的均衡配置。港口群运输网络设计则是围绕资源要素(如船队、航线、航速、航线频次等)基于特定目标进行航运网络整合设计。港口群运输模式选择是基于港口群运输网络优化的新兴研究热点，主要侧重于各运输模式下的运输网络优化以及不同运输模式之间的优劣比较。港口与港口间协作行为和机制的研究主要是指枢纽港与枢纽港协作和竞争的关键要素及其相互关系分析，港口群内部枢纽港与支线港的协作行为和机制研究等。

4.1.1　堆场的相关研究

堆场布局是堆场作业的关键环节之一，其合理性和科学性直接影响到堆场作业的效率和效益。近年来，国内外学者对堆场布局进行了大量的研究，Zhang H 等(2021)回顾了近年来关于集装箱港口堆场作业优化的研究进展，包括堆场布局、作

业调度、设备配置等方面。Wei 等(2020)提出了混合方法来优化集装箱码头的堆场
起重机部署问题，结合禁忌搜索和遗传算法，有效提高了起重机利用率和作业效
率。Dong 和 Yang(2021)提出了一种改进的粒子群优化算法，用于自动化集装箱码
头堆场的存储空间分配优化，以最大限度地提高存储空间利用率。Wang 和
Chen(2022)提出了综合方法来优化集装箱码头的堆场布局，并预防交通拥堵，通
过建立数学模型和仿真实验，验证了该方法在提高作业效率和减少拥堵方面的有
效性。靳志宏等(2020)以集装箱在港口换装过程中支付的费用最小为目标，构建进
口箱堆场分配的混合整数规划模型，并采用 CPLEX 进行求解，对共享堆场协议
和传统堆存形式进行数值对比实验，并选取免费堆存期、堆场容量限制和集卡费
用等因素进行灵敏度分析。

4.1.2　水平运输设备的相关研究

　　水平运输作业优化主要针对集装箱在港口的水平运输过程，国外对水平运输
设备的研究大多集中在自动导向车，而国内对水平运输设备的研究主要集中在集
卡上。从整个运输距离来看，集装箱在港口短距离水平运输的成本相对较高，因
此学者总是会在优化目标中考虑总时间和总成本等。Liu 等(2023)采用智能调度算
法，针对水平运输作业进行了优化研究，为了提高水平运输作业的效率和效果，
探索并开发了一种智能调度算法，建立了水平运输作业的数学模型，并确定了优
化目标，如减少作业时间、降低能源消耗、提高资源利用率等，然后设计基于智能
调度算法的优化策略，以最大限度地实现这些优化目标。Chen L H 等(2022)和 Chen
X J 等(2022)为提高制造车间水平物料搬运系统的能源效率，以减少能源消耗和降
低环境影响，对制造车间水平物料搬运系统进行了详细的调研和分析，建立了数
学模型来描述系统的能源消耗与各种参数之间的关系，如运输距离、物料重量、
速度等，基于该模型提出能源效率优化算法，通过调整搬运路径、优化物料配送
顺序和合理规划搬运任务，以最小化能源消耗。Wang 等(2021)对物流园区中的水
平运输路线进行了多目标优化，通过优化物流园区中水平运输路线的多个目标，
来提高物流系统的效率和可靠性,对物流园区中的水平运输路线进行了详细研究，
以了解现有路线的特征、问题和潜在改进空间，建立数学模型来描述目标之间的
关系，并提出了基于遗传算法的多目标优化算法。Zhang 等(2020)考虑了自动化仓
库中水平物流的运营效率和优化问题，对自动化仓库的特点和水平物流的运营过
程进行了分析和调研，建立了数学模型来描述水平物流的运营过程，并提出了一
种优化算法来提升运营效率。

4.1.3　场桥的相关研究

　　在调度领域，场桥资源配置与调度是集装箱码头调度系统的瓶颈环节，也是

海运领域学者研究多年的一个大难题，促进了资源配置与调度相关的分析研究方法的发展。同时，一些学者也给出具有应用价值与实操性的场桥配置估计算法。最早有学者提出了一种基于预判的启发式算法来解决场桥资源配置问题中任务动态性太强的问题，但算法存在一些问题。具体的作业序列没有被考虑，会导致两台场桥在同一箱区作业发生干涉，以及安全问题没有被算法计算在内，大大降低了算法的实际应用效果。

目前，国内外学者主要研究的是自动化集装箱码头内单一场桥或多个场桥的协同调度等问题，研究的目标多是最小化场桥作业距离或最小化系统作业时间，其中，包括两种设备的协同调度问题和三种设备的协同调度问题，这些研究大多采用启发式算法、群智能算法或两者的结合。对于两种设备的协同调度问题，Yue等(2021)对双四十尺双小车岸桥起重机与自动导引车(automated guided vehicle，AGV)的调度问题进行了研究，建立了两阶段双目标混合整数规划模型，并对该模型进行求解。Shen 等(2021)提出了轨道式龙门起重机和 AGV 两组流平衡的多商品网络流模型，引入了交替方向乘子法(alternating direction method of multipliers，ADMM)，并进行了相应计算。Zhang 等(2021)研究了轨道式龙门起重机和 AGV 的协同调度问题，引入了握手区概念，以最小化 AGV 等待时间和自动化轨道式龙门起重机运行时间为目标建立模型进行求解。

对于三种设备的多层协同调度问题，Luan 等(2021)研究了岸桥、AGV、场桥三种设备的集成调度问题，考虑了容量约束并引入了双循环策略。Ji 等(2021)建立了两阶段模型，第一阶段利用自适应遗传算法计算岸桥、AGV、场桥的集成调度问题，第二阶段利用遗传算法解决 AGV 的路径规划问题。仲昭林等(2022)结合AGV 路径无冲突约束，建立了以最小化船舶在港时间和总能耗为目标的多目标混合整数规划模型，设计了双层遗传算法进行求解，针对集装箱作业规模和决策目标进行了仿真实验。黄永付等(2021)针对码头卸船过程中岸桥、AGV 和场桥的集成调度问题，以最小化卸船完工时间为目标，确定各装卸设备作业序列并优化缓存位-任务的分配关系。秦琴和梁承姬(2020)针对双小车岸桥+AGV+缓冲支架+自动化轨道式龙门起重机的装卸工艺，利用柔性流水车间调度理论建立了集成调度优化模型，设计了 NEH(Navaz, Enscore, Ham)启发式算法产生初始解的遗传算法进行求解。Luo 和Wu(2020)以最小化船舶靠泊时间为目标，对场桥、AGV、岸桥的联合调度问题建立了混合整数规划模型，利用自适应遗传算法进行了求解，并测试了自适应遗传算法的效率。

场桥配载作业效率在很大程度上也受堆场作业的影响。在船舶实配载计划已知的基础上，为提高堆场作业效率，范厚明等(2021)针对箱位分配和场桥调度协同优化问题，构建了双层混合整数规划模型，并设计改进了遗传模拟退火算法，通过不断平衡上下层最优解使得问题最优。考虑配载与堆场协同优化研究，丁一等

(2020)考虑了堆场作业不均衡约束，采用禁忌搜索算法对问题进行了求解，并检验了鲁棒性；刘志雄等(2021)针对船舶配载与堆场取箱顺序联合优化问题进行了建模分析；郭文文等(2021)将配载问题简化为装船顺序，将场桥调度问题进行联合优化。

4.1.4　泊位的相关研究

在现代物流运输中，多模式运输，即将不同的运输方式(如公路运输、铁路运输、水路运输等)结合起来，以提高运输效率和降低成本。泊位分配是码头管理中的重要任务，涉及如何合理分配码头的泊位资源，以满足船舶的到港需求，并优化运输效率。Lin 等(2023)为解决容器码头中的泊位分配问题，基于数学建模和优化算法，通过考虑多模式运输的特点和限制条件，找到一种最优的泊位分配方案，以最大限度地提高码头的运输效率。Zhang 等(2022)采用了两个阶段的优化模型，第一阶段是针对泊位的分配问题，考虑了船舶到达时间、停靠时间、服务需求等因素，以及码头资源的限制条件，通过数学建模和优化算法来确定最佳的泊位安排；第二阶段是针对场地的分配问题，考虑不同类型的货物、装卸设备和场地资源，以及货物处理时间和空间利用率等因素，通过数学建模和优化算法确定最佳的场地分配方案。Zhou 等(2020)考虑船舶速度优化，采用混合遗传算法来解决泊位分配问题，可以帮助码头管理者更好地规划船舶到港时间和泊位分配方案，以提高码头的服务质量。Zhang 和 Liu(2021)结合岸边起重机的分配和调度问题，采用高效启发式算法来解决泊位分配问题，通过合理安排泊位、起重机资源和任务调度，可以最大限度地进行合理分配和调度。Wang 等(2020)采用优化算法来解决综合的泊位分配和场地分配问题，通过数学建模和优化策略，考虑到集装箱操作时间的不确定性，寻找最佳的泊位分配方案和场地分配策略，算法基于混合整数规划模型，并采用基于分支定界的求解方法获得最优解，优化容器码头中综合的泊位分配和场地分配问题，并考虑了不确定的集装箱操作时间。

4.1.5　岸桥的相关研究

岸桥分配是指为每艘靠泊的船舶分配一定数量的岸桥，相较于泊位分配，岸桥分配更加容易安排调度，但岸桥分配的结果会影响船舶装卸作业的时间，将两个问题联合起来考虑，会使数学模型由线性整数模型变为非线性模型，大大增加了模型的求解难度。为确定船舶的停泊时间、停泊位置和分配的岸桥数量，建立了混合整数规划模型，利用两阶段求解策略进行求解，第一阶段使用次梯度优化技术获得近似最优解，第二阶段根据第一阶段的解决方案，使用动态规划为每台岸桥制定详细的时间表。针对泊位分配和岸桥分配问题，学者开展了大量研究，现有文献主要研究离散型泊位分配问题和连续型泊位分配问题，并在提升集装箱港口作业效率方面取得了较大进展。

1. 离散型布局码头的泊位分配和岸桥分配问题

离散型泊位分配问题是将泊位看作若干相互独立的泊位，且每个泊位在同一时间段内只能停靠一艘船。在离散型泊位分配问题的研究方面，郑红星等(2020)针对考虑潮汐影响的离散型泊位分配问题进行了研究，并采用禁忌搜索算法进行了求解；Bacalhau 等(2021)针对动态离散型泊位分配问题进行了研究，并针对此问题提出了一种混合遗传算法进行求解，泊位分配问题是提高港口运营效率的一个重要因素，与之相邻的岸桥优化问题则是确保快速装卸作业的另一个关键因素。因此，近年来，如何对有限的泊位、岸桥资源进行集成优化的问题受到国内外学者的广泛关注。

2. 连续型布局码头的泊位分配和岸桥分配问题

连续型泊位分配问题则是把泊位区看作连续的一段空间，船舶可在保持安全距离的情况下邻近停泊。Guo 等(2021)针对考虑天气情况下的连续型泊位分配问题进行了研究，并设计了粒子群优化算法进行求解，与离散型泊位分配问题类似，连续型泊位和岸桥集成优化问题已吸引了众多学者的关注；Wawrzyniak 等(2020)研究了连续型泊位和岸桥分配问题，并设计了启发式算法进行求解；Rodrigues 和 Agra(2021)针对连续型泊位和岸桥分配问题进行研究，设计了一种精确算法进行求解。

4.1.6　空箱的相关研究

空箱作为集装箱运输中的重要资源，其运输与管理往往是港口重点关注的内容，在我国，空箱调运成本占集装箱承运人运营成本的20%以上。空箱产生于集装箱的周转过程，集装箱的周转必须经过拆箱与装箱的过程，而拆箱和装箱通常发生在不同的时间和不同的地点，货主为了装运货物产生了空箱需求，附近的港口、堆场、中转场站将空箱运到货主所在地，如果上述地点缺少空箱，则需要从其他地点调运或从系统外的租箱点租借；在货主的空箱需求满足后，空箱装入货物成为重箱，经公路、铁路、内河运输到目的港；重箱卸下后再经公路、铁路或内河运输到客户所在地；重箱卸完货物后成为空箱，空箱将再度被运往附近的港口、堆场、中转站或还给租箱点。

空箱调运源于集装箱供需的不平衡属性，在宏观层面，区域间的产业结构等的差异带来了各自的相对比较优势，进而产生了区域间的内外贸不平衡；在微观层面，产业分工带来的进出口货源地空间位置的错落、租箱与还箱时间的差异，进出口箱量的不平衡，进出口箱型的不平衡等，均直接导致了空箱调运需求的产生(靳志宏等，2021)。从运输角度来看，传统的空箱调运研究以海运单一调运模式为主，关于这方面的研究成果有许多不进行重点介绍；其次，在内陆运输方面，近年来的研究主要涉及内陆场站之间的单周期调运、内陆场站的选址、内陆空箱调运的路径选择以及内陆重空箱的联合调配问题等(Sarmadi et al.，2020)。从库存论的角度来看，Dong 等(2020)的目的在于确定每一航次的航行路线，将挂靠港口的空箱库存控制在合理的范围之内；Zhou 等(2020)建立了空箱调运的两阶段随机规划模型，并设计了一种可分离的分段线性学习算法来有效解决大规模的空箱调运问题；Misra 等(2020)提出了混合时间离散化方法，并结合滚动时域策略，求解了复杂的多时间段的海上库存路径问题。

4.2　港口群堆场空间资源运营优化

随着我国社会和经济的蓬勃发展，港口作为水运交通的重要基础设施，在国际贸易和经济循环中扮演着重要角色，是重要的综合枢纽和服务站。对堆场进行科学、合理的分配调度，能够极大地提高港口装卸作业效率，降低运营成本。

港口堆场是港区设置的堆存集装箱的露天场所。根据具体功能和位置的不同，堆场可以划分为前方堆场和后方堆场。其中，前方堆场位于港口前沿地带，接近港口泊位，目的是暂时堆放集装箱，缩短货物搬运距离，提高装卸效率，前方堆场适合堆存期短的货物，但前方堆场会被港口前沿有效作业面积限制，空间利用率不高。后方堆场位于离港口较远的地方，主要负责集装箱的交接、保管和堆放，分担前方堆场的负担，为前方堆场提供缓冲，为港口装卸货作业起补充作用。有些国家不区分前后堆场，统称为堆场。堆场系统的效率从两个方面来体现：一是堆场堆存能力，堆场的有效面积和空间大小体现了堆场的堆存能力；二是集装箱周转效率，堆场作业的效率和货物堆存的平均时间体现了集装箱周转效率。

科学有效的堆场管理能够直接提高港口装卸效率，降低运输成本，间接影响整个港口作业链的能力，提高了港口的经济效益和社会效益。实际上，港口作为水运交通的枢纽，其生产能力主要受到港口泊位、堆场以及陆地疏运的影响。港口装卸作业能力、堆场堆存能力和陆地疏运能力共同产生"木桶效应"，从而对港口整体生产能力的发挥产生影响。不难看出，堆场的作用至关重要，在整个港口作业链中起到起承转合的调节作用，连接陆路与水路的运输，是港口装卸、堆存、保管、运输的重要设施，以集装箱为例，港口堆场的作用主要体现在以下几个方面：

(1) 集装箱的交接与转移。

(2) 集装箱的堆存与保管。

(3) 协调与合作企业之间的关系。

4.2.1 港口群堆场空间资源运营优化问题界定

堆场是集装箱港口的缓冲地带，港口堆场资源的合理优化对于港口的运行效率有极大的影响。许多国内外学者针对港口内的堆场优化问题进行了大量研究，主要集中在两个领域：①集装箱港口的堆场空间优化研究；②集装箱港口的堆场作业流程优化研究。堆场中的空间资源主要是指堆场中能够放置集装箱的空间位置，包括堆场的贝位资源和箱位资源。传统的港口堆场空间优化问题就是运营商根据港口的实际情况，依据设定的目标和企业的经营理念，按照事先确定的规则，对堆场的空间进行合理有效的分配和优化，实现资源和空间的有效利用。

目前，关于堆场的研究大多从港口内部的优化问题入手(如减少倒箱量问题)，以提高单一港口的堆场存储效率和工作效率，缺少在港口群范围内进行堆场协同优化的研究。在传统的单港口运营模式下，各个港口间的运营是相对独立的，也很难在不同港口之间进行资源配置。但随着国内外港口面临的竞争愈加激烈，资源与环境的压力层出不穷，进行港口整合已经成为提高港口竞争力的重要途径。各个港口也从之前相对独立的情况逐渐向港口群的整合运营模式转变，港口群背景下集装箱作业有更多的选择，集装箱货物可以在不同的港口间存储，在一定程度上缓解了港口内的堆场空间优化问题。过去港口内部堆场的空间优化只能提高单一港口的存储效率和运输效率，在港口整合的背景下应考虑港口之间的资源协同配置，提高整体的存储效率和运输效率。如何借助整合来减少对港口堆场的投入，在有限资源的情况下，提高堆场的整体作业水平，使港口的运作效率得到改善，提升顾客的满意度，提高货物与堆场之间的匹配度，已成为港口整合进程中亟待解决的问题。在港口群的发展模式下合理设计堆场和空箱的规模，提高堆场的空间资源利用效率，减轻堆场因吞吐量变化受到的压力。通过科学合理的方法从宏观角度安排集装箱货物运输，寻找最优的堆场设计方案，对港口整合具有十分重要的意义。

对于一定区域内的港口群，堆场的优化涉及许多资源的操作和联合优化问题，这些问题与单个港口堆场空间资源优化的传统问题不同。因为港口内堆场只需考虑进出港货物如何协调存储空间的问题，即堆场内部空间优化，一般通过对箱位资源和贝位资源的优化来减少倒箱量。而一旦将范围扩大，单一堆场货物的堆存或者倒箱量等问题就不再是港口群这一层次需要重点关注的，因为港口群的堆场优化问题与原有的单港口堆场优化问题是截然不同的。国内大多数港口的建立初期，堆场的堆存能力和港口的吞吐量是相互适应的。近年来，港口吞吐量急剧增加,而堆场的存储能力在有限时间范围内是不变的,这种"供需"矛盾使港口空间资源愈加紧张。随着集装箱吞吐量的猛然增长,集装箱港口堆场的运作负荷达到极限,甚至超过了港口本身的承载能力,为了避免这种需求不确定性造成的问题,确保港口工作的正常进行,过去每个港口都必须建设一定数量的堆场并配置较多的空箱,从而确保无论是作业淡季还是作业旺季或工作计划临时有变港口都能有足够的存储空间和空箱来使用,并且港口运营商也要考虑堆场内部空间资源优化的问题。所以,在港口未整合之前,每个港口都面临着货物吞吐量(也就是需求量)难以准确预测的问题,此问题与季节和港口的实际情况有关。

但港口整合后堆场和空箱的建设可以适当减少,从而节约成本和土地。原因如下:第一,每个港口吞吐量的淡旺季时间段几乎不可能完全一致,尽管各港口需求量难以确定,但整合后港口之间的堆场资源和空箱资源可以协调分配使用,集装箱能够在港口群内的多个堆场存储和调度,提高了堆场的利用率。第二,港口作为全球资源配置中心的复杂开放系统,其物流货运量具有高度的复杂性和不确定性,但从整体而言,组合港口的不确定性会小于单一港口,通过港口间的协调发展取得整体收益"1+1>2"的效果,这也是进行港口整合的一个积极意义。但整合后的港口群堆场运营优化也给本章提出了一个新的博弈:一方面,港口的整合可以减少对堆场和空箱的建设,从而降低土地和运营的成本;但另一方面,如果堆场和空箱等空间资源分配不合理,则会导致集卡在集装箱的运输过程中出现拥堵现象。并且现实中堆场往往涉及装卸货物的问题,空箱会不可避免地因为实际需求要在堆场之间进行转移,堆场和空箱的减少也可能会在某一港口产生存储空间不足以及空箱不足而需要在港口之间调运的问题。这显然会增加转移运输成本、无法按时存储、空箱无法及时到达造成的损失。这也是整合后港口群堆场运营问题与传统堆场问题的主要区别。本章要在二者中寻找平衡,确定堆场空箱规模并制定合理的调度策略,在减少堆场的运营成本的同时制定合理的空箱调度计划,在控制成本的前提下尽可能提高堆场空间的利用率,保证港口的正常运营。此外,空箱在港口之间的转移所需要的费用不尽相同,所以此问题必然要考虑与堆场以及港口相关的运输成本。

综上,本节探讨的堆场优化问题特指在港口群背景下区域内港口堆场和空箱规模的优化,构建同时考虑堆场空箱规模和港口间调配策略的模型,集成两个决策问题,从而提高港口的运营效率,降低运营成本。由于该问题可能会显著影响港口群的总运营成本,本书在战术层面上为港口群堆场优化问题开发了一个集成模型。该模型的目标函数是最小化港口群堆场运营总成本,该成本是由集装箱堆场成本和空箱在港口间转移的运输成本组成的。一旦港口群成功实现堆场的协同优化,就可以使港口之间优势互补,实行差异化管理,在港口之间合理地分配堆场和空箱并实现最优的资源配置。

4.2.2　参数定义与模型构建

　　本节研究的港口群堆场空间优化问题可以看作一个具有时间维度和空间维度的网络优化问题。堆场工作流程图如图 4-1 所示，本节为空载的集装箱组 k 定义了一个流程图。起始节点和目标节点分别标记为 S_k 和 T_k。k 在 a_k 时间点到达一个港口，然后在 b_k 时间点从另一个港口离开。在从 a_k 到 b_k 的停留期间，每个时间段都有 m 个候选堆场。从起点到终点的路径节点对应于集装箱组的港口和堆场分配计划。港口和堆场之间的箭头是表示集装箱从港口侧到堆场侧之间移动的路径，而堆场内的箭头则表示作业时间内存储堆场的重新分配，每次分配都有 m 个选择。图 4-1 中深色箭头所示的路径显示了该组现实可行的一个港口和堆场的分配计划，该计划总成本最小。如该计划所示，集装箱组 k 先到达港口 2 并最终从港口 1 离开。从进港船舶上卸载后，将 2 号堆场分配给集装箱组 k，在 b_k 时间点重新分配到 1 号堆场之前，k 组留在 2 号堆场。参数说明如表 4-1 所示。

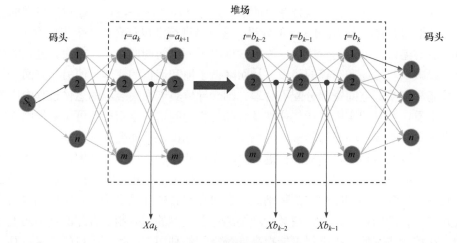

图 4-1　堆场工作流程图

表 4-1　参数说明

指数	说明
i, j	堆场和港口索引
k	集装箱组的索引
t	时间索引

本书构建的港口群堆场优化模型基于以下假设：

(1) 港口运营商能够事先分配每艘船舶的停靠港口和到港具体时间。

(2) 忽略港口之间的转运集装箱体积堆场存储能力的不同，不会因体积和存储能力的差异导致运输成本发生变化。

(3) 不考虑集装箱组在堆场内的卸货和装货操作问题(此为堆场的优化问题，不属于港口群范畴)。

1) 基础参数

基础参数设置如下：

(1) M 表示堆场数量，$M = \{1, 2, \cdots, m\}$。

(2) N 表示港口数量，$N = \{1, 2, \cdots, \bar{n}\}$。

(3) V 表示船舶数量。

(4) T 表示时间段集合。

(5) K 表示集装箱组集合。

(6) a_k 表示集装箱组 k 到达时间。

(7) b_k 表示集装箱组 k 离开时间。

(8) q_k 表示集装箱组 k 存储空间要求。

(9) o_k 表示集装箱组 k 的进港船舶。

(10) d_k 表示集装箱组 k 的出港船舶。

(11) r_k 表示集装箱组 k 允许的最大港口间重新分配数量。

(12) Q_i^1 表示堆场 i 的储存能力。

(13) Q_i^2 表示港口 i 在单位时间内的工作能力。

(14) μ_{kl} 表示如果集装箱组 k 和集装箱组 l 具有相同的进港船舶(即 $o_k = o_l$)，则设置为 1，否则，设置为 0。

(15) β_{kl} 表示如果集装箱组 k 和集装箱组 l 具有相同的出港船舶(即 $d_k = d_l$)，则设置为 1，否则，设置为 0。

(16) γ_{kl} 表示如果集装箱组 k 的进港船舶和集装箱组 l 的出港船舶相同(即 $o_k = o_l$)，则设置为 1，否则，设置为 0。

(17) δ 表示港口侧至堆场侧之间设置的最大运输成本。

(18) C_{ij}^1 表示堆场 i 和 j 之间的运输成本。

(19) C_{ij}^2 表示港口 i 和堆场 j 之间的运输成本。

r_k 和 δ 这两个参数反映了集装箱运输的管理实践。较大的 r_k 允许港口运营商更灵活地将集装箱从一个堆场转移到另一个堆场，但会产生更多的运营成本，同时，引入 δ 来限制港口和集装箱存储堆场之间的距离，因为距离太远会减慢集装箱的运输。也可以注意到，成本参数 C_{ij}^1 和 C_{ij}^2 实际上包括两部分：港口间成本和港口内成本。对于 C_{ij}^1，当堆场 i 和 j 位于同一个港口内时，成本为港口内运输成本。如果堆场 i 和 j 属于不同的港口，成本反映了港口间运输成本，C_{ij}^2 与此类似。本章可以根据地理位置和港口运营商的实际情况确定成本参数。

2) 决策变量

决策变量如下：

(1) X_{ijk}^t 表示如果集装箱组 k 在时间点 t 位于堆场 i，在时间点 $t+1$ 位于堆场 j，则设置为 1，否则，设置为 0，$i,j \in M, k \in K, t \in T$。

(2) U_{ijk}^t 表示如果集装箱组 k 从港口 i 到堆场 j 且到达的时间点为 t，则设置为 1，否则，设置为 0，$i \in N, j \in M, k \in K, t \in T$。

(3) V_{ijk}^t 表示如果集装箱组 k 从堆场 i 到港口 j 且离开的时间点为 t，则设置为 1，否则，设置为 0，$i \in M, j \in N, k \in K, t \in T$。

(4) W_{ikt}^1 表示如果集装箱组 k 存储在堆场 i 且时间点为 t，则设置为 1，否则，设置为 0，$i \in M, k \in K, t \in T$。

(5) W_{ikt}^2 表示如果在时间点 t 在港口 i 处理(即装载或卸载)集装箱组 k，则设置为 1，否则，设置为 0，$i \in N, k \in K, t \in T$。

(6) Z_{ik}^1 表示如果集装箱组 k 在到达时使用港口 i，则设置为 1，否则，设置为 0，$i \in N, k \in K$。

(7) Z_{ik}^2 表示如果集装箱组 k 在离开时使用港口 i，则设置为 1，否则，设置为 0，$i \in N, k \in K$。

3) 目标函数

目标函数为

$$\min \left(\sum_{k \in K} \sum_{i \in M} \sum_{j \in M} \sum_{t \in T} c_{ij}^1 q_k X_{ijk}^t + \sum_{k \in K} \sum_{i \in N} \sum_{j \in M} \sum_{t \in T} c_{ij}^2 q_k (U_{ijk}^t + V_{jik}^t) \right) \tag{4-1}$$

目标函数由两部分组成：一部分表示集装箱组因调度而产生的港口间运输成本和港口内运输成本；另一部分表示卸货作业和装货作业期间从港口到堆场之间的运输成本。能够使二者总成本最小的分配计划则实现了港口群堆场的优化。

4) 约束条件

约束条件如下：

(1) $\sum_{i \in N} Z_{ik}^1 = 1, \ \forall k \in K$。

(2) $\sum_{i \in N} Z_{ik}^2 = 1, \ \forall k \in K$。

(3) $\sum_{i \in M} X_{ijk}^t = \sum_{i \in M} X_{jik}^{t+1}, \ \forall k \in K, j \in M, a_k \leqslant t \leqslant b_k - 2$。

(4) $Z_{ik}^1 = \sum_{j \in M} U_{ijk}^t, \quad \forall i \in N, k \in K, t = a_k$。

(5) $Z_{ik}^2 = \sum_{j \in M} V_{jik}^t, \quad \forall i \in N, k \in K, t = b_k$。

(6) $\sum_{i \in N} U_{ijk}^t = \sum_{i \in M} X_{jik}^t, \quad \forall j \in M, k \in K, t = a_k$。

(7) $\sum_{j \in N} V_{ijk}^t = \sum_{j \in M} X_{jik}^{t-1}, \quad \forall i \in M, k \in K, t = b_k$。

(8) $\sum_{i \in N} \sum_{j \in M} c_{ij}^2 U_{ijk}^t \leqslant \delta, \quad \forall k \in K, t = a_k$。

(9) $\sum_{i \in M} \sum_{j \in N} c_{ji}^2 V_{ijk}^t \leqslant \delta, \quad \forall k \in K, t = b_k$。

(10) $W_{ikt}^1 = \sum_{j \in M} X_{ijk}^t, \quad \forall i \in M, k \in K, a_k \leqslant t \leqslant b_k - 1$。

(11) $W_{ikt}^1 = \sum_{j \in N} V_{ijk}^t, \quad \forall i \in M, k \in K, t = b_k$。

(12) $W_{ikt}^2 = \sum_{j \in M} (U_{ijk}^t + V_{jik}^t), \quad \forall i \in N, k \in K, t \in T$。

(13) $\sum_{k \in K} q_k W_{ikt}^1 \leqslant Q_i^1, \quad \forall i \in M, t \in T$。

(14) $\sum_{k \in K} q_k W_{ikt}^2 \leqslant Q_i^2, \quad \forall i \in N, t \in T$。

(15) $\sum_{t \in T} \sum_{\substack{i \in M \\ j \neq i}} \sum_{j \in M} X_{ijk}^t \leqslant r_k, \quad \forall k \in K$。

(16) $\alpha_{kl}(Z_{ik}^1 - Z_{il}^1) = 0, \quad \forall i \in N, k \in K, l \in K, k \neq l$。

(17) $\beta_{kl}(Z_{ik}^2 - Z_{il}^2) = 0, \quad \forall i \in N, k \in K, l \in K, k \neq l$。

(18) $\gamma_{kl}(Z_{ik}^1 - Z_{il}^2) = 0, \quad \forall i \in N, k \in K, l \in K, k \neq l$。

(19) $X_{ijk}^t, U_{ijk}^t, V_{ijk}^t, Z_{ik}^1, Z_{ik}^2, W_{ikt}^1, W_{ikt}^2 \in \{0,1\}$。

其中，约束条件(1)～约束条件(7)保证了进出集装箱的运输量守恒。约束条件(1)显示起始节点的流出，而约束条件(2)确保终止节点的流入。根据这两个约束，每个集装箱组都有一个入站港口和一个出站港口，间接地为作业船舶分配作业港口。通过约束条件(3)确保堆场内的运输量守恒。决策变量 Z 和 U、V 之间的关系由约束条件(4)和约束条件(5)表示，约束将港口分配和装卸运输作业决策联系起来。同样，约束条件(6)和约束条件(7)处理决策变量 U、V 和 X 之间的关系。约束条件(8)和约束条件(9)规定了从港口到堆场之间的运输成本要求，来确保装卸作业的效率。约束条件(10)～约束条件(12)定义了决策变量 W，该变量表示集装箱存储期间的堆场位置。在任何时间，同一堆场内所有编组的总存储空间要求不得超过堆场存储容量，这是由约束条件(13)保证的。同样，港口容量由约束条件(14)保证，因为装卸集装箱的总量应该考虑港口的实际情况。约束条件(15)保证每个集装箱组在堆场停留期间，重新分配的次数符合允许的最大重新分配次数 r_k。约束条件(16)~约束条件(18)表示同一进出港船舶的港口分配限制，因为此类船舶只能在同一港口上提供服务。最后，约束条件(19)指定决策变量的定义域。

4.2.3　两阶段启发式算法设计

考虑港口和堆场分配方案的问题，本书将港口和堆场分配问题(terminal and yard allocation problem，TYAP)简化为集装箱组的分配问题，同时国内外许多学者也证明了此分配问题属于 NP 难问题。因此，TYAP 也是 NP 难问题，通常很难通过商业求解器来解决问题，尤其是对于大规模问题。因此，本章提出了一种两级启发式算法，以在短时间内找到好的解决方案。后面将介绍启发式算法的框架和详细信息。

框架：在该启发式算法中，二级启发式框架流程图如图 4-2 所示，按层次解决港口和堆场分配问题。启发式由两个层次组成：层次 1 旨在获得良好的船舶港口分配计划。在这个层次上，本章解决了剩余堆场分配问题的线性规划松弛，以便有效评估港口分配计划的适用性。在搜索过程中，采用邻域搜索技术来寻找更好的解。在层次 1 结束时，获得了一个良好的港口分配计划，并将其传递到层次 2。在层次 2 中，将港口分配计划视为输入信息，并详细确定集装箱组的堆场分配。层次 2 的子问题实际上相当于组分配问题。本章开发了一种基于禁忌搜索的启发式算法来寻找良好的堆场分配计划，并获得港口间和港口内的总处理成本。

1. 层次 1 邻域搜索算法

在层次 1，本章将重点放在港口分配问题上，并试图获得一个优良的港口分配计划。首先，随机生成港口分配问题的初始解。然后，在当前解的邻域中进行邻域搜索。在每个搜索循环中，生成 NS1 邻域解。通过给定的港口分配计划，可以很容易地导出相关的决策变量，即 Z_{ik}^1、Z_{ik}^2、W_{ikt}^2。在评价邻域适应性的解决方案中，通过放松堆场分配决策变量的整数约束，近似解决剩余堆场分配问题。在每个搜索循环结束时，选择最佳解来更新当前解。还检查了停止准则，以决定是继续邻域搜索过程还是结束第一级。当满足停止准则时，选择整个搜索过程中的最佳解作为终端分配计划，并将其作为输入信息传递到层次 2，具体说明如下。

1) 编码表示

本章对港口分配问题应用了一种简单的编码表示，设 $S = (s_1, s_2, \cdots, s_i, \cdots, s_v)$ 表

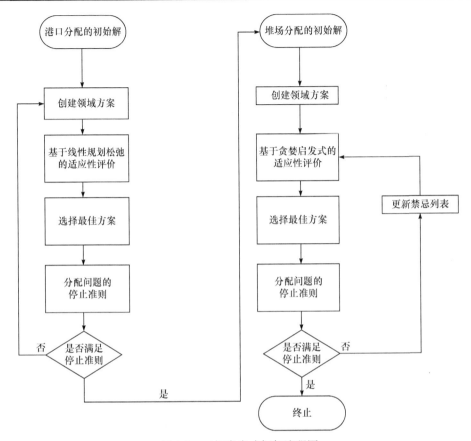

图 4-2　二级启发式框架流程图

示 v 艘船舶的港口分配决策，其中，$s_i \in N$ 表示船舶 i 的停靠港口。例如，$S = (1,1,$ $3,2,3)$ 是五艘船舶的港口分配解决方案，1 号船在 1 号港口停靠，4 号船在 2 号港口停靠，以此类推。

2) 邻域结构

对于邻域搜索阶段，采用图 4-3 所示的两种邻域结构模式：成对交换模式和翻转模式。在层次 1 中，随机选择解决方案的两个内部方案并相互交换，层次 2 仅对一个方案执行操作。方案的选择是随机生成的，方案 s_i 随机翻转到 $s_i \in N$。邻域搜索模式示意图如图 4-3 所示，集装箱 2 和 4 的港口位置在成对交换模式中互换。在翻转模式中，集装箱 3 的港口位置从 3 切换到 2。这两种邻域搜索模式以相同的概率进行。

3) 适应性评估

对于候选港口分配解决方案，可以很容易地推导出决策变量 Z_{ik}^1、Z_{ik}^2、W_{ikt}^2。然而堆场分配问题仍然是一个 NP 难的整数规划问题，因此很难解决剩余问题

图 4-3　邻域搜索模式示意图

并获得准确的港口间总成本和港口内总成本。为了评估港口分配方案，应使用线性规划松弛技术，将决策变量必须为 0 或 1 的整数约束替换为属于区间[0,1]的较弱约束。剩余堆场分配问题的线性规划松弛为

$$\min\left(\sum_{k\in K}\sum_{i\in M}\sum_{j\in M}\sum_{t\in T}c_{ij}^1 q_k X_{ijk}^t + \sum_{k\in K}\sum_{i\in N}\sum_{j\in M}\sum_{t\in T}c_{ij}^2 q_k (U_{ijk}^t + V_{jik}^t)\right) \tag{4-2}$$

约束为

$$X_{ijk}^t U_{ijk}^t U_{ijk}^t W_{ijk}^t \in [0,1] \tag{4-3}$$

值得注意的是，线性规划松弛具有物理意义：集装箱组可以进一步划分为更小的子组。因此，集装箱组可以分别存放在不同的堆场中。堆场或港口的存储容量大于集装箱组所需的存储空间量，因此整数规划与线性规划松弛之间的解差距很小。此外，从计算复杂性的角度来看，求解线性规划比求解整数规划容易得多。这就是为什么本章应用线性规划松弛来评估港口分配解决方案的适用性。

4) 停止准则

当满足以下条件时，层次 1 中港口分配问题的邻域搜索终止：SC1 连续迭代的最佳解不变。

2. 禁忌搜索算法

在给定船舶港口分配计划的情况下，船舶的到达位置和离开位置是已知的，剩下的问题是确定其停留期间堆场中的集装箱流量。因此，本节提出一种基于禁忌搜索的贪心启发式算法。

启发式算法的主要思想如下：将存储区域视为一个容量有限的二维网络，即空间维度和时间维度。这些组按顺序加载到网络上，每个组在网络中选择其最短路径(即成本最低的存储计划)。每组的加载对应于一个加载阶段，在每个加载阶段，在加载完相应组后更新网络的容量。使用更新的网络，下一组将查找网络中可用的最短路径。当所有组加载到网络上时，确定完整的堆场分配计划，将所有

组的路径成本相加，可以很容易地获得目标函数值。图 4-4 给出了具有两个港口、三个时间段和两个集装箱组的启发式示例。为便于说明，假设所有堆场的存储容量相同，用 Q 表示。组 1 首先以全容量加载到网络上，成本最低的路径为 S_1-(2,1)-(2,2)-(1,3)-T_1，由图 4-4(a)中的实线箭头表示。然后，可以更新网络的容量，并将组 2 加载到新网络上，如图 4-4(b)所示。由于容量限制，第 2 组只有一条可行路径，即 S_2-(1,2)-(2,3)-T_2。最后，残差网络如图 4-4(c)所示，将两条路径的成本相加可以很容易地获得目标函数值。应该注意的是，组的不同加载顺序会导致不同的解决方案和目标值。面临的挑战是确定将组加载到网络上的良好序列，通过该序列可以获得接近最优的解决方案。该层采用禁忌搜索算法来寻找良好的加载序列。加载顺序确定要加载到网络上的组的顺序。较早加载的组的网络容量大于后者，这意味着早期群体的优先级高于后者。在每个邻域搜索循环中，生成并评估 NS2 邻域解。

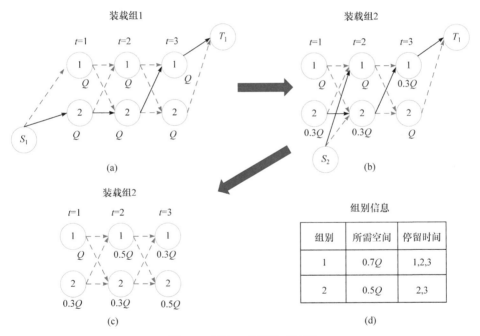

图 4-4　层次 2 的启发式示例

启发式的细节介绍如下。

1) 编码表示法

设 $P = (P_1, P_2, \cdots, P_n)$ 为所有组的加载顺序，其中 P_i 表示按第 i 顺序加载到时空网络上的组，例如，$P = (2,3,1)$ 是包含三个组的案例的编码表示。组 2 首先以全容量加载到网络上，然后是组 3，组 1 是最后一个加载到网络上的组。

2) 邻域结构

为了生成邻域解，仅应用图 4-3 中的成对交换模式。

3) 适应性评估

给定加载到网络上的组序列，可以使用算法来评估解决方案的适用性。在适应度评估算法中，一个非常重要的步骤是在网络容量有限的情况下，为当前组找到处理代价最小的路径。寻找这样一条路径类似于经典的最短路径问题，然而这一步骤的独特之处在于：源节点和汇节点之间的节点数量是固定的，由到达时间段和离开时间段决定；节点容量有限，路径选择受最大允许的重新分配数限制。因此，为了解决具体步骤问题，本章采用如下所示的动态规划方法。

(1) 阶段变量：时间段 $t \in T$ ；

(2) 状态变量：节点 (i,t) ；

(3) 最优值函数： $L(n,i,t)$ 表示从源节点 S_k 到当前节点 (i,t) 的最小成本，在节点之前进行 n 次再分配；

(4) 递归函数： $L(n,i,t+1)=\min(L(n,i,t),L(n-1,j,t)+\mathrm{cost}(j,i))$ ；

(5) 边界条件： $L(n,O_k,A_k)=0$ ， $\forall n=0 \sim r_k$ ；

(6) 最优解： $\min L(n,O_k,A_k)$ ， $\forall n=0 \sim r_k$ 。

递归函数表明：如果不进行再分配，节点 (i,t) 的成本与节点 $(i,t-1)$ 的成本相同。然而，当需要进行重新分配时，后一个节点的成本是前一个节点的成本和链接两个节点的路径成本的总和。可以注意到，在计算当前节点的成本之前，应该检查容量约束。只有在满足容量约束要求的情况下，才能通过递归函数计算成本。否则，当前节点的成本应该是无限的，因为存储计划不可行。为了简洁起见，本章没有提供如何记录最小成本路径的详细信息。然而，通过引入一个变量，在每个节点的最小成本路径上记录前面的节点，很容易完成记录。使用成本最低的路径信息，可以轻松更新网络容量。如果某个组找不到可行路径，则应放弃该解决方案。

4) 禁忌列表

在禁忌列表中，记录成对交换的位置。先进先出规则用于更新禁忌列表，这意味着将从列表中删除最旧的信息，以适应新的信息。

5) 停止准则

当满足以下条件时，二级局部搜索过程的启发式算法将终止：SC2 连续迭代的最佳解不变。

4.2.4 算例分析

参数设置如下。

SC1：最佳解决方案在连续 10 次迭代中不变。

NS2=25 次迭代。

SC2：最佳解决方案在连续 30 次迭代中不变。

禁忌列表长度：60。

本章使用 8h 作为一个时间段的长度，并将堆场的存储容量设置为 1 个单元，将港口的泊位容量设置为 10 个单元。出于实验目的，对于所有组，允许的最大重新分配次数 r_k 都设置为 1，因为本章打算在不进行太多重新分配的情况下获得良好的存储计划，所以每艘船舶的最大流入量和流出量设定为 5。测试实例生成步骤如下。

步骤 1　为呼叫时间表在计划期内均匀分布的船舶生成 V 集合，转步骤 2。

步骤 2　集装箱组集合 k 为空集，转步骤 3。

步骤 3　生成具有三个属性的候选集装箱组 k：入站船舶 O_k、出站船舶 D_k 和存储空间需求 Q_k，Q_k 在(0, 0.5)中均匀分布，转步骤 4。

步骤 4　如果 k 符合每个集装箱的最大流量要求，则接受候选组，转到步骤 3；否则，丢弃候选组并转步骤 5。

步骤 5　如果丢弃了 10^4 个连续候选组，则转到步骤 6；否则，转步骤 3。

步骤 6　结束实例生成过程。

总共生成了 15 个测试实例，并选择了两个港口布局：较小的一个有 3 个港口和 12 个堆场(每个港口有 4 个堆场)，较大的一个有 4 个港口和 20 个堆场(每个港口有 5 个堆场)。表 4-2 显示了 15 个测试实例的参数。实例 I1～I9 的规划期限较短，有 6 或 9 个时间段(2 天或 3 天)，处理的集装箱组较少。对于实例 I10～I15，规划期限为 21 个时间段(7 天)，并包含更多集装箱组。

表 4-2　15 个测试实例的参数

实例	船舶数量/艘	时间段	组数量	布局
I1	15	6	34	3×12
I2	15	6	32	3×12
I3	15	6	34	3×12
I4	20	6	49	3×12
I5	20	6	53	3×12
I6	20	6	57	3×12
I7	25	9	70	3×12
I8	25	9	58	3×12
I9	25	9	69	3×12
I10	30	21	89	4×20

续表

实例	船舶数量/艘	时间段	组数量	布局
I11	30	21	90	4 × 20
I12	30	21	92	4 × 20
I13	40	21	123	4 × 20
I14	40	21	127	4 × 20
I15	40	21	125	4 × 20

本章分别比较了 CPLEX 和启发式算法得到的最优结果及近似最优结果。由于启发式搜索过程的随机性，每次运行启发式算法可能返回不同的结果。因此，本章运行启发式算法 10 次，并报告结果的平均值和标准偏差。对于 CPLEX，当计算时间达到 12h 或内存不足时，终止。表 4-3 显示了所有实例的 CPLEX 计算结果和二级启发式算法。从表 4-3 可以看出，CPLEX 只能处理 I1~I9 的较小实例，所需的计算时间对实例规模非常敏感。然而，二级启发式算法能够在更短的计算时间内找到高质量的解决方案。从本章的角度来看，解决方案与最优解决方案(如 I1~I9)之间的平均差距小于 5%，这是可以接受的。对于较大的实例 I10~I15，CPLEX 甚至无法在终止之前找到可行的解决方案，在 CPLEX 终止之前，虽然内存不足，但二级启发式算法仍然可以处理。

表 4-3　CPLEX 和二级启发式算法的计算结果

实例	CPLEX		二级启发式算法		
	最优值/s	运行时间/s	平均值/s	标准差/s	运行时间/s
I1	40.01	169	41.31	0.45	16.3
I2	50.34	209	51.66	0.54	18.1
I3	55.07	371	57.4	0.51	14.5
I4	78.61	5882	81.77	0.64	25.9
I5	85.53	4942	88.68	0.4	29.4
I6	87.42	1485	90.75	0.83	33.9
I7	94.43	18.694	99.33	1.29	71.1
I8	96.07	28.383	100.54	0.81	63.7
I9	98.37	30073	103.44	1.79	76.2
I10			157.28	2.99	1532
I11			153.3	2.07	1365
I12			155.25	3.31	1409
I13			213.6	1.25	4118
I14			220.25	1.83	3763
I15			234.3	2.75	4994

为了评估港口和堆场分配问题的有效性,本章比较了二级启发式算法和简单规划方法的结果。简单规划方法反映了一种简单的港口和堆场分配方法,不需要任何优化考虑:船舶的到访港口是随机分配的。到达后,每个集装箱组存放在离入境船舶到达位置最近的堆场。同样,在出发时,每个集装箱组被移动到离出境船舶出发位置最近的堆场。表 4-4 比较了两种规划方法的终端间总成本和终端内总成本。可以看出,本书提出的二级启发式算法较没有任何优化考虑的简单规划方法有显著的改进(约 20%),这证明了本章优化模型的有效性。对于较大实例 I10~I15,其改进甚至比较小实例的改进更大,这意味着二级启发式算法也适用于较大实例。

表 4-4　优化模型和简单规划方法的比较

实例	启发式算法 (1)	未优化 (2)	(1)/(2)
I1	41.31	52.13	0.79
I2	51.66	64.51	0.8
I3	57.4	71.77	0.8
I4	81.77	97.46	0.84
I5	88.68	105.56	0.84
I6	90.75	107.18	0.85
I7	99.33	119.83	0.83
I8	100.54	121.21	0.83
I9	103.44	129.66	0.8
I10	157.28	200.62	0.78
I11	153.3	200.22	0.77
I12	155.25	201.68	0.77
I13	213.6	269.53	0.79
I14	220.25	284.96	0.77
I15	234.3	299.94	0.78
平均值			0.8

综上所述,本章的贡献如下。本章从战术的角度研究了两个实际问题:港口群背景下船舶的港口分配问题和转运集装箱的堆场分配问题。建立了一个整数规划模型,该模型将这两个决策问题集成在一起,旨在最小化集装箱的港口间和港口内总运输成本。本书解决这个港口和堆场分配问题的动机是帮助港口群实现堆场的管理,并采取有竞争力的运营策略。本章的研究解决了这一港口和堆场分配问题,并为港口群运营商在港口间的集装箱转运管理和堆场分配提供决策支持。此外,设计了一种二级启发式算法来有效处理集成问题。数值实验表明,与简单的管理方法相比,该集成问题可以在不考虑任何优化的情况下获得显著改进。

4.3　港口群水平运输设备运营优化

过去十多年间，随着政策导向的支持，港口群整合成为趋势，在沿海地区以及免税区高频率地新建港口与码头，我国集装箱港口在各类资源上呈现整合趋势，在分布上也逐渐呈现出集簇化特点。但受诸多因素的影响，在发展过程中存在很多问题，各港口间无序竞争，造成资源浪费、效率低下，从而导致港口群总体竞争力不强。因此，完善港口间的合作机制、提高其协同运营水平是港口群整合过程中的必经之路。

特别是在分布较密集的港口群中，港口相距较近，各港口为扩大腹地规模，不得不继续加大港口投资与建设力度，以期通过增强港口能力来提升服务水平，从而吸引更多的货物，但是随着需求增速放缓，港口供给过剩、岸线资源浪费和各类资产闲置等问题逐渐凸显。当这样的无序竞争引起的资源浪费具体到水平运输上时，表现为在某个区域内港口数量较多，且各港口之间进入无序竞争，港口数量与水平运输设备的增加会分别导致交叉运输发生概率升高以及淡季中各港口大量多余设备的闲置。

港口群整合本质上正是针对上述问题，通过对原本无法在不同港口间进行协调的各类资源进行优化配置，依靠运营效率的提升与规模经济的作用，最终实现成本降低，在整个物流网络上对各个参与主体的效用增加，从港口群这一整体上带来社会福利的增加。因此，本节将以运输成本、调度成本以及水平运输设备投资成本总和最小为目标，从港口群层面对水平运输设备运营优化进行探究并构建一个双阶段模型：第一阶段在不同港口群腹地划分情况下，得出该区域货物运输的总成本，从而确定最适港口群规模以及运力能满足区域货运需求的水平运输设备投资规模；第二阶段在考虑调度时间的基础上，对港口群所拥有的水平运输设备进行动态配置。

4.3.1　港口群水平运输设备协同运营优化问题界定

从概念上来看，港口群在水平运输设备上的协同运营，就是针对港口水平运输运力供给过剩，以及腹地相互交叉所导致内部运输成本高涨的现象，以社会福利最大化为目标，宏观上利用行政、经济或管理手段，调整甚至取消部分已有港口的功能，改变已有港口群的布局状况以及对水平运输设备的投资规模；微观上，集中在对港口间水平运输设备路径优化或动态配置这两方面，通过信息技术将各港口已有的资源进行关联，实现协调运作，使得港口群总体产生的效果超过各个港口单独运营下的效果之和，实现水平运输设备的利用最大化。

　　从构成上来看，作为港口群物流中的重要组成部分，水平运输物流系统在整个港口群物流中起着关键的连接作用，是在各港口间以港口各部分间的集装箱进行转移的主要承载者。对某一个港口来说，水平运输设备可以分为内部水平运输设备与外部水平运输设备。内部水平运输设备需要负责完成集装箱由码头前沿到堆场、堆场之间、堆场到集疏运工具之间的水平运输。而外部水平运输设备需要承担不同码头甚至不同港口之间的集疏运任务，如某个海港与其内陆码头之间的码头间运输。在自动化港口和半自动化集装箱港口中的水平运输设备主要为自动导引车，在非自动化港口中的水平运输设备为集卡。目前，我国集装箱港口大都采用集卡作为水平运输设备。而对于港口群的水平运输，自动化及半自动化设备目前无法适用于港口间路况复杂的长途运输，在腹地到目的港口之间的货物更多的还是要依托于集卡进行运输。

　　从必要性上来看，协同运营充分利用了不同港口以及不同类型水平运输设备之间的差异性，很好地发挥了各组成部分的作用，实现了资源的优化配置，并且可以实现港口群内部信息资源的充分流动，打破各个港口间的信息壁垒，对整体运作效率的提高起到重要作用。在港口群水平运输上实行协同运营管理，一方面是应对外部压力加大的要求，随着港口数量的增多，港口之间已经进入充分竞争阶段，在区域中不再像过去那样具有自带的垄断性，对运输设备这些硬件设施与信息进行共享，可以降低港口群整体的运营成本；另一方面协同运营更是解决各个港口间无序竞争、优化资源配置的需求，同时也是社会发展的需求。在国家的号召下，节能减排已经成为各行业发展中的重要原则，水平运输设备作为港口群中碳排放量占比较大的来源，也应当争取在满足货物运输需求的前提下，通过运营优化降低港口群的整体能耗。

　　从国内外研究现状来看，前人对水平运输运营优化的研究，主要集中在多港口竞争背景下。一部分是关注腹地的运输，从而对集疏运网络优化进行研究。例如，许红等(2020)采用了定量分析方法，通过收集和分析港口进出口货物的运输数据，结合相关的经济指标和物流参数，评估了腹地运输对港口进出口集疏运网络总体效益的影响；杨俊等(2021)根据现实情况，将物流集疏运网络优化问题划分为三个目标：最小化总运输成本、最小化货物滞留时间和最大化节点利用率，构建了多目标规划模型，并设计了基于改进的非支配排序遗传算法Ⅱ(non-dominated sorting genetic algorithmⅡ，NSGA-Ⅱ)来求解该模型，通过实例验证该算法可以有效地优化腹地运输模式下的物流集疏运网络，进而提高整个物流系统的运营效率和经济效益。郑宏扬等(2021)对港口进出口货物的运输数据进行了收集和整理，建立了基于成本的腹地运输模型，模拟了不同腹地运输模式下集疏运网络的运营情况，并使用成本指标对其进行了评估。

　　另一部分是关注港口内部多个码头之间水平运输设备的调度，例如，自动化集装箱港口水平运输系统中 AGV 调度，从港口布局、任务划分、车道选择及路径优化等多方面进行深入探究，解决如何生成最优行驶路径的问题。其次是与传统港口的集卡调度问题，集卡调度问题是为每台桥吊分配集卡，并且决定其服务顺序，其目的是减少吊桥的等待时间，提高集装箱港口的装卸效率。例如，Chen L H 等(2022)和 Chen X J 等(2022)分析了水平运输设备调度过程中存在的问题和挑战，建立数学规划模型，考虑了诸如设备作业时间、路径选择、设备之间的冲突等多种因素，设计相应的调度算法，并针对该算法进行了实验验证和性能分析；Wu 等(2021)设计了基于混合遗传算法的优化算法，结合了遗传算法和邻域搜索技术，能够有效提高算法的搜索能力和收敛速度，用于优化集装箱码头中水平运输设备(如集装箱堆高机、正面吊具等)的调度问题。以上这些对水平运输能力进行优化的研究的最终目标都在于提升某个港口的竞争力，获取更多的自然资源或市场需求。

　　本节所探讨的水平运输设备协同运营优化问题是在港口群这一特定背景下的多港口协同调度问题。为了解决上述问题，提高效率，推动区域经济进一步发展和社会福利的覆盖，在政策引导下，新的港口群整合背景诞生。不同于原来的多港口竞争，本节所探究的问题具有时代性。首先，无论是在集卡还是在其他水平设施的调度中，这些资产不再归属于多个所有方，而是通过港口群整合成一个主体，例如，在政府引导加市场主导的模式下对区域内港口企业进行重组，使得原本进行独立决策的各个港口形成统一的港口企业集团，港口之间的关系发生了本质上的改变，由此可以对各港口所拥有的水平运输设备等运营资源以及一些自然资源等进行统一配置与调度。其次，本章的研究和之前的研究相比，最大的不同点就是：以前是各港口处于竞争博弈的关系，现在是合作的关系，此时资源约束条件发生改变，港口群成本的产生机制与考虑方式也随之改变，例如，在服务的定价上，本章进行优化的目标层次更高，之前在于谋求个体港口利益的最大化，现在在于社会福利的最大化。当从集团的角度去考虑港口群资源整合时，本章需要在原有约束条件的基础上进行更多考虑，特别是在多港口水平设备动态配置所需时间的考量上。港口群协同调度示意图如图 4-5 所示。

　　基于前人的研究，本节决定从集疏运网络的角度对港口群水平运输设备协同运营优化问题进行探究。首先要指出的是，港口集疏运系统是指连接港口或港口群及后方经济腹地的基本交通运输体系，为港口吞吐货物提供集疏运服务。其中，港口集疏运系统的基础交通方式包括公路、铁路、水路、管道和航空等，在我国，公路运输的占比最大，达 80%以上。公路运输的主要交通工具是集卡，从狭义上来讲，绝大部分的集疏运作业均由集卡进行运输。因此，多港口之间的集卡调度问题具有现实研究意义。在同一港口群间共享外集卡，是有效提高各个港口外集卡利用率的一种方法。在作业低谷时段，港口的空闲集卡可以被外借到其他港口；

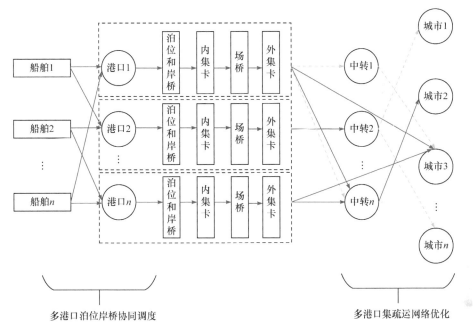

图 4-5　港口群协同调度示意图

在作业高峰时段，港口可以从其他港口借入空闲集卡。按照这种方式，不需要额外的集卡投入，仅依靠不断地调整各港口的集卡数量，即可以实现港口群总作业能力的提升。随着我国港口群整合进程的不断推进，这种分享集卡的方法，将对我国港口集卡使用率的提高具有重要意义。

因此，本节提出一个两阶段模型，先进行战略性决策，在不同港口群腹地划分情况下，得出该区域货物运输的总成本，从而确定最适港口群规模以及运力能满足区域货运需求的水平运输设备投资规模；再进行运营层决策，在考虑调度时间的基础上，对港口群所拥有的水平运输设备进行动态配置，即先通过特定的运输成本与水平运输设备投资计算方法比较不同港口群规模下的内部成本，以确定封闭多港口地区的最适港口群规模。然后针对多港口地区港口水平运输设备运力供给过剩的状况，以集卡为例，提出对闲置集卡的动态配置方法。

4.3.2　参数定义与模型构建

第一阶段的战略性决策：以社会福利最大化为目标，在构建模型前，先从经济学的角度分析港口群在腹地与各港口之间的水平运输成本，并提出特定的内部运输成本计算方法，以此求得最优的水平运输设备投资及港口群规模。

图 4-6 给出了某封闭区域水平运输系统的构成，包括货物由内部腹地到达各

港口的内陆运输以及港口到外部目的地的海上运输,本书探讨的正是内部运输部分,社会福利最大化的目标是指港口群水平运输设备投资建设成本与腹地中各起运地到各港口节点的内部陆路运输成本之和最小(这里把两种成本之和称为内部成本)。正如本章开始时所分析的,如果各港口之间采取不合作的态度,当节点港口数较少时,港口间的竞争基本不会影响该区域的内部运输状态,腹地起运地至各港口间不会发生交叉运输。此时港口数量越多,港口基础设施建设成本越高,内部运输成本越低。而在港口数量超过一定规模后,港口间可能产生无序竞争的局面,导致整个运输系统陷入混乱的竞争状态,从而使腹地起运地至港口间发生交叉运输。此时港口数量越多,越会发生交叉运输,内部运输成本和水平运输设备投资建设成本同时升高,此时无法达成本节的目标。

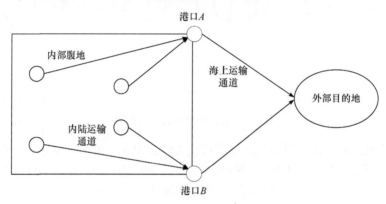

图 4-6　某封闭区域水平运输系统的构成

所以,从社会福利最大化的角度看,要优化现有多港口区域的港口群规模,就需要假设在港口间相互协作,多方共同努力以最少费用(水平运输设备的投资运营费+内部运输成本)把需要外运的货物运送到外部目的地的情况下,确定该区域需要建设的港口数量,各港口的规模及其服务的腹地范围。

1) 该区域港口群水平运输的内部成本计算

根据腹地和沿海港口群的空间位置关系,多港口区域的港口在海岸线上的分布可分为两类:

(1) 漏斗形(如辽东半岛和山东半岛),此时港口分布在漏斗形的海岸线上,各港口在服务自身直接腹地的同时,共同服务后方的间接陆向腹地。位于漏斗形海岸线上方的港口到陆向腹地的陆上运输距离短,集疏运成本低,因此在与位于底端的港口竞争时占有优势。

(2) 截面形(中国绝大多数沿海区域),当港口分布在截面形海岸线上时,各港口在服务各自沿海腹地的同时也共同服务后方的陆向腹地。此时,各港口到陆向腹地的陆上运输距离与费用相差无几,各自的集疏运成本无明显优势。下面基于腹地货主的港口选择行为，给出两种港口布局下外运系统内部成本的计算方法。漏斗形与截面形港口群如图 4-7 所示。

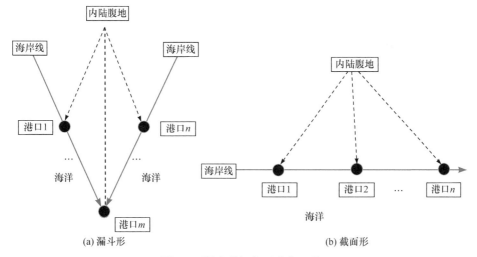

(a) 漏斗形　　　　　　　　　(b) 截面形

图 4-7　漏斗形与截面形港口群

港口群腹地布局如图 4-8 所示，假设港口群的腹地货运需求线性均匀地分布在区间 $[0, d]$ 的线段上，线段上各点的货运需求密度为 a。为便于分析，假设线性腹地内只存在两个港口。在漏斗形港口群中，港口 1 位于原点 0 处(漏斗底部)，港口 2 位于距离港口 1 为 d 的位置；在截面形港口群中，港口 1 位于 e 处，港口 2 位于距港口 1 为 d 的 $(e+d)$ 处。另外，假设两港口除了位置和吞吐能力不同外，没有其他差别。

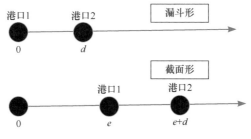

图 4-8　港口群腹地布局

为确定港口群的内部运输成本，需先划分港口腹地。由于漏斗形港口布局可看作截面形港口布局中港口 1 位于原点的特例，这里只研究截面形布局下的腹地划分方法。托运人通常会基于综合运输成本选择港口，货物从腹地运至港口的过程包括内陆运输和港口装卸两个环节，因此内陆运输成本和货物在港费用构成腹地至港口的综合运输成本。在选择门户港口时，如果托运人选择综合成本最低的

港口，那么起运地至港口的综合运输成本可表示为

$$
C_r = \begin{cases} T_c\left|x_r - e\right| + \lambda_1 \dfrac{X_1}{K_1} \\[3mm] T_c\left|x_r - (e+d)\right| + \lambda_2 \dfrac{X_2}{K_2} \end{cases} \tag{4-4}
$$

式中，C_r 为腹地 r 到港口的综合运输成本；x_r 为腹地 r 在线性腹地上的位置；T_c 为单位距离的内陆运输成本；$\lambda_1 \dfrac{X_1}{K_1}$ 和 $\lambda_2 \dfrac{X_2}{K_2}$ 分别为不同港口能力下货主必须承担的港口使费，其中，λ_1 和 λ_2 分别为供给可以有效满足需求时的港口基本使费，X_1 和 X_2 分别为通过两个港口的货运量，K_1 和 K_2 分别为两个港口的通过能力。

在竞争模式下，两个港口自主确定自身的能力，以吸引腹地托运人选择本港口；而在合作模式下，两港口合作决策确定各自的最佳能力，以最大化该港口群中内部运输的社会福利。$\dfrac{X_1}{K_1}$ 和 $\dfrac{X_2}{K_2}$ 衡量发生在港口的节点阻抗，当港口能力不变时，通过的货物越多，港口使费越高，而当通过的货物不变时，增加港口能力，港口使费下降。划分港口腹地的关键是找到两个港口综合运输成本相等的地点 x_r^*。下面，用 C_{r1} 和 C_{r2} 分别表示腹地 r 至两个港口的综合运输成本。首先令 $g_1 = \dfrac{X_1}{K_1}$ 和 $g_2 = \dfrac{X_2}{K_2}$，然后根据不同起运地的港口选择划分两港口的腹地。

(1) 当 $0 \leqslant x_r \leqslant e$ 时，有 $C_{r1} - C_{r2} = g_1 X_1 - g_2 X_2 - T_c d$。若存在使 $C_{r1} \geqslant C_{r2}$ 的 d，即 $d \leqslant \dfrac{g_2 a D - (g_1 + g_2)ae}{T_c + g_1 a + g_2 a}$，令 $C_{r1} = C_{r2}$（即 $g_1 a x_r' - g_2 a(D - x_r') - T_c d = 0$），则有 $x_r^* = x_r' = \dfrac{g_2 a D + T_c d}{(g_1 + g_2)a}$。此时，$[0, x_r']$ 内的起运地为港口 1 的腹地，而 $[x_r', D]$ 内的起运地为港口 2 的腹地。若不存在使 $C_{r1} \geqslant C_{r2}$ 的 d，则位于 $[0, e]$ 内的起运地为港口 1 的腹地。

(2) 当 $e + d \leqslant x_r \leqslant D$ 时，有 $C_{r1} - C_{r2} = g_1 X_1 - g_2 X_2 + T_c d$。若存在使 $C_{r1} \leqslant C_{r2}$ 的 d，即 $d \leqslant \dfrac{g_2 a D - (g_1 + g_2)ae}{T_c + g_1 a + g_2 a}$，令 $C_{r1} = C_{r2}$（即 $T_c d + g_1 a x_r'' - g_2 a(D - x_r'') = 0$），则有 $x_r^* = x_r' = \dfrac{g_2 a D - T_c d}{(g_1 + g_2)a}$。此时，$[0, x_r'']$ 内的起运地为港口 1 的腹地，而 $[x_r'', D]$ 内的起运地为港口 2 的腹地。若不存在使 $C_{r1} \leqslant C_{r2}$ 的 d，则位于 $[e+d, D]$ 内的起运地为港口 2 的腹地。

(3) 当 $e \leqslant x_r \leqslant e + d$ 时，有 $C_{r1} - C_{r2} = T_c(2x_r - 2e - d) + g_1 X_1 - g_2 X_2$。若存在使

$C_{r1} = C_{r2}$ 的 d ，即 $d > \dfrac{g_2 aD - (g_1 + g_2)ae}{T_c + g_1 a + g_2 a}$ 且 $d > \dfrac{(g_1 + g_2)ae - g_2 aD}{T_c + g_1 a + g_2 a}$ ，则当

$C_{r1} = C_{r2}$ 时，可求得 $x_r^* = x_r''' = \dfrac{T_c(d + 2e) + g_2 aD}{2T_c + g_1 a + g_2 a}$ 。此时，$[0, x_r''']$ 内的起运地为港

口 1 的腹地，而 $[x_r''', D]$ 内的起运地为港口 2 的腹地。若不存在使 $C_{r1} = C_{r2}$ 的 d ，

则 $[e, e + d]$ 内的起运地只为一个港口的腹地。当 $d \leqslant \dfrac{g_2 aD - (g_1 + g_2)ae}{T_c + g_1 a + g_2 a}$ 时，

$[e, e + d]$ 内的起运地均为港口 1 的腹地，而当 $d \leqslant \dfrac{(g_1 + g_2)ae - g_2 aD}{T_c}$ 时，$[e, e + d]$

内的起运地均为港口 2 的腹地。

综上可知，当 $d \leqslant \dfrac{(g_1 + g_2)ae - g_2 aD}{T_c}$ 时，通过港口 1 和港口 2 的货运量分别为 $X_1 =$

$ax_r' = \dfrac{a(g_2 aD + T_c d)}{(g_1 + g_2)a}$ ，$X_2 = a(D - x_r') \dfrac{a(g_1 aD - T_c d)}{(g_1 + g_2)a}$ ；当 $d \leqslant \dfrac{g_2 aD - (g_1 + g_2)ae}{T_c + g_1 a + g_2 a}$

时，$X_1 = ax_r'' = \dfrac{a(g_2 aD - T_c d)}{(g_1 + g_2)a}$ $X_2 = a(D - x_r'') = \dfrac{a(g_1 aD + T_c d)}{(g_1 + g_2)a}$ ；当 $d >$

$\dfrac{g_2 aD - (g_1 + g_2)ae}{T_c + g_1 a + g_2 a}$ 且 $d > \dfrac{(g_1 + g_2)ae - g_2 aD}{T_c}$ 时，$X_1 = \dfrac{T_c a(d + 2e) + g_2 a^2 D}{2T_c + g_1 a + g_2 a}$ ，

$X_2 = \dfrac{T_c a(d - 2e) + g_1 a^2 D}{2T_c + g_1 a + g_2 a}$ 。

在确定了 d 满足不同条件时的港口腹地划分之后，就可计算线性腹地内各起运地至不同港口的内陆总运输成本，即

$$C = \int_0^{x_r^*} T_c a |x - e| \mathrm{d}x + \int_{x_r^*}^D T_c a |x - e - d| \mathrm{d}x \tag{4-5}$$

2) 港口群水平运输设备投资建设成本

基础设施投资建设均具有规模经济，港口水平运输设备投资的规模经济指的是在港口运输达到一定规模后，再增加单位运输能力所需的投资量会逐渐递减，基于该原理，港口水平运输设备投资与港口运输能力的关系可定义为

$$B = hK^m, \quad 0 < m < 1 \tag{4-6}$$

式中，B 为港口水平运输设备的投资规模(即建设成本)；K 为港口运力；h 为规模参数；m 为比例系数。

由于港口的水平运输设备投资建设通常是一次性投入，为考虑资金的时间价值，需把其折合成年均成本，计算公式为 $B'(K) = B(K) / p(F, i, z)$ ，其中，$p(F, i, z)$ 为年金现值系数，i 为折现率，z 为港口固定资产使用寿命。

基于以上对水平运输设备内部成本和投资建设成本的计算，可知某区域港口群满足腹地与港口间货物运输需求时的总成本为

$$A = C + B = \int_0^{x_r^*} T_c a |x - e| \mathrm{d}x + \int_{x_r^*}^{D} T_c a |x - e - d| \mathrm{d}x + B'(K), \quad x_r^* = x_r', x_r'', x_r''' \quad (4\text{-}7)$$

3) 最适港口群规模

社会福利最大化表现为在运输需求得到有效服务的情况下，运输成本与水平运输设备投资建设成本之和最小。优化港口群规模就是确定能最大化此社会福利的港口数量、规模及空间选址。截面形港口布局的港口群腹地划分与港口数量和规模间的动态关系较为复杂，其最适港口群规模确定面临诸多困难。因此，本节暂时只研究漏斗形港口布局港口群的最适港口群规模问题。

假设在 $[0, D]$ 的漏斗形港口布局的线性腹地上，各地点的运输需求密度为 a，可建设港口的范围为 $[0, S]$，除港口外其他陆路运输基础设施均存在。当只建设一个港口时，服务能力要等于运输需求。因此，由式(4-1)、式(4-3)可知，港口应该建在 s 处，此时腹地到港口的内部总运输成本最小为

$$A_1^* = \int_0^s T_c a x \mathrm{d}x + \int_0^{D-s} T_c a x \mathrm{d}x + B'(aD) \quad (4\text{-}8)$$

当建设两个港口时，其水平运输设备提供的运输能力之和应等于货运需求，同样可知，当港口 1 建在 0 处、运力为 $a(s/2)$，港口 2 建在 s 处、运力为 $a(D - s/2)$ 时，内部总运输成本最小为

$$A_2^* = 2\int_0^{s/2} T_c a x \mathrm{d}x + \int_0^{D-s} T_c a x \mathrm{d}x + \left[B'\left(\frac{as}{2}\right) + B'\left(\frac{2aD - as}{2}\right) \right] \quad (4\text{-}9)$$

前面分别研究了建设 1 个或 2 个港口时港口的选址和规模，需要建设港口的数量是由运输需求决定的。本节以 1 个和 2 个港口哪个更优为例，研究基于需求的港口数量决策问题。将 A_1^* 和 A_2^* 做差可得

$$\Delta A = A_1^* - A_2^* = \frac{1}{4} T_c a s^2 + \left[B'(aD) - B'\left(\frac{as}{2}\right) - B'\left(\frac{2aD - as}{2}\right) \right] \quad (4\text{-}10)$$

可知，若 $\dfrac{\partial B}{\partial K} > 0$ 且 $\dfrac{\partial^2 B}{\partial K^2} < 0$，则有 $B'(aD) - B'\left(\dfrac{as}{2}\right) - B'\left(\dfrac{2aD - as}{2}\right) < 0$，假设 s 是内生变量，令 $\Delta A = 0$，则可得建设 1 个港口和 2 个港口时，最小总成本相等的需求密度的临界值为

$$a^* = \left[\frac{4h}{T_c s^2 p(F, i, z)} \right]^{\frac{1}{1-m}} \left[\left(\frac{s}{2}\right)^m + \left(D - \frac{s}{2}\right)^m - D^m \right]^{\frac{1}{1-m}} \quad (4\text{-}11)$$

根据 a^* 可以确定不同需求强度下，漏斗形港口群的最适港口群规模如下：

(1) 当 $a > a^*$ 时，有 $A_1^* > A_2^*$，此时，应建设 2 个港口，当港口 1 建在 0 处、水平运输设备提供运力为 $a(s/2)$，港口 2 建在 s 处、水平运输设备提供运力为 $a(s/2)$ 时，内部总运输成本最小为

$$\frac{1}{4}T_c a s^2 + \frac{1}{2}T_c a(D-s)^2 + \left[B'\left(\frac{as}{2}\right) + B'\left(\frac{2aD-as}{2}\right) \right] \qquad (4\text{-}12)$$

(2) 当 $a < a^*$ 时，有 $A_1^* < A_2^*$，此时，应在 s 处建设一个水平运输设备提供的运力为 aD 的港口，内部总运输成本为

$$\frac{1}{2}T_c a s^2 + \frac{1}{2}T_c a(D-s)^2 + B'(aD) \qquad (4\text{-}13)$$

是否需建设 3 个及更多的港口也可以用这种方法来判别，也就是说当增加港口所节省的内部陆路运输成本无法弥补所增加的水平运输设备投资建设成本时，就不应再新增港口。而陆路运输成本的减少是否可以降低投资成本是由腹地的运输需求决定的，腹地单位面积的运输需求越大，需要建设的港口越多。在现实世界中，可以基于需求密度，用上述方法确定最佳的港口数量和各自水平运输设备的投资规模。

第二阶段的运营层决策：通过第一阶段的决策，已经确定了该区域的港口数量以及所拥有的水平运输设备的投资规模。接下来，只考虑腹地与港口之间的水平运输由集卡这种单一的设施承担，将问题简化为港口群的外集卡调度。并做出如下假设：港口需要将集卡的数量维持在某个水平线上，以应对来自船舶装卸、翻箱、查验等作业过程的集卡用车需求，以及实施多式联运中承担转运任务的外集卡用车需求。在实际的作业过程中，港口外集卡调度是港口整体物流系统中的重要一环，对集卡不仅有数量上的需求，还有等级上的需求。鉴于各类操作任务的难易程度不同，需要对这些任务进行等级划分，这就需要不同经验的集卡司机来分别操作这些任务，以实现最优资源配置。

对于传统的港口集卡调度研究，集卡服务的对象往往是单港口堆场与多个码头，对多港口的研究较少。随着集卡车队规模以及与码头、港口堆场方合作的发展，集卡车队现已能够完成多港口之间的送取箱作业任务。但多港口的任务量大，环境情况复杂，需要考虑的因素较多，仅凭集卡车队调度员进行单一策略调度或人工调度无法应对庞大的工作量。因此，本节提出以集卡车队为调度中心的多港口间集卡调度问题。

整个港口群的集卡需求量和作业量有关，集卡装卸、翻箱等作业量以及外集卡转运作业量越多，总集卡需求量就越高。集卡需求来自两类作业：其一是在船舶装卸过程中，作业线上的集卡作业；其二是在堆场整理和集装箱查验等过程中场桥间的集卡作业。作业线是船舶装卸的作业组织单位，由一台岸桥、多台场桥

和若干集卡组成；一般认为，作业线上的集卡数量存在推荐值，一旦作业线上的集卡数量少于该推荐值，整个作业线的效率将低于码头作业计划的要求。因此，港口群中各码头的集卡需求量，可以根据作业线数量和堆场集卡作业量进行估算。

其次，周转时间是估算集卡需求时必须考虑的因素。周转时间是指从集卡离开调度中心到回到调度中心所花费的时间。过长的周转时间可能导致某个港口或码头的需求得不到满足，只能暂停装卸等待集卡，从而对作业的实际效率产生影响。港口分配给集卡的任务也有一般与困难之分，而且困难的程度也是不同的，把任务根据难易程度不同划分为多个等级。在作业过程中，任意集卡司机均可以在合理的周转时间内完成一般任务；然而，对于困难任务，集卡司机的能力对周转时间有决定性影响。困难任务包括但不限于以下情况：港口的堆存位置远离调度中心、箱子超重或箱子尺寸不标准等。根据驾驶集卡司机的技术、应急能力、处理任务的熟练程度等，可以对集卡从低到高进行经验等级划分，以便高效地处理不同等级的任务。为维持作业线的装卸效率以及运输效率，港口往往派经验丰富的集卡司机去处理困难任务，争取有效地控制集卡的周转时间；若是一般任务，则对于经验丰富与否没有具体要求，自然配备一些新手或者技术与经验一般的集卡司机去处理(也可以完成任务)。这样，根据具体的不同港口、不同难易程度的任务需求来统筹调配集卡进行处理，才能既实现港口群资源的合理配置，又能提高港口群运营效率。

工时是调度中心分配集卡时必须考虑的因素。工时是集卡工作量的考核指标，其数值等于集卡在各个港口工作小时数的总和。在某个时段，如果某集卡在港口作业，在该时段末尾，该集卡的工时数会在原来的基础上增加；否则，该集卡的工时数保持不变。为平均各集卡的工作量，往往要求各集卡的工时数能够维持在一个大致相似的水平。因此，在集卡分配过程中，一般要求港口群参与作业的集卡工时数总和最少。

在港口群作业的每个时段，调度中心都要对各港口的集卡进行适当分配。港口仅持有作业需要的集卡，多余的集卡将会被调回调度中心。一般认为，调度中心总是具有足够大的空间来容纳集卡；此外，集卡可以在港口和调度中心之间直接移动，不需要中转。集卡分配的首要目标是满足各港口的集卡数量需求，其次是满足各港口的集卡经验需求，再次是调往港口的集卡的移动效率最高(即总工时数最少)。此外，还要兼顾调度方案的集卡移动过程中消耗的能耗最少(这里认为所有集卡均是空载状态下从一个港口调度到另一个港口)。

以下给出集卡跨港口分配问题的多目标规划模型，模型中的符号说明如下：NT 为港口群的港口总数；i,j 为集装箱港口序数；调度中心的序数值设定为 0；N_i 为各港口拥有的集卡总数；t 为集卡序数；T_t 为集卡 t 的当前工时数；NR 为集卡经验等级的总级数；r,s 为经验等级的序数；NN_{ir} 为港口 i 需要的经验等级 r 的集卡数量；L_{ti} 为集卡 t 初始位置的 0-1 变量，若其位于港口 i，则 $L_{ti}=1$，否则，$L_{ti}=0$；R_{tr} 为集卡 t 经验等级的 0-1 变量，若其经验等级为 r，则 $R_{tr}=1$，否则，$R_{tr}=0$；d_{ij} 港口 i 和港口 j 之间的移动距离；ζ 为集卡空载时单位移动距离所需能耗。

模型的决策变量如下：x_{ti} 表示集卡 t 移动方向的 0-1 变量，若将其移向港口 t，则 $x_{ti}=1$，否则，$x_{ti}=0$；若其被调回调度中心，则 $x_{t0}=1$。模型的各变量含义如表 4-5 所示。SR_{ir} 表示港口 i 的 r 级需求是否满足 0-1 变量，若满足，则 $\mathrm{SR}_{ir}=0$，否则，$\mathrm{SR}_{ir}=1$；S_i 表示港口 i 的集卡总需求是否满足 0-1 变量，若满足，则 $S_i=0$，否则，$S_i=1$。

表 4-5 模型的各变量含义

变量	定义
NT	港口群的港口总数
i,j	为集装箱港口序数
N_t	集卡总数
t	集卡序数
T_t	集卡 t 的当前工时数
NR	集卡经验等级的总级数
r,s	经验等级的序数
NN_{ir}	港口 i 需要的经验等级 r 的集卡数量
L_{ti}	集卡 t 初始位置的 0-1 变量
R_{tr}	集卡 t 经验等级的 0-1 变量
d_{ij}	港口 i 和港口 j 之间的移动距离
x_{ti}	集卡 t 移动方向的 0-1 变量
x_{t0}	集卡 t 被调回调度中心
SR_{ir}	港口 i 的 r 级需求是否满足 0-1 变量
S_i	集卡总需求是否满足 0-1 变量
ζ	集卡空载时单位移动距离所需能耗

SR_{ir} 与 S_i 都是满足时为 0，不满足时为 1。

(1) 模型的主要目标：尽量满足集卡数量需求。

$$\min f_n = \sum_{i=1}^{\mathrm{NT}}\left[S_i\left(\sum_{r=1}^{\mathrm{NR}}\mathrm{NN}_{ir} - \sum_{t=1}^{N_t} x_{ti} \right) \right] \tag{4-14}$$

(2) 模型目标二：尽量满足集卡等级需求。

$$\min f_r = \sum_{i=1}^{NT}\sum_{r=1}^{NR}\left[SR_{ir}\sum_{s=r}^{NR}\left(NN_{is} - \sum_{t=1}^{N_t}R_{tr}x_{ti} \right) \right] \qquad (4\text{-}15)$$

(3) 模型目标三：去港口的集卡总工时最少。

$$\min f_T = \sum_{t=1}^{N_t}\sum_{i=1}^{NT}T_t x_{ti} \qquad (4\text{-}16)$$

(4) 模型目标四：最小化集卡的调运能耗。

$$\min f_\zeta = \sum_{i=0}^{NT}\sum_{j=0}^{NT}L_{ti}d_{ti}x_{ti}\zeta \qquad (4\text{-}17)$$

(5) 模型的约束条件(保证不会有多余的集卡被调到港口)。

$$\sum_{t=1}^{N_t}x_{ti} \leqslant \sum_{r=1}^{NR}NN_{ir} \qquad (4\text{-}18)$$

(6) 模型中因变量的约束条件。

$$S_t = \begin{cases} 1, & \sum_{t=1}^{N_t}x_{ti} \leqslant \sum_{r=1}^{NR}NN_{ir} \\ 0, & \text{其他} \end{cases} \qquad (4\text{-}19)$$

$$SR_{ir} = \begin{cases} 1, & \sum_{s=r}^{NR}\sum_{t=1}^{N_t}R_{ts}x_{ti} < \sum_{s=r}^{NR}NN_{is} \\ 0, & \text{其他} \end{cases} \qquad (4\text{-}20)$$

(7) 决策变量和序数的约束条件。

$$\sum_{t=0}^{NT}x_{ti} = 1 \qquad (4\text{-}21)$$

$$1 \leqslant t \leqslant N_t, \quad t \in N \qquad (4\text{-}22)$$

$$0 \leqslant i,j \leqslant NT, \quad i,j \in N \qquad (4\text{-}23)$$

$$1 \leqslant r,s \leqslant NR, \quad r,s \in N \qquad (4\text{-}24)$$

该多目标函数下的 4 个目标函数是在基于满足港口集卡数量及经验需求的情况下，综合考虑集卡效率和集卡调运能耗，追求最小化集卡总工时和调运能耗。由于不同港口作业任务的难易程度有所差别，所以集卡的经验等级对港口集卡的需求数量具有一定的制约，不同经验等级的集卡需求要求港口配备的集卡尽量是可以完成任务且达到资源的最佳配置，即艰难任务需要调配经验丰富的集卡司机去处理；若是一般任务，对于经验丰富与否没有具体要求，则调配一般集卡司机处理(保证也可以高效地完成一般任务)。

目标函数(4-14)和(4-15)存在制约关系,不仅要求配置的集卡数量可以完成任务,还要求高效;对于目标函数(4-16),若集卡的数量太少,则会引起集卡调度比较频繁,导致集卡的总工时升高,整个调度任务的时间增加,呈现一种负相关关系;目标函数(4-17)中的集卡能耗也是要仔细考虑的,当港口为了完成任务,增加集卡数量时,可能会使集卡的能耗增加,而且集卡的总工时与集卡的调运能耗呈某种正相关关系。4 个目标函数之间存在一定的制约关系,这些制约关系可以通过 4 个目标函数的优先级来协调,以进行优化操作,实现最优调度,使集卡的跨码头调运不仅能够满足集卡数量和经验等级要求,而且可以使集卡的总工时和调运能耗达到最优。

4.3.3　算法设计

1.匈牙利算法简介

集卡跨码头调度问题本质上是分配问题。匈牙利算法是求解经典分配问题的一种组合优化算法,匈牙利算法(Hungarian algorithm),即图论中寻找最大匹配的算法,本节在同时考虑到满足集卡数量需求与经验等级需求的前提下,求解最小总工时,也就是求最优匹配,相当于在二分图中寻找带权的最大匹配。

这类问题可以用以下模型进行描述:

$$\min \sum_{i=1}^{n} \sum_{j=1}^{m} v_{ij} z_{ij} \tag{4-25}$$

$$\sum_{i=1}^{n} z_{ij} = 1 \tag{4-26}$$

$$\sum_{j=1}^{m} z_{ij} = 1 \tag{4-27}$$

$$z_{ij} = 1,0 \tag{4-28}$$

该模型试图在 n 个"作业"和 m 个"工人"之间寻找总代价最小的分配方案。如果作业 i 被分配给工人 j,则 $z_{ij} = 1$,否则, $z_{ij} = 0$, v_{ij} 表示将作业 i 分配给工人 j 操作的代价。作业和工人之间存在一对一的关系:一个作业仅分配给一个工人,一个工人操作一个作业。运用匈牙利算法的前提是以下两点必须被满足:作业和工人之间存在一对一的关系;代价矩阵必须确定且完备。若将集卡比作"工人",而将码头比作"作业",则集卡跨码头调度问题可以转化为分配问题。然而,集卡和港口之间并不存在一对一的关系,代价矩阵的元素取值也有待确定。因此,如果求解模型,则必须对集卡跨港口调度问题模型进行进一步修改。

2. 代价矩阵的规模确定

在集卡跨港口调度问题模型中，港口与集卡之间存在明显的一对多的关系。考虑到模型的主要目标(4-14)和约束条件(4-18)，若将港口的需求按照数量进行进一步细分，则可以在细分需求和集卡之间建立一对一的关系。细分需求可以定义为港口对一台集卡的需求。一个细分需求可以来自任意港口，并且该细分需求会要求集卡具有一定的经验等级，例如，某时段某港口共需要 2 台 3 级的集卡，则该港口的需求可以拆成 2 个细分需求，而且这两个细分需求都要求集卡的经验等级不低于 3 级。

细分需求数量与集卡数量不一致是港口需求细分之后的常见情况，可能会对算法运行结果的准确性造成影响。按照匈牙利算法的流程，当工人与作业数量不等时，会向代价矩阵中补充适量的额外工人或者作业，相应的新增代价矩阵元素值为零。然而，从问题的实际意义出发，虽然分配给额外集卡的细分需求不会被满足，其代价确实为零，但是被分配给额外细分需求的集卡将会回到调度中心，其移动距离应纳入代价的考虑范围。因此，在运用匈牙利算法之前，应事先添加适当的额外集卡或者额外细分需求，使集卡数量等于细分需求的数量。

下面给出本小节内容的数学描述，涉及的符号说明如下：N 为代价矩阵的阶数；NS 为细分需求的总数；k 为细分需求的序数，包括额外细分需求；L 为集卡序数，包括虚拟集卡；FC_{ki} 为细分需求 k 来源的 0-1 变量，若其来自码头 i，则 $\mathrm{FC}_{ki}=1$，否则，$\mathrm{FC}_{ki}=0$；R_{kr} 为细分需求 k 经验等级的 0-1 变量，若其经验等级为 r，则 $R_{kr}=1$，否则，$R_{kr}=0$；QL 为标识额外集卡的 0-1 变量，若集卡 L 是额外集卡，则 QL=1，否则，QL=0；C_k 为额外细分需求的 0-1 变量，若细分需求 k 来自调度中心，则 $C_k=1$，否则，$C_k=0$。

模型新增加约束如下：

$$N = \max(\mathrm{NS}, N_t) \tag{4-29}$$

$$\sum_{k=1}^{N} \mathrm{FC}_{ki} R_{kr} = \mathrm{NN}_{ir}, \forall \sigma, \ i > 0 \tag{4-30}$$

$$C_k = \begin{cases} 1, & \sum_{i=0}^{\mathrm{NT}} \mathrm{FC}_{ki} i = 0 \\ 0, & \text{其他} \end{cases} \tag{4-31}$$

3. 代价矩阵的元素取值

运用匈牙利算法，尚需要确定代价矩阵中各元素的值，且应体现模型中 4 个目标之间的严格优先关系。根据前面的步骤要求，已经实现了第 1 个目标。考虑到经验等级和集卡工时的整数特性，剩余目标之间的优先关系可以通过权和的方法实现。因此，代价矩阵中的每个元素都表示为三个部分的权和，这三个部分分别与经验等级、工时和移动距离有关。前两部分的权重系数根据输入数据中集卡移动距离和经验等级的最大值来确定，第三部分的权重则设为1。

以下给出与本部分内容相关的数学描述，符号说明如下：v_{lk} 为将细分需求 k 分配给集卡 l 的代价；vr_{lk} 为代价 v_{lk} 中与经验等级有关的部分；vm_{lk} 为代价 v_{lk} 中与工时有关的部分；vd_{lk} 为代价 v_{lk} 中与移动距离有关的部分；ε_1 为 vd_{lk} 的权重系数；ε_2 为 vm_{lk} 的权重系数；W_{lk} 表示细分需求 k 的经验等级是否被满足的 0-1 变量，若集卡 l 的经验等级低于该细分需求的要求，则 $W_{lk}=1$，否则，$W_{lk}=0$；m, n 为整数形式的变量。

代价矩阵中的元素 v_{lk} 按照以下公式确定：

$$v_{lk} = (1-Q_l)(\varepsilon_1 \mathrm{vr}_{lk} + \varepsilon_2 \mathrm{vm}_{lk} + \mathrm{vd}_{lk}) \tag{4-32}$$

$$\mathrm{vr}_{lk} = W_{lk}(1-C_k)\left(\sum_{r=1}^{\mathrm{NR}} rR_{kr} - \sum_{r=1}^{\mathrm{NR}} rR_{lr}\right) \tag{4-33}$$

$$W_{lk} = \begin{cases} 1, & (1-C_k)\left(\sum_{r=1}^{\mathrm{NR}} rR_{kr} - \sum_{r=1}^{\mathrm{NR}} rR_{lr}\right) \\ 0, & 0 \end{cases} \tag{4-34}$$

$$\mathrm{vm}_{lk} = (1-C_k)T_l \tag{4-35}$$

$$\mathrm{vd}_{lk} = \sum_{t=0}^{\mathrm{NT}}\sum_{j=0}^{\mathrm{NT}} L_{li}d_{ij}\mathrm{FC}_{kj} \tag{4-36}$$

$$\varepsilon_2 = 10^m, \quad 10^{m-1} \leqslant \max_{i,j}(d_{ij}) < 10^m \tag{4-37}$$

$$\varepsilon_1 = 10^n \varepsilon_2, \quad 10^{n-1} \leqslant \max_t(T_t) < 10^n \tag{4-38}$$

4.3.4 算例分析

算例采用葫芦岛港、锦州港、盘锦港以及营口港某个时段的集卡调度问题。算例中，30 台集卡在 4 个港口之间进行调度，集卡的经验共分为 4 个等级。各港口的集卡需求见表 4-6。集卡具体参数见表 4-7，表 4-7 中第 1 列的参数 t 代表集卡编号，第 2 列参数 a 的值与集卡 t 的初始位置有关 ($L_{ta}=1$)，第 3 列参数 b 的值与集卡 t 的经验等级有关 ($R_{tb}=1$)，第 4 列 T_r 代表各个集卡的工时数。此外，各港口和调度中心之间的移动距离 (d_{ij}) 如表 4-8 所示。

表 4-6　各港口的集卡需求

r	NN_{ir}			
	$r=1$	$r=2$	$r=3$	$r=4$
1	0	0	0	8
2	2	3	2	0
3	0	1	2	3
4	6	1	0	0

表 4-7　集卡具体参数

t	a(集卡所在港口)	b(集卡等级)	T_r
1	1	4	8
2	1	4	4
3	1	4	5
4	1	4	3
5	1	4	7
6	1	3	9
7	1	3	3
8	1	3	2
9	1	3	5
10	2	2	4
11	2	2	4
12	2	2	6
13	2	1	7
14	2	1	2
15	3	4	8
16	3	4	4
17	3	4	7
18	3	4	5
19	3	3	7
20	3	3	7
21	3	2	3
22	4	1	2
23	4	1	4
24	4	1	1
25	4	4	6
26	0	4	3
27	0	4	5
28	0	2	4
29	0	1	7
30	0	3	5

表 4-8　各港口与调度中心之间的移动距离

i	$j=1$	$j=2$	$j=3$	$j=4$
0	0	15	17	23
1	15	10	22	45
2	15	0	12	36
3	17	12	0	20
4	13	36	20	0

根据表 4-6，港口的集卡需求共可分为 28 个细分需求。为使细分需求数量与集卡数量相匹配，需要增加 2 个额外细分需求。各细分需求参数如表 4-9 所示，其中 k 为细分需求的编号，c 的值与细分需求 k 的来源有关（$FC_{kc}=1$），d 值与细分需求 k 的经验等级有关（$R_{kd}=1$）。

表 4-9　细分需求参数

k	c	d	k	c	d
1	1	4	16	3	2
2	1	4	17	3	3
3	1	4	18	3	3
4	1	4	19	3	4
5	1	4	20	3	4
6	1	4	21	3	4
7	1	4	22	4	1
8	1	4	23	4	1
9	2	1	24	4	1
10	2	1	25	4	1
11	2	2	26	4	1
12	2	2	27	4	1
13	2	2	28	4	1
14	2	3	29	0	2
15	2	3	30	0	1

算例中的两个权重系数分别按照式(4-37)、式(4-38)进行计算。在该算例中，$\varepsilon_1=1000$、$\varepsilon_2=100$。代价矩阵中的元素取值按照式(4-32)确定后，就可以直接套用匈牙利算法进行求解。通过该算例运行多次求解实验，实验结果表明，算法能够保证在 0.12s 内找到最优解，如表 4-10 所示。表 4-10 中参数 t 为集卡的编号，参数 g 的值与集卡的目的地有关（$x_{tg}=1$）。

表 4-10　最优解记录

t	g	t	g	t	g
1	1	11	2	21	3
2	1	12	2	22	4
3	1	13	2	23	4
4	1	14	2	24	4
5	1	15	0	25	3
6	0	16	3	26	2
7	2	17	1	27	2
8	3	18	3	28	4
9	2	19	4	29	4
10	2	20	5	30	4

集卡空载时单位移动距离所需能耗为 0.008，最优解各目标函数值如表 4-11 所示。由表 4-11 可以看出，采用该模型和算法得出的结果既满足集卡的需求，并且集卡的工时为 130，效率较高，集卡调度过程中所产生的移动能耗为 18.8，能耗较低。

表 4-11　最优解各目标函数值

f_n	f_r	f_T	f
0	0	130	18.8

根据最优解和表 4-6，可以得到最优调度方案，如表 4-10 所示。方案中列出了需要改变位置的集卡，其余集卡维持原位置即可。按照该方案，6 号、15 号集卡将回到调度中心，17 号、26 号和 27 号集卡将调往港口 1，7 号和 9 号集卡将调往港口 2，8 号和 25 号集卡将调往港口 3，19 号、28 号、29 号和 30 号集卡将调往港口 4。

本节针对集卡跨港口调度问题，在满足数量需求及经验需求的情况下，综合考虑效率和能耗，提出了一个多目标规划模型。考虑到该模型的本质为分配模型，本节运用匈牙利算法求解模型。作为求解的准备工作，本节对问题模型进行了一些改动，对码头需求进行了进一步细分，并对代价矩阵中各元素的取值方式进行了定义。算例表明，本节提出的模型和算法能够快速得到最优的集卡跨港口调度方案，该调度方案为跨港口集卡调度的实际操作提供了参考。

4.4　港口群场桥资源运营优化

集装箱门式起重机(以下简称场桥)是国民经济建设中集装箱搬运的主要设

备，广泛应用于港口码头装卸、物流运输等重大建设工程上。

4.4.1　场桥资源调度理论

在码头实际装船作业中，往往按照集装箱类型将整个装船任务划分为多个子任务，岸桥作业计划如表 4-12 所示，每个子任务需求的集装箱为同种类型。规定同一堆场贝位上仅堆存重量、尺寸相同的集装箱，即同一类型的集装箱，堆场贝位箱量分布如图 4-9 所示。分析可知，每个堆场贝位上箱量有限，单个贝位可能无法满足一个子任务要求提取的箱量，即一个子任务需求的集装箱可能堆存在多个贝位内；同时，多个子任务需求的集装箱也可能是相同类型的集装箱。因此，子任务和堆场贝位就出现了多对多的选择，产生了多种场桥行驶路径，而场桥数量不同，也会产生不同的行驶路径，进而影响堆场作业效率。

表 4-12　岸桥作业计划

子任务	1	2	3	4	5
箱型	A	B	C	A	C
箱量/TEU	37	26	41	23	29

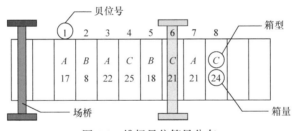

图 4-9　堆场贝位箱量分布

因此，在已知岸桥作业子计划和堆场贝位箱量分布的前提下，假设岸桥作业子任务要求按顺序依次完成，每个子任务作业的开始必须在前一个子任务完成作业以后，同时堆场贝位要求堆放在同一街区内或在同一直线上，并将贝位依次编号。假设堆场内初始存放的集装箱种类和数量与整个装船任务的集装箱种类和数量完全一致，同种类型的集装箱完全等同，取箱过程中不存在倒箱问题。在此基础上，以场桥总移动距离为目标对码头场桥调度问题进行研究，着重于缩短场桥移动距离，提高堆场作业效率。

4.4.2　港口群场桥资源调度方法

建立可直接求解的两阶段数学模型，第一阶段为线性规划模型，确定子任务内场桥需要作业的贝位号及对应贝位内的取箱数量；第二阶段结合第 1 阶段求得的取箱数量，以总移动距离最短为目标，确定每台场桥作业的贝位号序列、对应贝位内的取箱数量以及场桥行驶路径。

1. 第一阶段模型

第一阶段在划分子任务的基础上进行研究，主要目的是确定每个子任务内场桥作业的堆场贝位号及对应贝位内的取箱数量。

(1) 符号定义：i 为堆场贝位编号，$i=1,2,\cdots,m$，m 为堆场贝位总数；k 为子任务编号，$k=1,2,\cdots,n$，n 为被划分的子任务总数；g 为集装箱类型，$g=1,2,\cdots,G$，其中 $1=A,2=B,3=C$，以此类推，G 为集装箱类型总数；$\varphi(g)$ 为存放 g 类集装箱的堆场贝位号集合；$\xi(g)$ 为需求 g 类箱的子任务编号集合；h_k 为子任务 k 所需求的集装箱类型；u_k 为子任务 k 所需求的集装箱数量；c_{gi} 为贝位 i 中堆存 g 型箱的初始数量；M 为足够大的数值。

(2) 决策变量：x_{ik} 为场桥在子任务 k 中从贝位 i 中提取集装箱的数量，为非负整数。

$$X_{ik}=\begin{cases}1, & x_{ik}>0\\0, & x_{ik}=0\end{cases} \tag{4-39}$$

(3) 目标函数为

$$\min Z=\sum_k\sum_i x_{ik} \tag{4-40}$$

(4) 约束条件为

$$\sum_{i\in\varphi(h_k)}x_{ik}=u_k,\quad k=1,2,\cdots,n \tag{4-41}$$

$$\sum_{i\in\varphi(g)}\sum_{k\in\xi(g)}x_{ik}=\sum_{i\in\varphi(g)}c_{gi},\quad g=1,2,\cdots,G \tag{4-42}$$

$$\sum_{k\in\xi(g)}x_{ik}=c_{gi},i\in\varphi(g),\quad g=1,2,\cdots,G \tag{4-43}$$

$$x_{ik}\leqslant MX_{ik},\quad k=1,2,\cdots,n;i\in\varphi(h_k) \tag{4-44}$$

$$x_{ik}\geqslant X_{ik},\quad k=1,2,\cdots,n;i\in\varphi(h_k) \tag{4-45}$$

$$x_{ik}\geqslant 0,\quad k=1,2,\cdots,n;i\in\varphi(h_k) \tag{4-46}$$

$$X_{ik}\in\{0,1\},\quad k=1,2,\cdots,n;i\in\varphi(h_k) \tag{4-47}$$

式(4-40)表示提取所有子任务需求的集装箱后，场桥作业的堆场贝位数最小；式(4-41)表示每个子任务都能完成所需求的箱量；

式(4-42)表示堆场贝位内集装箱的初始存储量与所有子任务需求的箱量一致；

式(4-43)表示所有子任务在某一贝位的提箱量之和等于该贝位堆存的集装箱；

式(4-44)和式(4-45)表示 x_{ik} 和 X_{ik} 的关系，当 x_{ik} 为正整数时，X_{ik} 为 1，当 x_{ik} 为 0 时，X_{ik} 为 0；

式(4-46)表示决策变量是非负整数，当场桥在子任务 k 中从贝位 i 提取集装箱时，x_{ik} 为正整数，否则，x_{ik} 为 0；

式(4-47)表示 X_{ik} 是 0-1 变量。

第一阶段模型的求解结果是满足约束条件的 X_{ik} 解中非零值最少、零值最多的解，也就是场桥完成装船子任务作业的堆场贝位数最少的解，用矩阵 A_{ik} 表示上述解，定义其对应的 0-1 矩阵为 B_{ik}，由性质一的分析可知，上述解集中肯定存在满足场桥行驶总路径最短的解。

性质一　在矩阵 A_{ik} 所有的元素中，如果零元素越多，则非零元素越少，当零元素的个数最多时，所有非零元素所在行的差值之和不大于其他行的和，即当元素零最多时，解中一定存在使所有非零元素所在行按列随机排列后相邻差值之和最小的情况。

2. 第二阶段模型

第二阶段模型是在第一阶段模型求解结果的基础上，以场桥移动距离最短为目标确定每个子任务贝位的作业顺序。

(1) 符号定义：ϕ_k 为矩阵 B_{ik} 中第 k 列非零项所在行的集合，即子任务 k 作业的贝位号集合；r 为场桥编号，$r = 1,2,\cdots,R$；r' 为场桥编号，$r' \neq r$；q_i^r 为场桥 r 在贝位 i 的取箱数量；o 为初始的堆场贝位号；d 为结束的堆场贝位号；b_k^r 为场桥 r 为子任务 k 服务的堆场贝位号。

(2) 决策变量：若场桥 r 在子任务 k 后由贝位 i 移动到贝位 j，则 $y_{kij}^r = 1$，否则，$y_{kij}^r = 0$；若场桥 r 在子任务 k 中由贝位 p 移动到贝位 q，则 $Z_{kpq}^r = 1$，否则，$Z_{kpq}^r = 0$。

(3) 目标函数为

$$\min S = \sum_{k=0}^{n}\sum_{r=1}^{R}\sum_{i\in\phi_k, j\in\phi_{k+1}} |i-j|\, y_{kij}^r + \sum_{k=0}^{n}\sum_{r=1}^{R}\sum_{p,q\in\phi_k} |p-q|\, z_{kpq}^r \tag{4-48}$$

(4) 约束条件为

$$\sum_{i\in\phi_1} y_{0oi}^r = 1, \quad r = 1,2,\cdots,R \tag{4-49}$$

$$\sum_{i\in\phi_1} y_{nid}^r = 1, \quad r = 1,2,\cdots,R \tag{4-50}$$

$$\begin{cases} \left(\sum_{j\in\phi_{k-1}} y_{(k-1)ji}^r + \sum_{p\in\phi_k} z_{kpi}^r\right) - \left(\sum_{q\in\phi_{k+1}} y_{kij}^r + \sum_{p\in\phi_k} z_{kip}^r\right) = 0 \\ i\in\phi_k, \quad k = 1,2,\cdots,n; r = 1,2,\cdots,R \end{cases} \tag{4-51}$$

$$\sum_{p,q\in\phi_k} z_{kpq}^r \leqslant |\phi_k| - 1, \quad k = 1,2,\cdots,n; r = 1,2,\cdots,R \tag{4-52}$$

$$\sum_r \sum_i q_i^r = u_k, i\in\phi_k, \quad k = 1,2,\cdots,n; r = 1,2,\cdots,R \tag{4-53}$$

$$(b_k^r - b_k^{r'})(b_{k+1}^r - b_{k+1}^{r'}) > 0, \quad k = 1,2,\cdots,n; r = 1,2,r',\cdots,R \tag{4-54}$$

$$y_{kij}^r \in \{0,1\}, i\in\phi_k, j\in\phi_{k+1}, \quad k = 1,2,\cdots,n; r = 1,2,\cdots,R \tag{4-55}$$

$$z_{kpq}^r \in \{0,1\}, p,q\in\phi_k, \quad k = 1,2,\cdots,n; r = 1,2,\cdots,R \tag{4-56}$$

式(4-48)表示最小化场桥完成子任务的移动距离。

式(4-49)和式(4-50)表示场桥从o点开始到d点结束。

式(4-51)表示作业的堆场贝位的流入量和流出量必须相等。

式(4-52)表示每个子任务中避免形成回路，$|\phi_k|$为集合ϕ_k的元素个数。

式(4-53)表示场桥进行作业时必须完成一个子任务才能进行下一个子任务工作。

式(4-54)表示场桥作业的安全距离且避免跨越作业。

式(4-55)和式(4-56)表示决策变量为 0-1 变量。

在 AMPL(a mathematical programming language)集成开发环境下调用 CPLEX 求解器对模型进行直接求解，Intel(R) Xeon(R) CPU E5-1603v3　2.8GHz 及 8G 内存平台下测得两阶段模型的最优解，验证模型的准确性。具体算例为：集装箱船总装箱量为 156TEU，其中，A 型箱 60TEU，B 型箱 26TEU，C 型箱 70TEU。利用 CPLEX 求解器对第一阶段模型进行求解，计算得出满足约束条件的 x_{ik} 的集合 A_{ik} 及其对应的 0-1 矩阵 B_{ik}，结果为

$$A_{ik} = \begin{bmatrix} 17 & 0 & 0 & 0 & 0 \\ 0 & 8 & 0 & 0 & 0 \\ 20 & 0 & 0 & 2 & 0 \\ 0 & 0 & 25 & 0 & 0 \\ 0 & 18 & 0 & 0 & 0 \\ 0 & 0 & 16 & 0 & 5 \\ 0 & 0 & 0 & 21 & 0 \\ 0 & 0 & 0 & 0 & 24 \end{bmatrix}, \quad B_{ik} = \begin{bmatrix} 1 & 0 & 0 & 0 & 0 \\ 0 & 1 & 0 & 0 & 0 \\ 1 & 0 & 0 & 1 & 0 \\ 0 & 0 & 1 & 0 & 0 \\ 0 & 1 & 0 & 0 & 0 \\ 0 & 0 & 1 & 0 & 1 \\ 0 & 0 & 0 & 1 & 0 \\ 0 & 0 & 0 & 0 & 1 \end{bmatrix}$$

第一阶段目标值 $Z=10$ ，即场桥作业的最少贝位数为 10，中央处理器(central processing unit, CPU)运行时间 $t_1 = 0.05s$ ，每个子任务的作业贝位为矩阵 B_{ik} 非零元素所在的行，对应贝位的取箱数量为矩阵 A_{ik} 中的非零元素。

在此基础上，根据建立的第二阶段模型，当场桥数量 $r=1$ ，即单场桥作业时，场桥最优行驶路径如图 4-10 所示，单场桥作业下贝位的取箱数量如表 4-13 所示，最短移动距离 $S=17m$ ， CPU 运行时间 $t_1 = 0.04s$ ，两阶段的总运行时间为 $t_1 = 0.09s$ 。

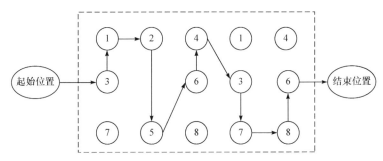

图 4-10　单场桥作业最优行驶路径

表 4-13　单场桥作业下贝位的取箱数量

贝位号	3	1	2	1	6	4	3	7	8	6
箱量/TEU	20	17	8	18	16	25	2	21	24	5

当场桥数量 $r=2$ ，即双场桥作业时，场桥的最优行驶路径如图 4-11 所示，双场桥作业下贝位的取箱数量如表 4-14 所示，最短移动距离 $S=12m$ ，CPU 运行时间 $t_2 = 0.05s$ ，两阶段的总运行时间 $t = 0.1s$ 。

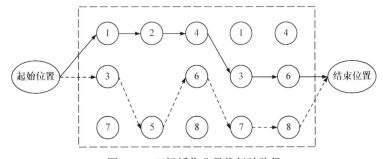

图 4-11　双场桥作业最优行驶路径

表 4-14　双场桥作业下贝位的取箱数量

场桥 1	贝位号	1	2	4	3	6
	箱量/TEU	17	8	25	2	5
场桥 2	贝位号	3	5	6	7	8
	箱量/TEU	20	18	16	21	24

　　由上述算例可知,该数学模型可直接进行求解,且运算时间较短。同时,上述算例的求解及计算结果验证了数学模型的准确性,且采用双场桥比单场桥移动距离更短,为码头堆场资源调度提供了决策支持。

4.4.3　算例分析

　　运用两阶段模型对以下 8 组算例进行求解,表 4-15 和表 4-16 分别为单场桥与双场桥作业时,堆场作业的贝位数及场桥移动距离。由表 4-15 和表 4-16 可知,在第一阶段求得的作业贝位及取箱数量下,第二阶段采用单场桥或双场桥确定作业路线时,场桥总移动距离相差不大,也就是说场桥移动距离与其数量没有密切的关系。堆场为节省场桥作业成本,可选择单场桥进行堆场作业,但随着提取箱量的增加,单场桥作业并不能满足装船时间的要求,而采用双场桥在提高作业效率的同时也会增加一定的作业成本。因此,如果装船作业时间较短,码头更注重于作业效率,可采用双场桥,否则可采用单场桥。利用 CPLEX 对模型进行求解,可以较快地得到最优结果,运行时间较短,证明了模型的准确性和高效性。

表 4-15　单场桥作业贝位数及场桥移动距离

子任务数	堆场贝位数	取箱数量/TEU	第一阶段		第二阶段	
			作业贝位数	运行时间/s	移动距离	运行时间/s
5	8	154	10	0.07	17	0.02
6	10	192	12	0.05	28	0.02
7	12	241	15	0.15	33	0.02
8	15	303	18	0.16	54	0.04
10	18	389	20	0.42	85	0.03
12	20	421	24	0.33	79	0.02
12	24	490	27	0.84	113	0.04
15	24	535	29	3.85	188	0.1

表 4-16　双场桥作业贝位数及场桥移动距离

子任务数	堆场贝位数	取箱数量/TEU	第一阶段		第二阶段	
			作业贝位数	运行时间/s	移动距离	运行时间/s
5	8	154	10	0.07	15	0.03
6	10	192	12	0.05	27	0.03
7	12	241	15	0.15	33	0.03
8	15	303	18	0.16	51	0.04
10	18	389	20	0.42	84	0.05
12	20	421	24	0.33	111	0.04
12	24	490	27	0.84	121	0.06
15	24	535	29	3.85	178	0.13

为进一步验证可直接求解的两阶段数学模型算法的优越性，将其与顺序作业法、贪婪作业法、基于整数编码的遗传算法进行比较，验证了两阶段模型的有效性，表 4-17 和表 4-18 为文献中的算例，分别为岸桥作业计划和堆场箱量堆存状态。

表 4-17　岸桥作业计划

子任务	1	2	3	4	5	6	7	8	9	10	11	12	13	14
箱型	C	C	B	A	D	A	D	B	D	D	C	A	B	C
箱量/TEU	18	14	21	21	20	16	21	24	10	15	21	18	14	15

表 4-18　堆场箱量堆存状态

贝位号	1	5	7	9	11	15	17	21	23	27
箱型	C	D	A	C	B	B	C	C	B	B
箱量/TEU	10	14	21	9	8	12	8	14	15	14
贝位号	29	33	35	37	41	43	45	49	51	55
箱型	D	D	C	D	D	A	C	D	A	C
箱量/TEU	10	9	10	13	13	18	9	7	16	12

根据本节建立的模型，采用单场桥作业，利用两阶段模型进行求解的结果为 $Z=22$，$S=266$，两阶段的总运行时间为 $t=0.4$。由此可知，文中的两阶段模型场桥总移动贝位数为 266，作业路径如图 4-11 所示，与算法进行比较，结果如表 4-19 所示。

表 4-19　算法比较

算法	移动总贝位数	模型改进程度/%
顺序作业法	887	−70
贪婪作业法	643	−58.6
遗传算法	595	−55.3
两阶段模型	266	0

表 4-19 中模型改进程度为两阶段模型与顺序作业法、贪婪作业法及遗传算法相比的改进程度，负号表示两阶段模型的移动总贝位数小于其他算法的移动总贝位数。由表 4-19 可知，两阶段模型与顺序作业法下的移动总贝位数 887 相比，总移动距离缩短了 70%；与贪婪作业法下的 643 相比，总移动距离缩短了 58.6%；与遗传算法下的 595 相比，总移动距离缩短了 55.3%。因此，建立的两阶段模型能够明显地缩短场桥移动距离。

为进一步验证模型的普遍性，利用顺序作业法与贪婪作业法对上述算例进行求解，且与两阶段模型进行对比，单场桥下算例比较如表 4-20 所示。

表 4-20　单场桥下算例比较

子任务数	堆场贝位数	取箱数量/TEU	两阶段模型	顺序作业法	贪婪作业法	(两阶段−顺序)/顺序×100%	(两阶段−贪婪)/贪婪×100%
5	8	154	17	24	19	−29.2	−10
6	10	192	28	38	31	−26.3	−9.7
7	12	241	33	44	35	−25	−5.7
8	15	303	54	69	60	−21.7	−10
10	18	389	85	116	97	−26.7	−12.4
12	20	421	79	98	86	−19.4	−8.1
12	24	490	113	124	127	−8.9	−11
15	24	535	188	207	190	−9.2	−1.1

表 4-20 中负号表示两阶段模型下场桥的总移动距离要小于顺序作业法及贪婪作业法下的移动距离，数值大小表示两阶段模型下总行驶距离的减少程度。结果表明，建立的两阶段模型可以较快地得到最优解。在单场桥作业情况下，与顺序作业法相比，移动距离缩短 10%～30%；与贪婪作业法相比，移动距离缩短 10% 左右，表明作者建立的两阶段模型具有更显著的应用价值和研究意义。

4.5　港口群泊位资源运营优化

泊位是整个集装箱码头物流系统中的重要组成部分，位于码头最前沿，是指船舶驶入码头后，为到港船舶提供集装箱装卸服务而停靠的区域，并且该区域必须为到港船舶预留一定长度的岸壁。泊位的数量和大小是衡量各集装箱码头规模的重要标志，一个码头可能由一个或几个泊位组成，泊位的长度、水深及数量是衡量码头规模最基础的指标(郭文文等，2021)。

　　泊位是集装箱码头的一种稀缺性资源，其最重要、最基础的功能是根据船舶的长度和吃水要求，为来港船舶分配合适的泊位，完成停靠、装卸等生产性作业。其次，泊位提供了船舶靠泊时所需的系船设施，如系船柱、防碰撞装置等，以保障船舶靠泊作业时的稳定性。泊位就是进港船舶进行装卸货物的场地，理想的情况是船舶按照预计的时间到达港口，到港后即可按预先指定的计划表停泊。岸桥是用来装卸货物的一种设备，分布在泊位边，船舶靠泊在泊位后便可以由岸桥进行装卸作业。岸桥配置合理能缩短船舶的卸货时间、降低岸桥的作业成本，从而提高港口效益。泊位与岸桥是港口最为重要的资源，合理的安排有助于节约成本，提高顾客满意度，吸引到更多的船舶停泊(杨旭，2023)。珠海港口岸高栏港区集装箱码头泊位示意图如图 4-12 所示。

图 4-12　珠海港口岸高栏港区集装箱码头泊位示意图

　　根据空间布局的不同，泊位类型主要包括离散型泊位、连续型泊位和混合型泊位三种，如图 4-13 所示。离散型泊位是指码头岸线被分割成若干不同长度的泊位，并将其看作分散且独立的单元，到港船舶停靠在离散型泊位时必须满足以下三个要求：①每个单元同一时间内最多只能服务一艘船舶；②船舶不能同时占用两个及两个以上单元；③满足水深、长度等靠泊要求。连续型泊位是一个泊位内可以停靠多艘集装箱船，并且船舶在整个泊位空间内可以任意进行停靠作业(安礼瑞，2023)。混合型泊位融合了离散型泊位与连续型泊位两种形式，是将岸线划分为多个相互独立的区域，且每个区域内为连续的整体，可以服务一艘或多艘船舶进行装卸作业(温都苏，2022)。

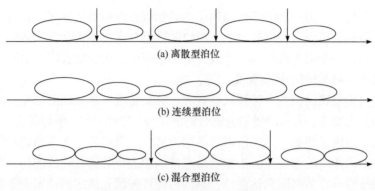

(a) 离散型泊位

(b) 连续型泊位

(c) 混合型泊位

图 4-13　按照空间布局的泊位分类

泊位作业是集装箱码头作业的开端。船舶靠港前，码头根据航运公司或者船代给出的船舶配载图、舱单、船舶吃水、船长、船高等船舶信息，获得该船舶的装卸任务量、预计到港／离港时间等信息，根据码头泊位、岸桥、堆场等实际情况，为到港船舶安排泊位、岸桥等资源。待船舶到港后，首先在锚地等待，根据泊位计划确定船舶停靠位置和停靠时间，船舶收到港口下达的进港指令后，会通过航道，根据具体的作业方案前往目标泊位。船舶进入港池后，前往指定泊位，通过拖轮的协助靠于指定泊位。船舶在指定泊位完成靠泊，对应的集卡和岸桥设备准备就绪后，即可开始装卸作业过程(胡良杰，2022)。

泊位分配计划一般在船舶到达港口之前，由港口方针对船舶预计到港信息和船舶积载图等资料进行制定，同时对装卸作业机械进行预先安排，制定岸桥分配方案和调度计划，并将到港船舶资料传递至堆场调度控制部门，准备下一步作业计划(孙燕，2022)。合理有效的泊位分配计划，为船舶及码头提供了准确的船舶到港时间、船舶停靠位置及停靠时间，有利于相关部门及时做好准备，而且有利于保障泊位作业的顺利开展，提高码头作业效率和装卸效益。另外，泊位分配计划也是码头生产计划顺利实施的前提，为岸桥、堆场等码头作业计划的制定奠定了基础。码头运营者在制定泊位分配计划时应全面考虑到港船舶的预抵港时间、待装卸箱量等船舶信息，同时做好锚地维护、引航船舶安排等基础靠泊工作，保障泊位作业有序高效进行。

4.5.1　港口群泊位分配问题界定

泊位分配问题就是针对给定的泊位布局以及一组要在规划期内提供服务的船舶制定泊位分配计划，为船舶及码头提供准确的船舶到港时间、船舶停靠位置及停靠时间。根据船舶到港时间，泊位分配问题一般分为静态分配问题和动态分配问题。如果制定泊位分配计划时所有船舶全部抵达港口等待靠泊，则为静态分配问题，如果所有船舶并未全部抵达港口，需要陆续到港，则为动态分配问题。在码头实际生产作业过程中，受台风、强降雨等不可抗力因素或上一个停靠港作业计划等因素的影响，可能导致船舶不能按照计划的船期表顺利到达码头，从而使得既定的泊位分配计划也需要进行相应的修改。因此，码头在制定泊位分配计划时通常采用动静结合的泊位分配方式，从而确定合理的船舶停靠位置和停靠时间来完成泊位作业。根据泊位空间布局类型，泊位分配问题可以分为离散型泊位分配问题、连续型泊位分配问题和混合型泊位分配问题。与泊位类型相似，如果泊位空间布局是离散的，则为离散型泊位分配问题，同样地，连续分配的泊位空间布局是连续的，等同于二维装箱问题，也可以称为二维矩形件排样问题。混合型泊位分配问题也是离散型泊位分配问题和连续型泊位分配问题的集成。

本节所探讨的泊位分配问题特指港口群背景下的泊位分配问题，即多港多泊位联合调度问题，从整体角度以区域内多个港口的泊位分配问题为研究对象，研究多个港口泊位联合调度的泊位调度方法，从而提高整个系统的集装箱转运速度。要想达到总体集装箱转运水平提升的效果，就需要以区域内港口高度合作为基础，对港口的泊位资源进行统一调配，在一定时间周期内针对到达港区的集装箱船舶进行泊位分配，在班轮运输模式中船舶停靠港口均是事先约定的，但是在实际操作过程中，班轮运输会受到诸多因素的影响并导致无法按时到达预计停靠港或者在到达预计停靠港之后需要等待较长的时间才能靠泊，在港口泊位资源共享模式下，到港船舶可以采取转港作业的策略，船舶在到达港区后可以结合自身的船期延误成本、时间成本以及转港作业成本来决定最终的停靠港口，船舶转港策略不仅要考虑船舶公司的成本，还要考虑实际停靠港和原计划停靠港之间的费用问题，综合以上成本来确定该时段内到达船舶最优的泊位调度计划。我国的集群式港口分布中存在各个港口发展不均衡、港口之间恶性竞争的问题，面对我国日益增长的集装箱进出口量，"大港吃不下，小港吃不饱"的情况经常发生，导致港口资源的浪费。因此，港口资源的整合对港口收益的影响越来越大，我国港口资源整合的步伐日益加快，港口之间的关系从竞争逐渐走向合作共赢。因此，也就为本节的多港多泊位联合调度问题研究的可行性提供了坚实的基础。

辐射腹地高度重合的几个港口形成一个彼此相邻的港口群。在一个确定时间周期内有一组集装箱船舶 s 相继到达港区进行装卸作业，且每艘船舶都有自己的期望停靠港口，已知该周期内所有船舶到达其期望停靠港口的时间和集装箱装卸量。转港作业示意图如图 4-14 所示，在船舶 s 到达港区后，航运公司与相关港口为使船舶在港区的时间成本和港口牺牲总成本最小，需要对到达港口群的船舶 s 进行港口和泊位的重新调整，即在该周期内所有到达港口群的船舶针对是否停靠在其期望停靠港口进行选择。

　　根据以上描述建立以船舶在港口群时间成本最小和整个港口群系统中的牺牲成本最小为优化目标的数学模型,求解该模型得到该时段内最佳的泊位调度方案,从而使整个港口群资源得到充分利用,减少资源浪费,提高整个港口群的集装箱转运作业效率。

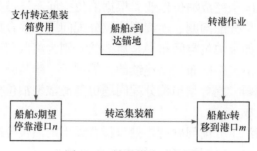

图 4-14　转港作业示意图

　　航运公司、期望停靠港口和转移港口达成转港协议之后,船舶 s 开始转港作业,此时船舶 s 的期望停靠港口 n_s 负责将等待装上船舶 s 的集装箱运送到转移港口 m,在转移港口 m 进行装船作业,但是由此产生的集装箱转港费用由航运公司承担,而船舶 s 卸载在转移港口的集装箱直接从该港口运往最终目的地。在转港作业模式下,船方虽然可以较快靠泊,但需要向其期望停靠港口 n_s 支付集装箱转港费用,期望停靠港口利润损失而转移港口获利,因此在转港作业模型中要将期望停靠港口、转移港口和航运公司三方作为一个整体系统,在该系统中对牺牲成本进行分析。此外,本节所探讨的转港费用是广义费用,包含了因为转移港口而产生的额外货主提货成本。在多式联运不断发展的今天,航运公司在确定期望停靠港口时往往综合考虑了港口费用和港口与腹地间的集疏运网络运输成本,通过降低综合成本使货主提货的价格降到最低,一旦转移港口,对于装船作业,集装箱转港装船产生的额外港口间集卡运输成本转接到航运公司承担;而对于卸船作业,尽管转港后卸船不涉及港口间的集装箱转运,但由于卸载港口到腹地距离的变化,集疏运网络运输成本往往会增加,这种成本的增加也体现在本节所探讨的转港费用中。

4.5.2　模型假设与模型构建

　　本节所构建的多港多泊位联合调度模型基于以下假设。
　　(1) 到达港口群的船舶均有自己的期望停靠港口,即原计划停靠的港口。
　　(2) 港口群内所有参与统一调度的泊位均可满足任意到达船舶的靠泊条件。
　　(3) 所有港口配备的岸桥有相同的作业效率。
　　(4) 本节所研究的泊位均为离散型泊位。

1) 基础参数

基础参数如下。

(1) N 表示区域内港口总数，n 表示第 n 个港口，$n \in \{1,2,3,\cdots,N\}$。

(2) S 表示某一固定时间周期内到达港口群的船舶数量，s 表示第 s 艘船舶，$s \in \{1,2,3,\cdots,S\}$。

(3) n_s 表示船舶期望停靠港口，$s \in \{1,2,3,\cdots,S\}, n_s \in \{1,2,3,\cdots,N\}$。

(4) b^n 表示第 n 个港口的泊位数，$n \in \{1,2,3,\cdots,N\}, i \in \{1,2,3,\cdots,b^n\}$，$i$ 表示第 i 个泊位。

(5) $q_{n,i}$ 表示第 n 个港口第 i 个泊位上配备的岸桥数，$n \in \{1,2,3,\cdots,N\}$，$i \in \{1,2,3,\cdots,b^n\}$。

(6) v 表示岸桥的工作效率。

(7) $I_{n,m}$ 表示 n、m 两港之间的距离，$n \in \{1,2,3,\cdots,N\}, m \in \{1,2,3,\cdots,N\}$。

(8) V 表示船舶在两港之间转移时的航速。

(9) d_s^l 表示船舶 s 的装箱量，$s \in \{1,2,3,\cdots,S\}$。

(10) d_s^u 表示船舶 s 的卸箱量，$s \in \{1,2,3,\cdots,S\}$。

(11) c 表示转运集装箱单位距离的单个集装箱运输成本。

(12) w^n 表示港口 n 单个集装箱作业净利润，$n \in \{1,2,3,\cdots,N\}$。

(13) γ 表示单位时间成本。

(14) α 表示船舶在港区的时间成本权重系数。

(15) β 表示船舶转港后产生的综合成本权重系数。

(16) t_s^{arrive} 表示船舶 s 到达期望港锚地的时间，$s \in \{1,2,3,\cdots,S\}$。

(17) $t_{s,n,m}^{\text{transfer}}$ 表示船舶 s 从港口 n 转移到港口 m 所需要的时间，$t_{s,n,m}^{\text{transfer}} = \dfrac{I_{n,m}}{V}$，$s \in \{1,2,3,\cdots,S\}, n,m \in \{1,2,3,\cdots,N\}, n \neq m$。

(18) $t_{s,n,i}^{\text{work}}$ 表示船舶 s 在港口 n 泊位 i 上的集装箱装卸耗时，$t_{s,n,i}^{\text{work}} = \dfrac{d_s^l + d_s^u}{q_{n,i}v}, s \in \{1,2,3,\cdots,S\}, n \in \{1,2,3,\cdots,N\}, i \in \{1,2,3,\cdots,b^n\}$。

2) 因变量

因变量如下。

(1) $t_{s,n,i,u}^{\text{wait}}$ 表示船舶 s 在港口 n 泊位 i 上被第 u 个服务的等待靠泊时间，$s \in \{1,2,3,\cdots,S\}, n \in \{1,2,3,\cdots,N\}, i \in \{1,2,3,\cdots,b^n\}, u \in \{1,2,3,\cdots,p\}$。

(2) P 表示泊位上的船舶靠泊顺序集合，$P = \{1,2,3,\cdots,p\}, u$ 表示第 u 个被服

务, $u \in \{1,2,3,\cdots,p\}$。

3) 决策变量

决策变量如下。

(1) $x_{n,i,u}^s$，当船舶 s 停靠在其期望停靠港口 n 的泊位 i 上并被第 u 个服务时，$x_{n,i,u}^s = 1$；否则，$x_{n,i,u}^s = 0, s \in \{1,2,3,\cdots,S\}, n \in \{1,2,3,\cdots,N\}, I \in \{1,2,3,\cdots,b^n\}, u \in \{1,2,3,\cdots,p\}$。

(2) $z_{m,i,u}^s$，当船舶 s 从其期望停靠港口转移到港口 m 的泊位 i 上并被第 u 个服务时，$z_{m,i,u}^s = 1$，否则，$z_{m,i,u}^s = 0$，$s \in \{1,2,3,\cdots,S\}, n \in \{1,2,3,\cdots,N\}, i \in \{1,2,3,\cdots,b^n\}, u \in \{1,2,3,\cdots,p\}$。

基于以上假设条件对本节所研究的问题建立如下数学模型(胡中奇, 2020)。

本节所研究问题的数学模型的目标函数分为三个部分, 其中, 式(4-57)表示所有停靠在期望停靠港口的船舶在港区时间的总和;式(4-58)表示所有转港停靠的船舶在港区时间的总和;式(4-59)表示船舶转港作业后在航运公司、期望停靠港口以及实际停靠港口三者之间产生的费用总和。最终所求的是三部分的加权和最小值。

$$\text{part1} = \sum_{s=1}^{S} \sum_{n=1}^{N} \sum_{i=1}^{b^n} \sum_{u=1}^{p} \left(t_{s,n,i,u}^{\text{wait}} + t_{s,n,i}^{\text{work}} \right) x_{n,i,u}^s \tag{4-57}$$

$$\text{part2} = \sum_{s=1}^{S} \sum_{\substack{m=1 \\ m \neq n}}^{N} \sum_{i=1}^{b^n} \sum_{u=1}^{p} \left(t_{s,n,i,u}^{\text{wait}} + t_{s,n,m}^{\text{transfer}} + t_{s,n,i}^{\text{work}} \right) z_{m,i,u}^s \tag{4-58}$$

$$\text{part3} = \sum_{s=1}^{S} \sum_{\substack{m=1 \\ m \neq n}}^{N} \sum_{i=1}^{b^n} \sum_{u=1}^{p} z_{m,i,u}^s \left[(d_s^l + d_s^u)(w^{n_s} - w^m + d_s^l I_{n_s,m} c) \right] \tag{4-59}$$

目标函数为

$$F = \min \left[\alpha\gamma \left(\text{part1} + \text{part2} \right) + \beta \text{part3} \right] \tag{4-60}$$

约束条件为

$$\sum_{n_s=1}^{N} \sum_{i=1}^{b^{n_s}} \sum_{u=1}^{p} x_{n_s,i,u}^s + \sum_{\substack{m=1 \\ m \neq n_s}}^{N} \sum_{i=1}^{b^m} \sum_{u=1}^{p} z_{m,i,u}^s = 1, \quad s \in \{1,2,3,\cdots,S\} \tag{4-61}$$

$$\sum_{s=1}^{S} x_{n,i,u}^s + \sum_{s=1}^{S} z_{n,i,u}^s \leqslant 1, \quad n \in \{1,2,3,\cdots,N\}, i \in \{1,2,3,\cdots,b_n\}, u \in \{1,2,3,\cdots,p\} \tag{4-62}$$

$$\sum_{s=1}^{S} x_{n,i,u}^s + \sum_{s=1}^{S} z_{n,i,u}^s \geqslant \sum_{s=1}^{S} x_{n,i,u+1}^s + \sum_{s=1}^{S} z_{n,i,u+1}^s,$$
$$n \in \{1,2,3,\cdots,N\}, i \in \{1,2,3,\cdots,b_n\}, u \in \{1,2,3,\cdots,p\} \tag{4-63}$$

$$t_{s,n,i,u}^{\text{wait}} = 0, \quad n \in \{1,2,3,\cdots,N\}, i \in \{1,2,3,\cdots,b_n\}, u = 1 \tag{4-64}$$

$$t_{k,n,i,u}^{\text{wait}} = \sum_{s=1}^{S} x_{n,i,u-1}^{s} \left(t_s^{\text{arrive}} + t_{s,n,i,u-1}^{\text{wait}} + t_{s,n,i}^{\text{work}} \right) + \sum_{s=1}^{S} z_{n,i,u-1}^{s} \left(t_s^{\text{arrive}} + t_{s,n,i,u-1}^{\text{wait}} + t_{s,n_s,n}^{\text{transfer}} + t_{s,n,i}^{\text{work}} \right),$$

$$n, n_s \in \{1,2,3,\cdots,N\}, i \in \{1,2,3,\cdots,b_n\}, u \in \{1,2,3,\cdots,p\}, k \in \{1,2,3,\cdots,S\} \tag{4-65}$$

$$x_{n,i,u}^{s} = 0, \quad s \in \{1,2,3,\cdots,S\}, n \in \{1,2,3,\cdots,N\}, n \neq n_s, i \in \{1,2,3,\cdots,b_n\}, u \in \{1,2,3,\cdots,p\} \tag{4-66}$$

$$x_{n,i,u}^{s} \in \{0,1\}, \quad s \in \{1,2,3,\cdots,S\}, n \in \{1,2,3,\cdots,N\}, i \in \{1,2,3,\cdots,b_n\}, u \in \{1,2,3,\cdots,p\} \tag{4-67}$$

$$z_{m,i,u}^{s} \in \{0,1\}, \quad s \in \{1,2,3,\cdots,S\}, m \in \{1,2,3,\cdots,N\}$$
$$m \neq n_s, i \in \{1,2,3,\cdots,b_n\}, u \in \{1,2,3,\cdots,p\} \tag{4-68}$$

$$\alpha + \beta = 1, \quad \alpha \in (0,1), \beta \in (0,1) \tag{4-69}$$

式(4-60)为泊位调度模型的目标函数,表示最小化船舶的时间成本和转港作业综合成本;

约束(4-61)规定了所有到达港口区的船舶都会在其中的某一个港口停靠,而且只停靠一次;

约束(4-62)限制了港口的某一特定泊位上只为一条船舶提供服务;

约束(4-63)规定了同一个泊位上服务船舶的先后顺序,即只有前一艘船舶离开后才能安排下一艘船舶靠泊;

约束(4-64)表示泊位上第一个被服务的船舶等待靠泊时间为 0;

约束(4-65)表示泊位上第二个及以后的靠泊等待时间;

约束(4-66)是对决策变量的取值进行了更具体的约束:船舶 s 转港后, $x_{n,i,u}^{s}$ =0, 否则, $z_{n,i,u}^{s}$ =1;

约束(4-67)和(4-68)对决策变量的取值进行了规定, 即当船舶停靠在其期望停靠港口时, $x_{n,i,u}^{s}$ =1, 否则, $z_{n,i,u}^{s}$ =0;

约束(4-69)表示对模型中的成本权重系数和港口牺牲权重系数取值的约束。

4.5.3　基于准入准则的禁忌搜索算法设计

泊位分配问题已被证明为 NP 难问题范畴(邰世文等, 2022), 设置算例的规模与寻求最优解的运算复杂程度会呈现出爆炸式增长。对求解此类问题的算法研究逐渐成为焦点。一些智能优化算法因其独特的优点和运算机制, 成为大规模优化问题求解的有效算法, 例如, 基于生物遗传变异的进化机制以及适者生存理论的遗传算法;模拟人体免疫系统中淋巴细胞对病毒作用的机制而产生的免疫算法;

模仿蚂蚁觅食时寻径特点的蚁群算法；基于物理学中固体物质的退火过程与组合优化问题之间的共同点而产生的模拟退火算法；模拟鸟群或者鱼群在寻找食物时的迁徙和群聚行为的粒子群优化算法；模拟人类大脑记忆思维的禁忌搜索算法等。本节采用了基于初始解准入准则的禁忌搜索算法，准入准则的引入意在提高算法的搜索效率，节约运算时间，保证算法的收敛性并求出最优泊位调度方案。

　　基于准入准则的禁忌搜索算法流程图如图 4-15 所示。禁忌搜索算法是以随机生成的可行解为算法的运算起点，将该可行解更新为目前最优状态来计算适配值。设计相应的操作算子产生新解集合，计算解集合中所有解的适配值并逐一进行比较，根据需要挑选合适的新解作为候选对象，通过判断候选对象与当前最优解的优劣来更新当前状态。通过预先设定的迭代次数不断迭代并最终输出优化结果。

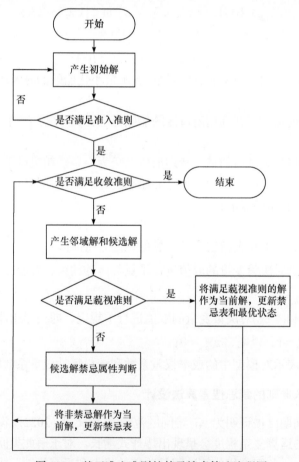

图 4-15　基于准入准则的禁忌搜索算法流程图

其算法步骤如下。

步骤 1　设置禁忌搜索算法的基本参数,产生初始解。

步骤 2　判断是否满足准入准则,若满足,则判断终止条件;否则,重新生成初始解。

步骤 3　判断是否满足收敛准则,若满足,则输出结果,结束运算;否则,转步骤 4。

步骤 4　产生邻域解,确定候选解。

步骤 5　将候选解与禁区保留的元素进行对比,判断是否重复,若重复,则替换当前解,更新禁忌表,转步骤 7;否则,继续运算。

步骤 6　判断候选解禁忌属性,更新禁忌表。

步骤 7　判断是否满足收敛准则,若满足,则输出结果,结束运算;否则,转步骤 4。

下面具体介绍该算法的设计。

1. 解的编码表达

解的编码是指优化问题中的解在算法中的表现形式。将求解模型中的一个解变换成算法可读取并进行一系列操作的字符的规则便是解的编码。伴随着智能优化算法的发展,也衍生出各种独具特色的编码规则。目前,常见的编码方式有二进制编码、浮点数编码、十进制编码、实数编码以及多参数交叉编码等。每种编码方式都有其优缺点,选择解的编码方式应该考虑具体优化问题的特点。实数编码相比于其他编码方式,在转码时更加便捷、快速,本节根据所研究问题的解的特点采用了以 0 为分隔符的实数编码方式,每一个非零实数点在解中代表对应的船舶序号,0 作为分隔符表示船舶的停靠泊位。采用这种以 0 为分隔符的实数编码方式能够使算法在运算时更高效、搜索更快速,解的可读性也更强。在一个港口内有 4 个泊位,8 艘船舶等待分配泊位的例子中,可以根据随机产生的一个解进行编码。1、2、3、4、5、6、7、8 这八个实数表示船舶的编号,以 0 隔开的四组数依次表示 1~4 号泊位上停靠的船舶,同时也代表着船舶的靠泊次序。解的编码和解码如图 4-16 所示,编码可解读为 1、2、5 号船舶停靠在港口的 1 号泊位

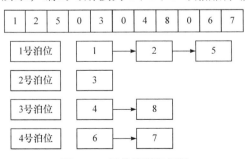

图 4-16　解的编码和解码

中，且服务顺序为 1→2→5；2 号泊位上只停靠 3 号船舶；3 号泊位上停靠的船舶为 4 号、8 号，在泊位上的服务顺序为 4→8；4 号泊位上停靠的船舶为 6 号和 7 号，服务顺序为 6→7。

2. 适配值函数的确定

评价算法产生的邻域解优劣的指标是该解对应的适配值，在算法运算流程的一次迭代过程中，当前最优解是否更新的决定因素之一便是通过适配值函数计算的适配值。适配值函数可以是优化问题模型中的目标函数，也可以是目标函数的一种变形。当算法所求解问题的目标函数计算比较复杂且计算难度较大时，直接采取将目标函数作为适配值函数的方法会导致算法的计算耗时更长，因此可以通过对比较复杂的目标函数进行改进来降低整个算法的计算难度，缩短计算时间，从而使算法运行更加高效。一般对适配值函数的变形是通过选取对优化结果产生较大影响的分量来计算适配值的，而所选取分量计算出来的适配值的优劣也必须与目标值的优劣保持一致。根据研究的具体问题选择合适的适配值可以有效提高算法效率，便于迭代过程中的进一步搜索。本节研究的港口群泊位分配问题的目标函数相对简单，计算复杂程度较小，直接采用目标函数作为适配值函数，适配值与目标值的统一可以更方便地读取对应的解。

3. 初始解

禁忌搜索算法是从一个初始解开始，先对初始解进行操作，产生邻域解，接着进行寻优搜索，是一种基于邻域搜索的算法。因此，作为算法运行起点的初始状态，其对应解的优劣会使算法的收敛时间产生较大波动，尤其是在求解比较复杂且约束条件较多的优化问题时，初始解质量较差往往会导致算法进行多次迭代搜索依然找不到一个可行解。因此，可以根据所研究的实际模型制定相应的策略，以提高算法初始解的质量。本节研究的是泊位分配问题，问题的一个解即代表一个泊位分配计划，由于本节研究问题的最终目标是以最小的成本对到达港口群的多艘船舶在有限的泊位上进行分配，一个合理的泊位分配策略一定要满足让所有船舶都有停靠的泊位以及所有的泊位都被充分利用这两点。而初始解的随机性往往会出现某一个泊位船舶排队较长而另一个泊位出现空闲的情况，这样的解显然是不合理的，为了防止此类不合理解作为初始解进入算法流程，采用准入准则对初始解进行筛选，使较好的可行解作为算法的初始解进行搜索，提高算法的搜索效率。具体来说，在产生初始解后对其进行评判，若解中出现空闲泊位，则判定为不合理的解，这样的解没有资格成为初始解进入算法的后续运算中，反之，则为合理的解，可以作为算法的初始解进行后续运算。以 4 个泊位 8 艘船舶为例，初始解筛选如图 4-17 所示，图中为随机产生的两个解，其中左侧的初始解 1 即为不合理的解，因为第二个泊位空闲，第一个泊位则有较多船舶排队，初始解 1 被淘汰，右侧的初始解 2 则为合理的解，满足准入准则，可作为初始解进入后续算法流程。

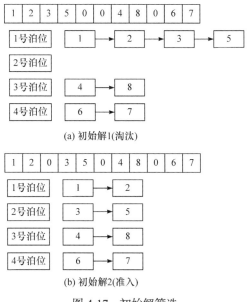

(a) 初始解1(淘汰)

(b) 初始解2(准入)

图 4-17 初始解筛选

4. 邻域搜索

依靠邻域移动从初始解生成新解，在禁忌搜索算法中应用较为广泛的邻域移动有交换、插值和序列逆转。本节采用基于一定概率 P_l 进行插值和互换两种操作方式相结合的邻域解生成方法，多种移动方式结合使用可以保证邻域解的搜索方向多元化。插值操作是指在解的编码中随机选取一个因素重新插入到另一个位置的操作方式，如图 4-18 所示，在原解中随机选中停靠在 1 号泊位第三个被服务的 5 号船，然后随机生成一个新的停靠位置，排在 3 号船之后，因此新的解中 5 号船由原先的位置转移到 2 号泊位上，并且排在 3 号船之后被第二个服务。

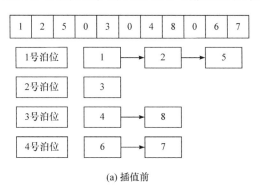

(a) 插值前

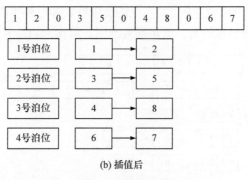

(b) 插值后

图 4-18　插值操作

互换操作是指在解的编码中随机选取两个元素交换彼此位置的方式，如图 4-19 所示，随机选择两艘船(5 号和 8 号)，互换彼此的位置，新解中 5 号船停靠在 3 号泊位上并被第二个服务，8 号船则停靠在 1 号泊位上并被第三个服务。

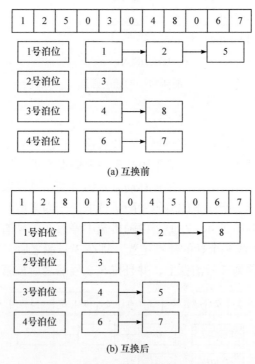

(a) 互换前

(b) 互换后

图 4-19　互换操作

5. 运行参数设置

禁忌搜索算法运行还涉及其他一些流程控制参数，主要包括每次迭代的邻域解数量、禁忌长度、禁区保留元素以及终止条件等。

(1) 邻域解数量需要根据所研究问题的规模来确定，邻域解数量太少会导致在迭代运算中无法找到更好的新解，使得算法的结果收敛过早；相反，邻域解数量太多会造成计算量过大，从而降低算法效率。因此，根据问题规模确定一个合理的邻域解数量对提高算法效率有很大影响。

(2) 禁忌长度(又称为禁区范围)是指禁区中的保留元素在未达到特赦规定前提下与禁区边界的最远距离，保留元素与禁区中心的距离会随着算法运行次数的增加逐次减小，只有当禁区内元素到达禁区边界时才会对保留元素进行去留判别。禁忌长度的大小影响着算法的运算量和运行时间，可以根据求解需求进行选择，既可以设置成一个常数，也可以表示为随迭代次数等的变化而变化的量。

(3) 禁区保留元素(也称为禁忌对象)是指禁忌表中保留的元素，禁区保留元素的选择可以是某一状态本身，也可以是其中的一个分量，即保留元素可以是某一个解，也可以是对应的适配值。

(4) 禁忌搜索算法常用的终止条件有设定最大迭代次数、设置某一对象的最大禁忌频率、设定适配值的偏离阈值等。其中，当采用设定适配值的偏离阈值方法时，需要预先估计问题的界限，当算法中的最佳状态与该界限的差值小于规定阈值时，终止算法。

4.5.4　算例分析

本节通过设置不同规模的数值算例对模型进行求解，探讨多港多泊位联合调度模型的一些性质。首先对本节提出的多港多泊位联合调度问题中转港策略的可行性进行验证，设置不同到达船舶数量的算例，通过比较有转港策略和无转港策略两种模式下的总成本大小来验证转港作业的可行性。在确定转港策略的可行性之后，在某仿真软件中分别使用基于准入准则的禁忌搜索算法和调用 CPLEX 求解器对不同规模的算例进行求解，以两者的求解精度和求解时间为比较证明算法的有效性。接着对模型中所涉及的一些参数进行灵敏度分析，研究参数变化对最终泊位调度方案的影响。最后根据算例实验的结果来分析模型的性质。

1. 转港策略可行性验证

本节设置了不同到达船舶数量的算例实验，并分别对有转港策略下的多港多泊位联合调度和无转港策略下的各港口船舶先到先服务两种不同的靠泊方式计算总成本，通过对比分析两种靠泊模式下的总成本来验证本节所研究的多港多泊位联合调度模型的可行性。本节设置了 11 组到达船舶数量不同的算例，到达船舶数量从 10 艘增加至 30 艘，每组算例船舶数量增量为 2，港口数量为 2，港口的泊位数均为 5，每个泊位配置 2 个岸桥，岸桥完成单个集装箱作业的时间是 15min，两个港口之间的距离为 56km，1 号港口和 2 号港口的单箱作业利润分别为 257 元和

332 元。船舶在港口之间航行的速度为 45km/h，单位距离单个集装箱转运费用为 15 元，船舶单位时间成本为 8500 元。1 号港口的期望停靠船舶数量从 7 艘增加至 17 艘，2 号港口的期望停靠船舶数量从 3 艘增加至 13 艘，每组算例每个港口的期望停靠船舶数增量各为 1 艘。各船舶的到港时间在[0,40]随机生成，按照船舶编号以及船舶的期望停靠港口进行分配。不同模式下的总成本对比如表 4-21 所示，可以看出，针对不同到达船舶数量，有转港策略下的多港多泊位联合调度模型的泊位分配方式的总成本总是小于传统靠泊模式下的总成本，故多港多泊位联合调度模型在该算例规模中是可行的。

表 4-21　不同模式下的总成本对比

船舶数量/艘	无转港策略/元	有转港策略/元	转港船舶数量/艘	差值/元	GAP/%
10	3111000	2051742	2	1059258	51.63
12	3822875	2689113	2	1133762	42.16
14	4611250	3351983	2	1259267	37.57
16	5503750	4015042	3	1488708	37.08
18	6576875	4669979	3	1906896	40.83
20	7769000	5399671	2	2369329	43.88
22	8833625	6333479	2	2500146	39.48
24	10017250	7350163	2	2667087	36.29
26	11322000	8288787	2	3033213	36.59
28	12815875	9252912	2	3562963	38.51
30	14165250	10150521	4	4014729	39.55

注：GAP 指差值/有转港策略。

2. 算法性能分析

本节求解多港多泊位联合调度优化问题的算法是通过某仿真软件编程实现的，而对应数学模型的求解则是通过某仿真软件调用 CPLEX 求解器来完成的。两种求解方法都是在配置为 4G 随机存取存储器和主频 2.20 四核 CPU 的计算机上运行的。本节构造 16 组不同规模大小的算例来测试算法的性能，每一组算例都通过基于准入准则的禁忌搜索算法和 CPLEX 求解器进行求解，CPLEX 求解器的最大运行时间设置为 3600s。在本节所研究的问题中最能表征问题规模的三个参数分别为到港船舶数量、港口数量以及每个港口的泊位数，因此在构造算例时通过改变上述三个参数的大小来获得不同规模的算例。每一组算例中船舶的到港时间都按照泊松分布随机产生，所有船舶的装箱量均为 150TEU，卸箱量均为 100TEU，模型目标函数中的两个权重系数取值随机产生，α 取值为 0.75，β 取值为 0.25。基于以上描述构建了以下多港多泊位联合调度实验数据并进行求解，禁忌搜索算法与 CPLEX 求解器的运算结果对比如表 4-22 所示，其中 CPLEX 求解器目标值列中"—"表示由于问题规模太大而无法在有效时间内找到最优解。

表 4-22 禁忌搜索算法与 CPLEX 求解器运算结果对比

算例规模				CPLEX		禁忌搜索算法		GAP/%
算例规模	船舶数量/艘	港口数量	泊位数量	目标值	运行时间/s	目标值	运行时间/s	
1-1	5	2	2-1	1330781	1.307	1330781	1.820	0.00
1-2	5	2	2-2	1169813	1.385	1169813	2.542	0.00
2-1	7	2	2-1	2326875	7.289	2326875	2.230	0.00
2-2	7	2	2-2	1934812	5.359	1934812	2.711	0.00
3-1	9	2	2-1	3472933	1400.381	3464999	3.279	0.23
3-2	9	2	2-2	2867156	272.430	2867156	2.997	0.00
4-1	10	2	2-2	3377425	3600	3377425	3.789	0.00
4-2	10	2	4-4	2282858	3600	2282858	3.224	0.00
4-3	10	3	5-4-2	2146906	2841.455	2026954	3.229	5.92
5-1	15	2	5-5	—	—	1248667	1.697	—
5-2	15	2	6-4	—	—	4341505	5.199	—
5-3	15	3	5-4-2	—	—	1242291	4.678	—
6-1	20	2	8-8	—	—	4431538	19.823	—
6-2	20	2	10-6	—	—	4399054	17.406	—
6-3	20	3	5-5-5	—	—	4584473	21.069	—
6-4	20	3	7-5-3	—	—	4588956	18.265	—

如表 4-22 所示，在到港船舶数量为 5 艘和 7 艘、港口数量为 2 个的四组规模较小的算例求解中，改进的禁忌搜索算法和 CPLEX 求解器都能够在 10s 内计算出相同的结果，而在船舶数量为 9 艘和 10 艘、港口数量增加到 3 个时的中等规模算例中，改进的禁忌搜索算法的求解速度明显高于 CPLEX 求解器，而且在 3-1 和 4-3 两组算例中，算法的求解质量也高于 CPLEX 求解器的求解质量。当船舶数量增加到 15 艘和 20 艘时，由于算例规模较大，CPLEX 求解器已经无法得到最优解，而改进的禁忌搜索算法依然能够在 20s 内获得较好的结果。因此，可以证明所设计的基于准入准则的禁忌搜索算法能够更加有效地求解所研究的多港多泊位联合调度模型。

3. 灵敏度分析

由多港多泊位联合调度模型可知，影响该模式下泊位调度方式的主要因素包括港口内船舶到达时间密度、时间成本和转港成本之间的权重系数、船舶的装卸箱量变化等。因此，本节将从以上三个影响因素入手，通过具体数值算例分析以上因素对该模式下泊位调度方案的影响。

1) 船舶到达时间密度

本节为探讨船舶到达时间密度对泊位调度方案的影响，以 4.5.4 节设置的 11 组到达船舶数量不同的算例为比较对象，将算例中的船舶到达时间密度分布在[0,40]随机生成属于小密度，在[0,15]随机生成属于大密度，其余参数如港口数量、每个港口泊位配置数、岸桥工作效率、港口间距离、港口单箱作业利润、船舶在两港之间的航速、单位距离单个集装箱运费以及船舶单位时间成本均与 4.5.4 节保持一致。在不同的船舶到达时间密度算例运算结果中，船舶到达时间密度和船舶数量变化对应的转港船舶数量变化情况对比如图 4-20 所示。随着船舶数量递增，船舶到达时间密度较大的一组算例运行结果中的转港作业船舶数量总是大于或者等于船舶到达时间密度较小的一组，而船舶到达时间密度大的一组算例的目标函数值随着船舶数量的增加，逐渐大于船舶到达时间密度小的算例的目标函数值。

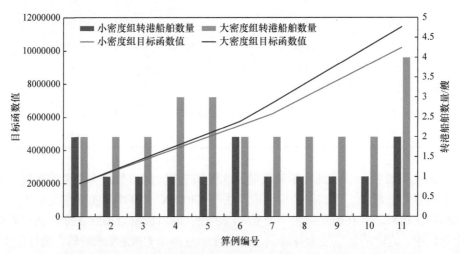

图 4-20　船舶到达时间密度和船舶数量变化对应的转港船舶数量变化情况对比

2) 权重系数

本节通过在模型目标函数中设置权重系数来控制时间成本和转港费用在模型中的占比。本节将权重系数作为变量来分析权重系数对船舶靠泊方案的影响，选择的算例规模为 15 艘船舶，两个港口编号为 1 号港和 2 号港，每个港口的可用泊位数均为 5。船舶参数基本信息如表 4-23 所示。

表 4-23　船舶参数基本信息

船舶编号	1	2	3	4	5	6	7	8	9	10	11	12	13	14	15
到达时间/h	0	0	4	1	2	6	3	8	11	8	11	16	10	16	21
期望停靠港口	1	1	1	1	1	1	1	1	1	2	2	2	2	2	2
装箱量/TEU							150								
卸箱量/TEU							100								

在 4.5.2 节模型构建时规定了权重系数 α 和 β 之间的关系及取值范围,即 α、$\beta\in(0,1)$,且 $\alpha+\beta=1$。因此,α 与 β 之间是一一对应的关系。以 α 的变化为参考,从 0.05 开始,以 0.05 的固定值增加到 0.95。通过算法计算得出如表 4-24 所示的到港船舶泊位分配方案,图 4-21 为转港船舶数量随权重系数变化趋势。

表 4-24　到港船舶泊位分配方案

停靠船舶泊位号		1 号港					2 号港				
		1	2	3	4	5	1	2	3	4	5
	0.05	2,9	7	5,3	2,8	1,6	10,15	13	11	12	14
	0.10	4,6	1,3	7	5,9	2,8	14	11	12	13	10,15
	0.15	2,9	1,8	5,3	7	4,6	11	13	10,15	14	12
	0.20	2,9	1,6	7	5,8	4,3	13	10,15	14	12	11
	0.25	7	5,8	1,6	2,9	4,3	11	14	12	13	10,15
	0.30	7	1,6	2,8	5,3	4,9	13	11	10,15	12	14
	0.35	4,3	7	2,9	1,6	5,8	11	12	13	10,15	14
	0.40	4,8	1,3	7	2,9	5,6	13	11	12	14	10,15
	0.45	5,6	7	3	4,8	2,9	10,15	11	1,12	14	13
α	0.50	4,9	7	5,6	3	1,8	10,14	11	13	12	2,15
	0.55	6	7	3	5,8	2,9	4,15	13	1,12	10,14	11
	0.60	5,8	3	4,9	6	7	2,12	13	1,14	11	10,15
	0.65	7	2,9	6	4,8	3	1,12	5,14	10,15	11	13
	0.70	4,8	3	6	7	1,9	11	5,14	10,15	13	2,12
	0.75	1,8	3	6	7	2,9	5,14	11	13	10,12	4,15
	0.80	2,14	4,8	3	6	1,9	5,12	13	10	11	7,15
	0.85	5,14	4,9	7	6	1,8	10	2,15	13	11	3,12
	0.90	3	2,15	7,8	5,9	4,12	6	1,14	11	10	13
	0.95	1,9	8	6	3	4,14	7,11	5,15	13	10	2,12

可以看出，泊位分配方案会随着权重系数的改变而产生变动。权重系数的每一次变动都会产生新的泊位调度方案。如图 4-21 所示，当权重系数 α 在区间 [0.05,0.45]递增时，没有船舶进行转港作业；当权重系数 α 在区间[0.45,0.95]时，转港船舶数量随着权重系数的增加呈现出递增的趋势。

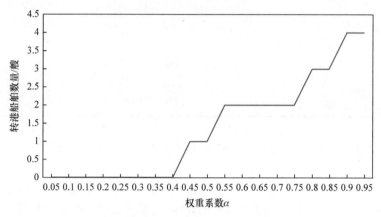

图 4-21　转港船舶数量随权重系数变化趋势

3) 装卸箱量变化

在实际的港口运营过程中，每艘到港船舶在停靠港口进行集装箱装卸的货运量是不一样的，本节设置了三组数值算例来探讨集装箱量的变化对到港船舶泊位分配方案的影响。算例规模选择 15 艘船舶，2 个港口，其中每个港口的泊位配置数量均为 5，权重系数设置为固定值 $\alpha = 0.75$，$\beta = 0.25$。船舶与港口的相关信息参数与 4.5.4 节中的算例保持一致。

首先，针对到港船舶的装箱量与卸箱量相同的情况，使装卸箱量从 50 箱递增到 500 箱，每次增量为 50 箱，运算得到转港船舶数量随装卸箱量变化趋势，如图 4-22 所示。由图可知，随着到港船舶的装卸箱量递增，进行转港作业的船舶数量逐渐减少，在此规模的算例中，当船舶的装卸箱量都增加到 400 箱时，将不再有船舶进行转港作业。

其次，针对到港船舶的卸箱量均为 500 保持不变的情况，使装箱量从 50 箱增加至 450 箱，每次增量为 50 箱，其他参数保持一致。计算发现，转港船舶数始终为 0，即在此规模的 10 组算例中，当到港船舶的卸箱量保持在 500 箱不变时，转港船舶数量不会随着装箱量的增加而发生变化，即装箱量在[50,450]时没有船舶进行转港作业。

最后，针对到港船舶的装箱量均为 500 箱保持不变的情况，使卸箱量从 50 箱增加到 450 箱，每次增量为 50 箱，其他参数保持不变，计算得到 10 组算例的转

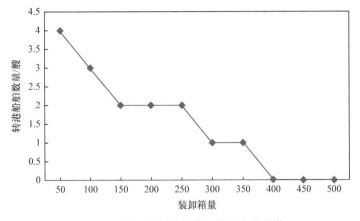

图 4-22 转港船舶数随装卸箱量变化趋势

港船舶数量随卸箱量变化趋势，如图 4-23 所示。由图可知，在该规模下设置的 10 组算例中，当到港船舶的装箱量保持在 500 箱不变时，转港船舶数量随着船舶卸箱量的增加逐渐减少，当卸箱量增加到 400 箱时，便不再有船舶进行转港作业。

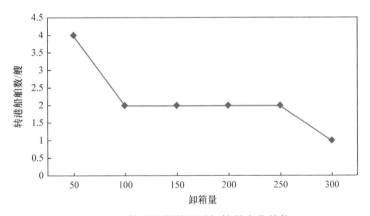

图 4-23 转港船舶数量随卸箱量变化趋势

4.5.5 本节小结

本节关于集装箱港口泊位联合调度的研究最终目的是寻求一些能够提高集装箱港口资源利用率以及船舶通过效率的解决措施。随着全球货物流通量日益增加，港口的集装箱集散量也在快速增长，但同时我国沿海大港，甚至国外一些主要港口都面临集装箱业务量增大导致港口作业压力过大的问题，船舶停靠集中也导致了"大港吃不下，小港吃不饱"的情况。近年来，港口拥堵现象时常发生，港口拥堵不仅会使港口超负荷作业，还会给航运公司和货主带来较高的经济损失，而且一个港口的拥堵情况甚至会蔓延至周边港口。2017 年，上海港就发生过一次持续时间较长的港口拥堵，港口拥堵的情况甚至蔓延到青岛港，造成了较大的经济损失。造成港口拥堵的原因有很多，如短期内停靠船舶数量的激增、天气原因、港口基础设施建设不足、港口作业管理不合理、航运公司舱位超配以及政治因素等。目前，各个港口应对港口拥堵的措施主要从提高港口基础设备自动化程度、组建高效的多式联运以及促进区域内港口群协调合作发展三个方面入手，本节正是以区域内港口群泊位资源运营共享为基础，研究了多港多泊位联合调度问题。通过所设计的基于准入准则的禁忌搜索算法，对不同组别和规模的数值算例进行求解，探讨了模型中一些参数的变化对多港多泊位联合调度优化模型船舶泊位分配方案的影响。

(1) 在实际情况中，航运也存在淡季和旺季，一般来说每年的 6~8 月为我国航运淡季，而每年年底到次年的 4 月为航运旺季，因此本节探讨了船舶到达时间密度对泊位分配的影响。算例实验结果表明，在到达船舶数量相同的情况下，船舶到达时间间隔小的一组算例中进行转港作业的船舶数量总是大于或者等于到达时间间隔较大的算例，这是因为当船舶的到达时间间隔较小时，就会导致总体的等待靠泊时间增加，船舶在港区内的时间成本也会随之增加。面对这种情况，盲目加大投资对港口基础设施进行扩建必定会导致资金和资源的浪费。以深圳港为例，受土地资源的限制，基础设施的扩建难度较大且成本较高，作为珠三角港口群的主要大港，其进出港船舶数量较大，可考虑帮助周边的东莞港以及惠州港进行基础设施建设，与东莞港和惠州港共享泊位资源，在实际作业中，当航运旺季到来，船舶到达时间密度较大时，为保证船舶能够及时靠泊进行集装箱装卸作业，可以采取本节的港口泊位联合调度模式对船舶进行泊位分配，采取部分船舶转港作业的策略来减小港口的作业压力，保证船舶在港区内及时靠泊尽快离港，减少航运公司的时间成本，降低班轮运输船舶到下一目的港船期延误的风险。

(2) 由于目前海洋集装箱运输大部分采用的是班轮运输方式，航运公司都是按照原先既定的航线根据固定的航期停靠在计划内的港口。在实际情况中，船舶在航行过程中跨地域较广，受到天气、停靠港口的时间延误等的影响，导致整个班轮运输航线上的时间成本大幅增加。2017 年，上海港口拥堵问题产生的原因之一为恶劣的天气，2017 年 4 月初上海港附近区域出现连续多天的大雾，集装箱船舶无法及时进港作业，只能在停泊区等待，导致船期延误，最长延误时间甚至达到了一周，这进一步影响了上海港的集装箱作业效率，同时使等待靠泊船舶增加了额外的时间成本，货主因不能按时提到货物而产生经济损失。因此，本节通过设置不同组别的算例对目标函数中的船舶时间成本权重系数 α 和转港作业费用权重系数 β 进行了灵敏度分析，探讨了两个权重系数变化对最终泊位调度方案的影响。19 组算例实验的结果表明，当模型目标函数中的时间成本权重系数 α 逐渐增大，转港作业费用权重系数 β 逐渐减小时，采取转港靠泊作业的频率也会相应上升；反之，转港船舶数量减少。由此可知，当船舶因天气或一些其他因素导致无法在短时间内停靠在其期望停靠港口时，选择在邻近靠泊条件较好的港口进行停靠会使总成本减少，从而降低对班轮运输后期停靠计划的影响。以珠三角地区为例，珠三角地区港口分布较多，采用港口泊位资源共享模式，使等待靠泊时间较长的船舶采取转港作业的方法可以有效缓解港口拥堵，降低靠泊成本。

(3) 本节还探讨了船舶集装箱作业量的变化对模型最终船舶靠泊方案的影响，设置了三类情景的数值算例，第一类为每艘船的装箱量和卸箱量相等，在此基础上逐渐增加装卸箱量；第二类为每艘船的卸箱量保持不变，只在每组算例中增加装箱量；第三类则保持每艘船的装箱量固定，每组算例中的卸箱量逐渐增加。三组算例的实验结果表明，在船舶的集装箱装卸量都增加时，进行转港作业的船舶数量随之下降；当船舶的卸箱量保持不变，只增加装箱量时，转港船舶数量不变；而当船舶的装箱量保持不变，只增加卸箱量时，转港船舶数量会随着卸箱量的增加而减少。目前，我国集装箱货物运输总量中出口量比例要大于进口量，班轮公司为了在市场竞争中取得货源优势采取舱位超配的方式来获取更多的集装箱货物，舱位超配一般大于 50%，但实际上有些班轮运输公司的集装箱舱位超配率甚至达到 100%。但是舱位超配会导致大量出口集装箱在港口积压，降低港口集装箱作业的效率，船舶等待装箱时间较长，进而造成港口拥堵。因此，结合本节对集装箱装载量的灵敏度分析可知，在实际集装箱港口作业中，要充分考虑集装箱装卸总量、集装箱装箱量和卸载量之间的比例来指导船舶的靠泊计划。集装箱装卸作业量相比于其他到达船舶较大的到港船舶尽量停靠在其期望停靠港口进行作业，因为当船舶集装箱装卸作业量较大时，对应的作业时间也会较长，转港费用也会更多，所以对于同一时间周期内到达港口的船舶，应该选择集装箱作业量相对较小的船舶进行转港作业，而装卸量较大的船舶应该尽量在其期望停靠港口进行靠泊。若该时间段内到达船舶的集装箱作业量无太大差异，则应该具体分析每艘船舶的装箱量和卸箱量，从算例实验结果可以看出，当等待上船的集装箱量占比较小时，采取转港作业更加合适，因为对应的集装箱转运费用较少，而且能降低船舶的时间成本。

4.6　考虑船舶排放的港口群泊位-岸桥资源协同运营优化

岸桥(quay crane)是位于码头前沿的重要装卸设备，为到港船舶提供集装箱装卸服务，洋山自动化码头岸桥作业过程如图 4-24 所示。装载作业时将集卡上的集装箱吊装至船舶指定配载位置，卸载作业时岸桥将船上的集装箱吊装至等候在泊位前的集卡上。岸桥是集装箱码头的核心作业资源之一，是连接泊位和堆场的纽带，良好的岸桥调度计划不仅能减少岸桥的闲置时间和作业时间，提高岸桥的利用效率，而且能促进泊位利用率和堆场作业效率的提高。岸桥在集装箱码头的装卸作业中发挥着举足轻重的作用，是码头前沿的核心设备之一(郭春升，2022)。随着技术的革新，岸桥经历了六代的发展，各代岸桥参数对照表如表 4-25[①]所示，国内外大型集装箱港口使用的最先进的岸桥已经发展到第六代，装卸效率达到 80～100TEU/h。

图 4-24　洋山自动化码头岸桥作业过程

表 4-25　各代岸桥参数对照表[①]

划分等级	服务船型/TEU	起重能力/t	起升速度/(m/min)	小车速度/(m/min)	起吊高度/m	外伸距/m	装卸效率/(TEU/h)
第一代	600	25	22	120	22	28	20
第二代	1500	30.5	25	150	25	35	25
第三代	3500	30.5～40.5	30	180	30	38	30
第四代	4850	40.5～50	35	210	35	38	30
第五代	7400	50～61	40	240	40	52～61	60
第六代	8400	61	45	300	45	65～73	80～100

　　关于岸桥调度的研究主要可分为岸桥分配问题和岸桥调度问题。岸桥分配问题类似于指派问题，是根据已有的靠泊计划，为靠泊的船舶分配合理的岸桥，在满足船舶装卸要求的同时，最小化岸桥的启动次数、水平移动时间以及作业时间，最大限度地减少岸桥生产率的损失，降低码头的作业成本。根据装卸过程中为船舶服务的岸桥数目是否发生改变，岸桥分配问题可以分为岸桥静态作业和岸桥动态作业两种类型。岸桥静态作业是指对同一艘船舶作业的岸桥，作业同时开始、同时结束，中途不可以将岸桥再调度给其他船舶。而岸桥动态作业恰好相反，已

---

① 刘云辉. 考虑船舶排放的双港泊位与岸桥调度协同优化[D]. 大连: 大连海事大学, 2017.

经作业的岸桥可以随时调度给其他船舶进行装卸,这样可以提高岸桥的作业效率。但在实际岸桥调度过程中,为了在装卸过程中船舶能够受力均匀,船方不希望只有单个岸桥对船舶进行快装快卸;同时港方为了防止岸桥互相干扰,也希望尽量减少岸桥的移动。因此,现有的对岸桥调度问题的研究一般集中于静态岸桥调度问题。

由于岸桥和泊位分配过程存在耦合关系,岸桥分配问题通常与泊位分配问题进行集成研究。在泊位分配时,船舶的靠泊时间通常是未知的,往往取决于作业量、作业岸桥数量、靠泊位置等因素。靠泊时间虽然可以根据岸桥的平均生产率等参数进行估算,但若估算时间超过实际作业时间,则会浪费泊位和岸桥资源,若估算时间低于实际作业时间,则会影响后续船舶的靠泊。只有将泊位分配问题和岸桥分配问题相结合才可以克服这个问题,获得更加优质的靠泊方案,提高港口的服务质量。在岸桥分配时,泊位分配计划、可供分配的岸桥集合、每艘船舶的装卸箱量都是已知的。岸桥分配问题是基于泊位计划进行的,发生在泊位分配之后,将岸桥基于某些条件分配给集装箱货船,使其在规定的时间限度内完成装卸任务。每艘集装箱货船所分配的岸桥数量是有上限和下限的,上限一般是由集装箱货船的长度或者贝位数量决定的,下限一般是由集装箱货船装卸作业的时间限度决定的,也是集装箱班轮公司与集装箱港口公司协商一致的结果。在集装箱码头为船舶配备岸桥时,船方为了加快周转往往希望港方为其多配备岸桥,而港方为了减少固定成本的投入,购买的岸桥数量是有限的,从而引起港船双方的博弈。在实际的岸桥分配过程中,最小岸桥数量可以根据港船双方协议确定,而且为了装卸过程中保持船舶稳性,一般不采取单个岸桥作业的情况,而最大岸桥数量可以根据船舶的长度和岸桥的安全距离确定。

岸桥的调度问题是在岸桥分配过程之后进行的,是根据集装箱货船的配载计划,将集装箱货船的装卸任务以诸如贝位、舱位、集装箱等的任务单元分配给岸桥,通过规定岸桥对任务单元的装卸顺序,使集装箱货船的装卸任务能够在规定的时限内完成。在岸桥调度中,一般以一个任务为一个整体单元,根据任务的粒度可以将任务划分为一个贝位区域、一个完整的贝位、集装箱列、同贝位中的集装箱组以及单个集装箱。贝位区域由几个贝位的装卸任务构成;完整的贝位是指一个贝位内的装卸任务;集装箱列是指一个贝位中的一列集装箱的装卸任务;集装箱组是一个贝位中相邻的若干列集装箱,通常具有相同的目的港;单个集装箱则指需要装卸的某个集装箱。在岸桥调度时,相关的已知条件包括:某一船舶集装箱装卸任务(船舶的待装卸箱量、待装卸箱位置);可调度分配的岸桥集合;装卸任务之间的优先顺序已知,一般先卸箱后装箱。在岸桥作业时,一般一个任务只能由一个岸桥完成,岸桥未完成此项任务不能服务于其他任务。

4.6.1　考虑船舶排放的港口群泊位-岸桥资源协同运营优化问题描述

进入 21 世纪以来，船舶废气排放问题越来越引起社会的广泛关注。船舶在航行和在港等泊过程中需要燃烧重油和柴油，这些燃料油的不充分燃烧会释放大量废气，并且 70%左右的废气排放在离海岸 400km 范围内的海域，这将对沿海城市的空气质量与居民健康产生严重危害。以香港为例，2017 年，香港的 SO_2、NO_x 和 PM(颗粒物)主要来自船舶，排放贡献率分别是 54%、33%和 37%。建设绿色航运已经成为全球许多国家的重要共识。对于区域港口群，通过资源优化整合来加强在业务领域和环保领域的合作，这种联盟和合作不仅提高了区域内港口群的竞争力，也为更好地减少船舶污染提供了可能。本节以绿色经济为基础，研究港口群协同优化的泊位分配与岸桥调度问题，以期在港口合作和港航合作的条件下，港口集团通过对港口群内港口资源的系统调配，制定泊位计划和岸桥计划，同时制定船舶在港口群内港口之间航行过程中的航速计划，来减少船舶在沿海航行过程中的污染物排放和总延误时间，从而提高区域沿海城市的空气质量，促进港口群的协调发展。

船舶的最优航速可从不同角度进行定义。从技术层面，一般包括船舶最低油耗航速、最低油耗率航速以及最低碳排放航速等；从管理层面，一般包括最低营运费用航速、最低燃油费用航速以及最大盈利航速等；从经济层面，最优航速是从船舶管理的角度来平衡油耗费用、其他营运成本和营业收入的，从而使得企业利润最大化。在主机的运行过程中，主机的油耗与油耗率是两个不同的概念。主机的油耗率(即燃油的消耗量)受到排气涡轮增压器换气质量和喷油量等的影响，在不同转速情况下不是一个定值。它是随着转速的降低先减小后增加的一个抛物线，一般在 85%负荷时，油耗率达到最小。主机的油耗量随航速的降低明显减少，但是减少到一定值时主机的油耗率出现大幅增加，导致提供同样动力需要消耗更多的燃油，同时动力系统的腐蚀和磨损也会增加。因此，船舶在运营过程中并非航速越低越经济，一般有一个最小航速和最大航速。陈梦真(2023)通过拟合航速与油耗得到了不同船舶油耗与航速的 a 次方成正比，而不同船舶的 a 均与 3 十分接近。表 4-26 给出了 3000TEU 船舶航速与每天油耗的对比。可以看出，集装箱船舶的油耗对航速较为敏感，对 3000TEU 船舶来说，当航速超过 20kn 时，航速每增加 1kn，一天的油耗将增加 20t。而油耗与碳排放往往成正比，因此船舶的碳排放量也与船舶航速的 3 次方成正比，本节应用油耗的大小来近似替代碳排放量的大小。

表 4-26　3000TEU 船舶航速与每天油耗的对比

航速/kn	18.2	18.7	19	19.8	20	21.1	21.5
油耗/t	65	69	73	78	82	101	108

　　以区域内存在两港口为例,假设在计划期内,会有若干艘船舶在 A 港和 B 港靠泊,其中一部分船舶只靠泊 A 港,一部分船舶只靠泊 B 港,剩下的一部分船舶既靠泊 A 港又靠泊 B 港,即在两港口之间航行。在 A 港、B 港和航运公司三方不进行协同调度的情况下,A 港和 B 港会根据船方提供的船舶预计抵港时间和本港口有关情况,对船舶靠泊时间、靠泊位置以及安排哪些岸桥制定计划,使得港方效益最大化;而航运公司会根据港方提供的泊位计划进行航行安排,在保证自己船期的情况下,尽量使用经济航速航行。这种单方面的计划往往很难兼顾各方的利益,无法达到系统利益最大化。当 A 港和 B 港同属于一个省港口集团的两个子公司时,港口合作和港航合作成为可能。在港口合作和港航合作的背景下,港口群资源协同运营优化问题是将港航多方放在一个系统中,由省港口集团根据船舶预计抵港时间、船舶数据和港口数据对港口的泊位分配、岸桥调度以及船舶在区域各港口之间航行过程中的航速进行协同优化,使得港航三方综合效益最大化。

　　本节以两港口为例对港口群内 A 港和 B 港之间的航速、两港的泊位和岸桥协同优化问题进行研究,对于多港口的优化算法可以以此类推。其中,港口群内的两个或多个港口属于同一省港口集团。而在尽量不影响船舶正常运营的情况下,为了降低船舶在 A 港和 B 港之间航行过程中的碳排放,船舶在该段航线上的航速需要根据省港口集团制定的计划来执行,也就是将 A 港、B 港以及在 A 港和 B 港之间航行的船舶看作一个系统,进行统一调度。为了最大化港航双方的利益以及最小化船舶沿岸航行时对空气的污染,本节以最小化船舶在港延误时间和最小化船舶碳排放量(以船舶油耗为指标)为目标来系统地制定计划。考虑船舶排放的港口群泊位-岸桥协同优化示意图如图 4-25 所示。

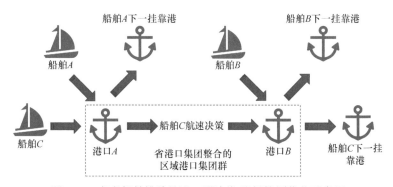

图 4-25　考虑船舶排放的港口群泊位-岸桥协同优化示意图

　　船舶在 A 港和 B 港靠泊时配备的岸桥数量应当满足一定的条件,船舶最少需配备的岸桥数量由港口与航运公司协商确定,船舶最多需配备的岸桥数量根据岸桥的安全距离和船舶的长度确定;在 A 港与 B 港之间的航行速度应当介于最小航速与最大航速之间,其中航速所指均为平均航速,而非瞬时航速。航运公司的等级各有不同，干线船一般优先于支线船靠泊，同时有的船舶为了赶船期会向港口交纳速遣费，因此港口对不同船舶的重视程度各有不同，本节考虑了船舶靠泊优先权的影响。

4.6.2　模型假设与模型构建

根据所描述的问题，本节建立了考虑船舶排放的港口群泊位与岸桥协同运营优化模型，并对于协同优化模型给出以下定义。

定义 4.1　泊位坐标轴：以泊位岸线的一个端点为坐标原点，坐标轴方向指向泊位岸线的另一个端点，所构成的一个坐标系。

定义 4.2　船舶靠泊岸线长度：船舶挂靠码头时所占用的岸线长度，包括船长和预留的安全距离。

定义 4.3　左侧和右侧：左侧是指在泊位坐标系上原点所在的方向；右侧是指在泊位坐标系上正无穷大所指的方向。

在构建模型时，做出以下假设条件：所考虑的岸线是连续的，即为连续型泊位分配。岸线上各岸桥的装卸效率相同，忽略岸桥的移动时间，且装卸作业中途不能停止。到港船舶的数量和时间已知，并排除随机因素造成的不确定性，各船能够根据船期表按时到达 A 港或 B 港，忽略船舶靠泊时从锚地起锚到泊位的航行时间，不考虑货物延误所导致的船舶滞港。在计划开始时，泊位与岸桥都未被占用。不考虑码头后方集疏运能力对码头前沿作业的影响，船舶装卸时间只与装卸箱量以及岸桥的服务效率有关。各港口的水深及码头靠泊能力均满足船舶靠泊要求。

相关参数符号如下。

(1) i, j 表示船舶编号。

(2) t 表示时间点，即时刻。

(3) T 表示计划期内时刻的集合。

(4) k 表示岸桥的编号，k_1 在 k_2 的左侧，即 $k_1 < k_2$。

(5) V^A 表示计划期内仅靠泊 A 港的船舶的集合。

(6) V^B 表示计划期内仅靠泊 B 港的船舶的集合。

(7) V^{AB} 表示计划期内先靠泊 A 港，后靠泊 B 港的船舶的集合。

(8) TV^A 表示靠泊 A 港的船舶数量。

(9) TV^B 表示靠泊 B 港的船舶数量。

(10) Q^A 表示 A 港岸桥的集合。

(11) Q^B 表示 B 港岸桥的集合。

(12) TQ^A 表示 A 港岸桥的总数量。

(13) TQ^B 表示 B 港岸桥的总数量。

(14) l_i 表示船舶 i 靠泊时所需要的岸线长度(包括船舶长度和安全距离)。

(15) L^A 表示 A 港作业岸线的总长度。

(16) L^B 表示 B 港作业岸线的总长度。

(17) h_i^A 表示船舶 i 在 A 港的作业时间，$i \in V^A \bigcup V^{AB}$。

(18) h_i^B 表示船舶 i 在 B 港的作业时间，$i \in V^A \bigcup V^{AB}$。

(19) a_i^A 表示船舶 i 预计抵达 A 港的时刻，$i \in V^A \bigcup V^{AB}$。

(20) a_i^B 表示船舶 i 预计抵达 B 港的时刻，$i \in V^A \bigcup V^{AB}$。

(21) d_i^A 表示船舶 i 预计离开 A 港的时刻，$i \in V^A \bigcup V^{AB}$。

(22) d_i^B 表示船舶 i 预计离开 B 港的时刻，$i \in V^A \bigcup V^{AB}$。

(23) $v_i^{\min}$ 表示船舶 i 的最小航速，$i \in V^{AB}$。

(24) $v_i^{\max}$ 表示船舶 i 的最大航速，$i \in V^{AB}$。

(25) $Q_i^{\min}$ 表示船舶 i 最小需配备的岸桥数量，$i \in V^A \bigcup V^B \bigcup V^{AB}$。

(26) $Q_i^{\max}$ 表示船舶 i 最大可以配备的岸桥数量，$i \in V^A \bigcup V^B \bigcup V^{AB}$。

(27) η 表示岸桥的装卸效率，单位：TEU/h。

(28) M 表示足够大的正数。

(29) cap_i^A 表示船舶 i 在 A 港的装卸箱量，$i \in V^A \bigcup V^{AB}$。

(30) cap_i^B 表示船舶 i 在 B 港的装卸箱量，$i \in V^B \bigcup V^{AB}$。

(31) H 表示 A 港与 B 港之间的航距，单位：n mile。

(32) $G_i(v)$ 表示船舶 i 在船速为 v 时，单位时间的油耗，单位：t/h。

(33) α_i^A 表示船舶 i 在 A 港的优先权系数，$i \in V^A \bigcup V^{AB}$。

(34) α_i^B 表示船舶 i 在 B 港的优先权系数，$i \in V^B \bigcup V^{AB}$。

决策变量如下：

(1) b_i^A、b_j^A 表示船舶 i 或船舶 j 在靠泊 A 港时，左端点在泊位坐标轴上的位置，$i \in V^A \bigcup V^{AB}$。

(2) b_i^B、b_j^B 表示船舶 i 或船舶 j 在靠泊 B 港时，左端点在泊位坐标轴上的位置，$i \in V^B \bigcup V^{AB}$。

(3) v_i 表示船舶 i 从 A 港驶向 B 港的航速，$i \in V^{AB}$。

(4) s_i^A 表示船舶 i 靠泊 A 港的时刻，$i \in V^A \bigcup V^{AB}$。

(5) s_i^B 表示船舶 i 靠泊 B 港的时刻，$i \in V^B \bigcup V^{AB}$。

(6) Q_i^A 表示船舶 i 在 A 港配备的岸桥数量，$i \in V^A \bigcup V^{AB}$。

(7) Q_i^B 表示船舶 i 在 B 港配备的岸桥数量，$i \in V^B \bigcup V^{AB}$。

(8) x_{itk}^A 表示在 A 港，如果船舶 i 在时刻 t 被岸桥 k 服务，则为 1；否则，为 0，$t \in T, k \in Q^A, i \in V^A \bigcup V^{AB}$。

(9) x_{itk}^B 表示在 B 港，如果船舶 i 在时刻 t 被岸桥 k 服务，则为 1；否则，为 0，$t \in T, k \in Q^B, i \in V^B \bigcup V^{AB}$。

(10) y_{ij}^A 表示在 A 港，如果船舶 i 的靠泊时刻比船舶 j 早，则为 1；否则，为 0，$i \in V^A \bigcup V^{AB}$。

(11) y_{ij}^B 表示在 B 港，如果船舶 i 的靠泊时刻比船舶 j 早，则为 1；否则，为 0，$i \in V^B \bigcup V^{AB}$。

(12) z_{ij}^A 表示在 A 港，如果存在某一时刻，船舶 i 在船舶 j 的左侧(不一定要相邻)，则为 1，否则，为 0，$i, j \in V^A \bigcup V^{AB}$。

(13) z_{ij}^B 表示在 B 港，如果存在某一时刻，船舶 i 在船舶 j 的左侧(不一定要相邻)，则为 1，否则，为 0，$i, j \in V^B \bigcup V^{AB}$。

(14) x_{it}^A 表示如果船舶 i 在 t 时刻开始靠泊 A 港，则为 1；否则，为 0，$t \in T, i \in V^A \bigcup V^{AB}$。

(15) x_{it}^B 表示如果船舶 i 在 t 时刻开始靠泊 B 港，则为 1；否则，为 0，$t \in T, i \in V^B \bigcup V^{AB}$。

在求解泊位与岸桥协同动态优化问题时，有两种思路。第一种是分阶段法，首先根据船舶的到港时间、装卸量和岸桥的装卸效率等相关信息，将最优的靠泊位置和岸桥数量分配给各个船舶，使得达到泊位分配的最优目标，然后将具体岸桥分配给各个船舶。第二种方法是分配同时进行，即在泊位分配的同时对岸桥进行具体分配。如前所述，由于泊位分配计划与岸桥分配息息相关，互相制约，分开考虑会增加船舶等待时间或者岸桥闲置。所以，本节采取第二种方法来对泊位与岸桥进行协同优化。

目标函数为

$$\min f_1 = \sum_{i=0}^{V^A \bigcup V^{AB}} \alpha_i^A (s_i^A + h_i^A - d_i^A) + \sum_{i=0}^{V^A \bigcup V^{AB}} \alpha_i^B (s_i^B + h_i^B - d_i^B) \tag{4-70}$$

$$\min f_2 = \sum_{i=0}^{V^{AB}} \frac{H}{v_i} G_i(v_i) \tag{4-71}$$

目标函数(4-70)表示基于优先权的船舶总延误时间最小化。

目标函数(4-71)表示船舶碳排放量最小化。

泊位分配约束为

$$b_i^A \geqslant 0, \quad \forall i \in V^A \bigcup V^{AB} \tag{4-72}$$

$$b_i^B \geqslant 0, \quad \forall i \in V^B \bigcup V^{AB} \tag{4-73}$$

$$b_i^A + l_i^A \leqslant L^A, \quad \forall i \in V^A \bigcup V^{AB} \tag{4-74}$$

$$b_i^B + l_i^B \leqslant L^B, \quad \forall i \in V^B \bigcup V^{AB} \tag{4-75}$$

$$s_i^A \geqslant a_i^A, \quad \forall i \in V^A \bigcup V^{AB} \tag{4-76}$$

$$s_i^B \geqslant a_i^B, \quad \forall i \in V^B \tag{4-77}$$

$$s_i^B \geqslant s_i^A + h_i^A + \frac{H}{v_i}, \quad \forall i \in V^{AB} \tag{4-78}$$

$$\sum_{i=0}^{V^A \bigcup V^{AB}} \sum_{t=0}^{T} x_{it}^A = \mathrm{TV}^A \tag{4-79}$$

$$\sum_{i=0}^{V^B \bigcup V^{AB}} \sum_{t=0}^{T} x_{it}^B = \mathrm{TV}^B \tag{4-80}$$

$$\sum_{t=0}^{T} x_{it}^A = 1, \quad \forall i \in V^A \bigcup V^{AB} \tag{4-81}$$

$$\sum_{t=0}^{T} x_{it}^B = 1, \quad \forall i \in V^A \bigcup V^{AB} \tag{4-82}$$

$$\frac{\mathrm{cap}_i^A}{Q_i^A \eta} = h_i^A, \quad \forall i \in V^A \bigcup V^{AB} \tag{4-83}$$

$$\frac{\mathrm{cap}_i^B}{Q_i^B \eta} = h_i^B, \quad \forall i \in V^B \bigcup V^{AB} \tag{4-84}$$

$$M(1-z_{ij}^A) + b_j^A \geqslant b_i^A + l_i, \quad \forall i,j \in V^A \bigcup V^{AB} \tag{4-85}$$

$$M(1-z_{ij}^B) + b_j^B \geqslant b_i^B + l_i, \quad \forall i,j \in V^B \bigcup V^{AB} \tag{4-86}$$

$$M(1-y_{ij}^A) + s_j^A \geqslant (s_i^A + h_i^A)(1-z_{ij}^A)(1-z_{ji}^A), \quad \forall i,j \in V^A \bigcup V^{AB} \tag{4-87}$$

$$M(1-y_{ij}^B) + s_j^B \geqslant (s_i^B + h_i^B)(1-z_{ij}^B)(1-z_{ji}^B), \quad \forall i,j \in V^B \bigcup V^{AB} \tag{4-88}$$

式(4-72)～式(4-75)表示挂靠 A、B 港的船舶各自不能超过 A、B 港越岸线的左右端点。

式(4-76)和式(4-77)表示靠泊 A、B 港口的船舶开始作业时刻要迟于预计到港时刻。

式(4-78)表示既靠泊 A 港又靠泊 B 港的船舶在 B 港开始作业时刻要迟于实际到港时刻。

式(4-79)和式(4-80)表示所有到 A、B 港的船舶都能靠泊进行装卸作业。

式(4-81)和式(4-82)表示任意计划靠泊 A、B 港的船舶有且只有一次靠泊港口的机会。

式(4-83)和式(4-84)表示船舶在两港作业时间与在两港的装卸箱量和配备的岸桥数量有关。

式(4-85)～式(4-88)表示任意两艘船舶在时间和空间上的位置关系，其中，式(4-85)和式(4-86)表示任意两艘船舶在空间上不重叠；式(4-87)和式(4-88)表示任意两艘船舶在时间坐标上不重叠。

岸桥分配约束为

$$Q_i^A \leqslant Q_i^{\max}, \quad \forall i \in V^A \bigcup V^{AB} \tag{4-89}$$

$$Q_i^B \leqslant Q_i^{\max}, \quad \forall i \in V^B \bigcup V^{AB} \tag{4-90}$$

$$Q_i^A \geqslant Q_i^{\min}, \quad \forall i \in V^A \bigcup V^{AB} \tag{4-91}$$

$$Q_i^B \geqslant Q_i^{\min}, \quad \forall i \in V^B \bigcup V^{AB} \tag{4-92}$$

$$\sum_{i=0}^{V^A \bigcup V^{AB}} \sum_{k=0}^{Q^A} x_{itk}^A \leqslant \mathrm{TQ}^A, \quad \forall t \in T \tag{4-93}$$

$$\sum_{i=0}^{V^B \bigcup V^{AB}} \sum_{k=0}^{Q^B} x_{itk}^B \leqslant \mathrm{TQ}^B, \quad \forall t \in T \tag{4-94}$$

$$\sum_{i=0}^{V^A} x_{itk}^A \leqslant 1, \quad \forall t \in T, \quad \forall k \in Q^A \tag{4-95}$$

$$\sum_{i=0}^{V^B} x_{itk}^B \leqslant 1, \quad \forall t \in T, \quad \forall k \in Q^B \tag{4-96}$$

$$x_{itk_1}^A x_{jtk_2}^A (b_i^A - b_j^A)(k_1 - k_2) \geqslant 0, \quad \forall i,j \in V^A \bigcup V^{AB}, \forall t \in T, \forall k_1,k_2 \in Q^A \tag{4-97}$$

$$x_{itk_1}^B x_{jtk_2}^B (b_i^B - b_j^B)(k_1 - k_2) \geqslant 0, \quad \forall i,j \in V^B \bigcup V^{AB}, \forall t \in T, \forall k_1,k_2 \in Q^B \tag{4-98}$$

$$x_{itk}^A \sum_{k=0}^{Q^A} x_{itk}^A - Q_i^A x_{itk}^A = 0, \quad \forall i \in V^A \bigcup V^{AB}, \forall t \in T, \forall k \in Q^A \tag{4-99}$$

$$x_{itk}^B \sum_{k=0}^{Q^B} x_{itk}^B - Q_i^B x_{itk}^B = 0, \quad \forall i \in V^B \bigcup V^{AB}, \forall t \in T, \forall k \in Q^B \tag{4-100}$$

船舶航速约束为

$$v_i^{\min} \leqslant v_i \leqslant v_i^{\max}, \quad \forall i \in V^{AB} \tag{4-101}$$

决策变量约束为

$$b_i^A, b_j^A, s_i^A \geqslant 0, \quad \forall i, j \in V^A \bigcup V^{AB} \tag{4-102}$$

$$b_i^B, b_j^B, s_i^B \geqslant 0, \quad \forall i, j \in V^B \bigcup V^{AB} \tag{4-103}$$

$$x_{itk}^A, y_{ij}^A, z_{ij}^A, x_{it}^A \in \{0,1\}, \quad \forall i, j \in V^A \bigcup V^{AB}, \forall t \in T, \forall k \in Q^A \tag{4-104}$$

$$x_{itk}^B, y_{ij}^B, z_{ij}^B, x_{it}^B \in \{0,1\}, \quad \forall i, j \in V^B \bigcup V^{AB}, \forall t \in T, \forall k \in Q^B \tag{4-105}$$

式(4-89)与式(4-91)表示靠泊 A 港的船舶配备的岸桥数量约束。

式(4-90)与式(4-92)表示靠泊 B 港的船舶配备的岸桥数量约束。

式(4-93)和式(4-94)表示 A、B 港岸桥总数量的约束，即任一时刻港口所有工作的岸桥数量不能超过岸桥的总数量。

式(4-95)式(4-96)表示一台岸桥在任何时候最多只能为一艘船舶服务。

式(4-97)和式(4-98)表示岸桥之间不能跨越作业。

式(4-99)与式(4-100)表示岸桥对船舶连续作业，同时开始，同时结束。

式(4-101)表示航速的范围约束。

式(4-102)~式(4-105)表示决策变量完整性约束。

4.6.3 基于遗传算子和植物生长算子的混合粒子群优化算法设计

集装箱港口泊位-岸桥集成优化问题是典型的 NP 难问题，随着问题规模的增大，传统的精确求解算法将无法在有效时间内得到问题最优解，而启发式算法则可以在有限时间内得到满意解，且由于求解多目标问题时对最优前沿形状并不敏感，群智能搜索算法在解决该类问题时表现出了很强的优势。本节设计基于遗传算子和植物生长算子的多目标混合粒子群优化(multiple objective particle swarm optimization，MOPSO)算法对该问题进行求解。

粒子群优化算法的主要思想是种群中的每一个个体在搜索过程中，通过个体之间的信息共享学习其他优秀个体的经验，并基于自身经验动态地改变个体的位置，从而使整个种群向最优方向移动，达到最优搜索目的。这个过程可以用如下文字式的形式进行表示：

PSO 学习模式=惯性学习+自身经验+社会经验

标准粒子群优化算法的数学解释如下：若优化问题的维度为 n 维，粒子群的种群规模为 N，在迭代到第 k 次时，第 i 个粒子的位置可以表示为

$$X_i(t) = (x_{i1}(t), x_{i2}(t), \cdots, x_{id}(t), \cdots, x_{in}(t)), \quad 1 \leqslant d \leqslant n; 1 \leqslant i \leqslant N \tag{4-106}$$

该粒子的速度可以表示为

$$V_i(t) = (v_{i1}(t), v_{i2}(t), \cdots, v_{id}(t), \cdots, v_{in}(t)), \quad 1 \leqslant d \leqslant n; 1 \leqslant i \leqslant N \tag{4-107}$$

该粒子的个体最优位置可以表示为

$$X_i^{pb}(t) = (x_{i1}^{pb}(t), x_{i2}^{pb}(t), \cdots, x_{id}^{pb}(t), \cdots, x_{in}^{pb}(t)), \quad 1 \leqslant d \leqslant n; 1 \leqslant i \leqslant N \qquad (4\text{-}108)$$

种群的全局最优位置可以表示为

$$X^{pb}(t) = (x_1^{pb}(t), x_2^{pb}(t), \cdots, x_d^{pb}(t), \cdots, x_n^{pb}(t)), \quad 1 \leqslant d \leqslant n; 1 \leqslant i \leqslant N \qquad (4\text{-}109)$$

第 $t+1$ 代粒子速度每一维的更新公式可以表示为

$$v_{id}(t+1) = \omega v_{id}(t) + c_1 r_{i1,t}(x_{id}^{pb}(t) - x_{id}(t)) + c_2 r_{i2,t}(x_d^{gb}(t) - x_{id}(t)) \qquad (4\text{-}110)$$

第 $t+1$ 代粒子位置每一维的更新公式可以表示为

$$x_{id}(t+1) = x_{id}(t) + v_{id}(t+1) \qquad (4\text{-}111)$$

式中，ω 为惯性因子；c_1、c_2 为学习因子，是非负常数，当其接近 2 时，算法有较好的效果；$r_{i1,t}$、$r_{i2,t}$ 为 0~1 的随机数。

学习模式用数学语言表示，如式(4-110)所示。其中，$v_{id}(t)$ 表示粒子 i 在第 t 次迭代过程中惯性学习，说明粒子具有搜索新区域与自身开拓的能力，从而获得全局搜索的能力，可以平衡粒子局部与全局的最佳搜索能力；$x_{id}^{pb}(t) - x_{id}(t)$ 表示粒子学习自身的经验，获取较强的局部搜索能力；$x_d^{gb}(t) - x_{id}(t)$ 表示粒子学习种群中优秀个体的社会经验，获取更强的收敛能力。

标准粒子群优化算法的基本流程包括如下方面。

步骤 1　初始化位置和速度。在满足约束条件的空间内随机生成各个粒子的位置 $X_i(1)$ 和速度 $V_i(1)$，计算每个粒子的适应度值 $\text{Fit}_i(1) = f(X_i(1))$。

步骤 2　初始化个体最优与全局最优。令每个个体的初始个体最优位置与该粒子相等，即 $X_i^{pb}(1) = X_i(1)$，$\text{Fit}_i^{pb}(1) = \text{Fit}_i(1)$；令初始的全局最优为 $\text{Fit}_i^{gb}(1) = \min(\text{Fit}_1(1), \ \text{Fit}_2(1), \cdots, \text{Fit}_N(1))$。

步骤 3　更新速度。按照式(4-110)对每个粒子的速度进行更新。

步骤 4　更新位置并计算适应度值。按照式(4-111)对每个粒子的位置进行更新，并计算适应度值 $\text{Fit}_i(t+1) = f(X_i(t+1))$。

步骤 5　更新个体最优。按照如下公式对每个粒子的个体最优进行更新，即

$$\text{Fit}_i^{pb}(t+1) = \min(\text{Fit}_i(t), \text{Fit}_i^{pb}(t)) \qquad (4\text{-}112)$$

步骤 6　更新全局最优。按照如下公式对这一代的全局最优进行更新，即

$$\text{Fit}_i^{gb}(t+1) = \min(\text{Fit}_1(t), \text{Fit}_2(t), \cdots, \text{Fit}_N(t), \text{Fit}_i^{gb}(t)) \qquad (4\text{-}113)$$

步骤 7　判定是否停止。若已经触发停止准则，则停止运行，输出结果；否则，返回步骤 3。

对于多目标粒子群优化算法，为了提高粒子的全局搜索能力，每一代的粒子

所对应的帕累托全局最优是不一样的。不同于单目标问题有唯一的最优解，多目标问题往往会有多个帕累托最优解，因此本节引入外部档案的概念，使外部档案存放多个全局最优解。外部档案 φ_2 的粒子来自非劣解集 φ_1，非劣解集是基于帕累托支配的概念，从每一代粒子种群中选取非支配解，并且每次迭代的开始，都要将非劣解集清空。然后依次从粒子群集合 φ_3 中选取一个粒子 $X_i(t)$，与粒子群中的其他粒子进行比较，删除被 $X_i(t)$ 支配的粒子、与 $X_i(t)$ 相同的粒子以及本身，保留其他粒子，并将 $X_i(t)$ 保存到另一个集合 φ_4 中。如此循环直到 φ_3 变成空集。然后对集合 φ_4 中的粒子，从最迟进入集合 φ_4 到最早进入集合 φ_4 的顺序按以上方式进行操作，然后将选取的粒子放入集合 φ_3 中。此时，集合 φ_3 中的粒子即为求得的非劣解。

在用非劣解集对外部档案的粒子进行更新的过程中，首先将非劣解集 φ_1 与外部档案 φ_2 中的粒子都放入集合 φ_5 中，并清空非劣解集 φ_1 与外部档案 φ_2，然后按照上述求解非劣解的方法，得到集合 φ_5 中粒子的非劣解存入外部档案 φ_2，完成对外部档案 φ_2 的更新。外部档案更新步骤如图 4-26 所示。

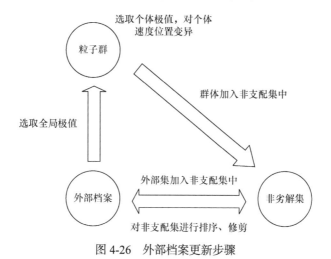

图 4-26　外部档案更新步骤

外部档案记录了迭代过程中的全局最优解，这些全局最优解可能包含一些在某个位置处集聚的局部最优解，当外部档案中该位置处的局部最优解的数量越来越多时，将增大这些局部最优解被当作全局最优解的概率，并引导粒子向这个位置飞行，这样算法就会收敛于局部最优解。因此，保持外部档案中的粒子分布均匀，是十分必要的。本节将采用基于密度的精英策略。本节中的密度是指帕累托前沿处粒子的拥挤程度，可以用以相邻两个粒子为对角点所构成的几何图形的边长总和来衡量，密度越小，粒子越密集；密度越大，粒子越分散。当外部档案的规模超过一定数量时，对外部档案的粒子按照密度进行排列，裁剪掉密度过大的粒子。基于密度的精英策略较为复杂，本节采用代码的形式进行表述，具体步骤如下。

步骤 1　判断外部档案粒子个数 n，如果小于 N，则转步骤 5；否则，转步骤 2。

步骤 2　初始化密度为 0。

步骤 3　计算每个粒子的密度。

步骤 4　对距离进行排序，删除密度大的粒子。

步骤 5　输出外部档案。

在个体最优值和全局最优值的选取上，如果新粒子占优于该粒子原个体最优，则将新粒子设为该粒子的个体最优；如果该粒子原个体占优于最优新粒子，则个体最优不变；如果新粒子非支配该粒子原个体最优，则从两个解中随机选取作为个体最优。为了使得全局最优的分布更加均匀，在为每个粒子选取全局最优时，首先需要根据密度对外部档案进行降序排列，然后选取前 10 个粒子作为全局最优的候选者，并以距离大小作为每个全局最优候选者被选择的概率，利用轮盘赌的方法选取全局最优。

通过速度与位置的算子对粒子进行更新以后，粒子有可能跳出可行域，所以有必要对粒子的搜索空间进行约束。对于多目标最优问题，帕累托最优前沿一般出现在可行域边界上，粒子在搜索最优解时很有可能跳出可行域，这些粒子并不是没有价值，它们指导着最优前沿。如果通过惩罚函数来消除这些粒子对其他粒子搜索的影响，则会影响算法的有效性，降低收敛速度。本节将跳出可行域的粒子直接移到边界上，并通过引入变异算子增强算法的全局搜索能力来处理跳出可行解空间的粒子，实验表明，这样定义能很好地改进算法的性能。

粒子群优化算法最大的特点是收敛迅速，但同时带来了陷入局部最优搜索的问题。本节对粒子群优化算法施加扰动，使得粒子在搜索前期可以进行快速搜索，在搜索后期可以跳出局部最优。一方面，施加变异概率的动态扰动，本节涉及的变异概率有两个：第一个是遗传算子中的变异概率；第二个是在对跳出可行解空间的粒子处理之后施加一个变异算子的概率。对搜索前期的变异设置较大的概率，对搜索后期的变异设置较小的概率。另一方面，施加惯性因子的动态扰动。动态惯性因子的求解结果比固定惯性因子具有更优的性能。对于 ω 的设置，本节将采用线性递减策略，将最大的惯性因子取值为 $\omega_{\max}$，将最小的惯性因子取值为 $\omega_{\min}$，那么每一代的 ω 可以用如下公式进行计算：

$$\omega(t) = \omega_{\max} - \frac{\omega_{\max} - \omega_{\min}}{T_{\max}} t \tag{4-114}$$

式中，$T_{\max}$ 为最大迭代次数。

用粒子群优化算法求解旅行商问题，需要定义新的算子，即交换算子。交换算子的引入将大大增加算法的复杂程度。因此，考虑采用遗传算子和植物生长算子对粒子群优化算法进行改进。

作为启发式算法，遗传算法和粒子群优化算法有以下相同之处。

(1) 都属于群智能搜索算法，具有并行搜索的特点。

(2) 都属于全局优化算法，具有较强的全局搜索能力。

(3) 都可以应用于连续性问题和离散性问题。

(4) 都属于随机搜索算法，需要进行参数的设置，参数对算法的收敛性起着关键作用。

(5) 都有随机因子来尽量避免收敛于局部最优，遗传算法主要通过变异算子实现，粒子群优化算法通过速度的惯性因子实现。

同时，遗传算法和粒子群优化算法也各有特点。

(1) 遗传算法的染色体是通过与其他个体之间的信息交换达到全局搜索目的的；粒子群优化算法是通过积累个体的经验和学习最优个体的经验来达到全局搜索目的的。

(2) 遗传算法通过交叉变异来生成新的个体；粒子群优化算法只要更新速度和位置来生成新的个体，原理更加简单，参数更少。

(3) 粒子群迭代过程中学习的信息来源于最优个体，因此相对于遗传算法具有更加快速的收敛速度。

(4) 粒子群优化算法由于速度的连续性，难以求解离散性问题，往往需要对算法进行改进，从而使得粒子群优化算法变得复杂。

(5) 相比于粒子群优化算法，遗传算法有很强的全局搜索能力，尤其是对离散性问题的求解方面有很好的收敛性。

对于离散性问题的粒子群优化算法的应用，最多的方法是对速度公式进行交换算子改进，将速度公式表示为

$$V_i(t+1) = \omega V_i(t) \oplus c_{i1}(X_i^{pb} - X_i(t)) \oplus c_{i2}(X_i^{gb} - X_i(t)) \tag{4-115}$$

速度的含义是一组置换序列的有序列表，是位置与位置之间交换之后的结果。例如，$A = (1,2,3)$、$B = (2,3,1)$，那么第一个置换序列是 A 的第 1 位与第 2 位交换位置，写成 $(1,2)$，第二个交换序列是第 2 位与第 3 位交换位置，写成 $(2,3)$，那么从 A 变成 B 的速度可以写成 $((1,2),(2,3))$。可见这样对粒子群改进之后，可以使粒子群在离散性问题中获得应用；缺点是加入交换算子之后提高了算法的复杂性。

对于多目标优化问题，并不是收敛速度越快越好，所以在粒子群优化算法中引入遗传算子可以很好地平衡两者的特点。传统的遗传粒子群混合算法是机械地将遗传算法和粒子群优化算法结合在一起，即先利用粒子群优化算法的快速搜索能力来优化前一个阶段，获得具有一定进化程度的初始种群，然后利用遗传算法来优化后一个阶段，防止陷入局部最优。这种算法虽然提高了计算的有效性，但

是从本质上来看只是后一种算法对前一种算法计算结果的进一步优化。本节的船舶靠泊顺序类似于旅行商问题，本节将根据遗传算法在求解旅行商问题的有效性以及粒子群优化算法的快速搜索能力，将遗传算法的遗传算子和变异算子与粒子群优化算法的速度公式结合，很好地解决粒子群优化算法对求解顺序问题的复杂性与搜索速度减慢的问题。具体思路为：对于速度公式(式(4-41))，可将其分解为 PSO 学习模式=惯性学习+自身经验+社会经验的形式。事实上粒子群优化算法这样的速度算子和遗传算法的交叉变异算子有异曲同工之处，其中第一部分惯性学习与变异算子类似；自身经验和社会经验的学习模式与交叉算子类似；选择算子与粒子群个体最优的选取类似。因此，在本书基于遗传算子的粒子群优化算法中将遗传算子和变异算子取代速度算子来对粒子群进行迭代。具体步骤如下：

步骤 1 设定参数，初始化位置、速度、非劣解集和外部档案。在满足约束条件的空间内随机生成各个粒子的位置 $X_i(1)$ 和速度 $V_i(1)$，计算每个粒子的每一个目标函数值 $\text{Fit}_{ik}(1) = f_k(X_i(1))$，将第一代粒子的非劣解加入到非劣解集 φ_1，将非劣解集加入到外部档案 φ_2。

步骤 2 初始化个体最优与全局最优。令每个个体的初始个体最优位置与该粒子相等，即 $X_i^{pb}(1) = X_i(1)$、$\text{Fit}_{ik}^{pb}(1) = \text{Fit}_{ik}(1)$；从外部档案中随机选取一个解作为每个个体的全局最优 $X_i^{gb}(1)$。

步骤 3 基于 $c_1 r_{i,t}$ 的概率与个体最优交叉。

步骤 4 基于 $c_2 r_{i,t}$ 的概率与全局最优交叉。

步骤 5 基于 ω 的概率进行变异，通过步骤 3、步骤 4、步骤 5 得到新一代粒子群 $X(t+1)$。

步骤 6 计算适应度值为

$$\text{Fit}_{ik}(t+1) = f_k(X_i(t+1)) \tag{4-116}$$

步骤 7 更新个体最优 $X_i^{pb}(t)$，并将这一代粒子的非劣解加入到非劣解集 φ_1，用非劣解集 φ_1 对外部档案 φ_2 进行更新。

步骤 8 更新全局 $X_i^{gb}(t)$。

步骤 9 判定是否停止。如果已经触发停止机制，则停止运行，输出结果；否则，返回步骤 3。

由于粒子群优化算法在离散问题应用方面的不足，对整数决策变量应用模拟植物生长算法对粒子群优化算法进行改进。模拟植物生长算法是灵感来自大自然的一种仿生算法。该算法是将植物系统演绎模式(L-系统)和植物系统概率生长模式(向光性)向优化领域进行映射和变异的典型应用。该系统的基本内容如下。

(1) 枝干会在节的位置长出新枝。

(2) 大多数的新枝又能长出新的树枝，从而使植物生长得更加茂密。

(3) 不同的树枝彼此相似，具有自相似性。

Hassan 等(2020)把分形学和计算机图形学引入 L-系统中，从而建立了新的植物分枝模型：在一个 n 维平面中，分枝能在角度 a 方向生长出 λ 单位的新枝，如此循环往复可以长出如图 4-27 所示的植物。假如取 $n=2$，旋转角度 a 为 45°，每次生长出一个单位，那么植物 L-系统生长过程如图 4-28 所示。

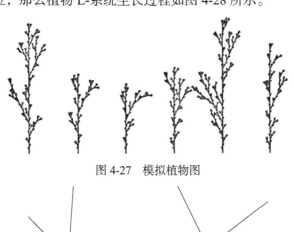

图 4-27　模拟植物图

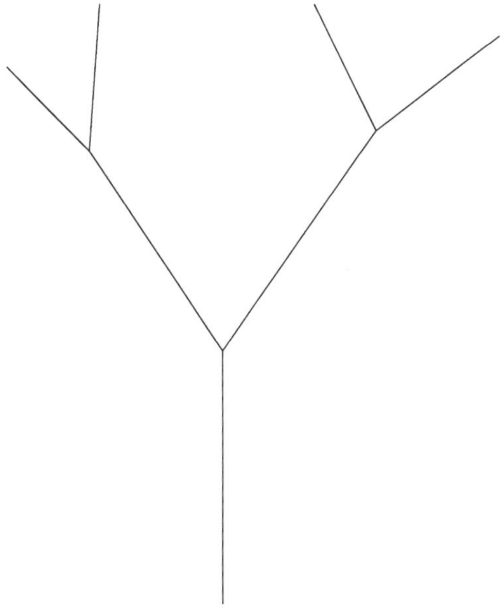

图 4-28　植物 L-系统生长过程

根据分形几何学和整数规划的特点，建立 n 维生长空间，新枝之间的旋转角度 a 设为 90°，生长的长度 λ 取为整数。本书将这样的系统称为 N-系统。将粒子群在 N-系统中生长的方式，替代传统的速度算子，使得种群在约束范围内进行全局搜索。具体的步骤如下。

步骤 1　设定参数，初始化位置、速度、非劣解集和外部档案。在满足约束条件的空间内随机生成各粒子的初始位置 $X_i(1)$ 与初始速度 $V_i(1)$，计算每个粒子的

每一个目标函数值 $\text{Fit}_{ik}(1) = f_k(X_i(1))$。将第一代粒子的非劣解加入到非劣解集 φ_1。将非劣解集加入到外部档案 φ_2。

步骤 2 初始化个体最优与全局最优。令每个个体的初始个体最优位置与该粒子相等，即 $X_i^{pb}(1) = X_i(1)$、$\text{Fit}_{ik}^{pb}(1) = \text{Fit}_{ik}(1)$；从外部档案中随机选取一个解作为每个个体的全局最优 $X_i^{pb}(1)$。

步骤 3 更新生长素。按照如下公式对每个粒子的速度进行更新，即

$$v_{id}(t+1) = c_1 r_{i1,t}(x_{id}^{pb}(t) - x_{id}(t)) + c_2 r_{i2,t}(x_{id}^{gb}(t) - x_{id}(t)) \tag{4-117}$$

步骤 4 生长。按照如下公式对每个粒子的位置进行更新。

若 $v_{id}(t+1) > 0$，则 $x_{id}(t+1) = x_{id}(t) + 1$；

若 $v_{id}(t+1) < 0$，则 $x_{id}(t+1) = x_{id}(t) - 1$；

若 $v_{id}(t+1) = 0$，则 $x_{id}(t+1) = x_{id}(t) + r(\text{rand})$。其中，rand 是 $0 \sim 1$ 的一个随机数，$r(\text{rand})$ 是如下分段函数。

若 $\text{rand} > 2/3$，则 $r(\text{rand}) = 1$；

若 $\text{rand} < 1/3$，则 $r(\text{rand}) = -1$；

若 $1/3 \leqslant \text{rand} \leqslant 2/3$，则 $r(\text{rand}) = 0$。

步骤 5 计算适应度值 $\text{Fit}_{ik}(t+1) = f_k(X_i(t+1))$。

步骤 6 更新个体最优 $X_i^{pb}(t)$，并将这一代粒子的非劣解加入非劣解集 φ_1。用非劣解集 φ_1 对外部档案 φ_2 进行更新。

步骤 7 更新全局最优 $X_i^{pb}(t)$。

步骤 8 判定是否停止。如果已经触发停止机制，那么停止运行，输出结果；否则，返回步骤 3。

在参数设置上，粒子群的种群规模越大，算法的搜索能力越强，但同时提高了算法的运算量，增加了算法迭代的时间。本节将种群规模设置为 100。粒子群优化算法的学习因子有两个，分别是 c_1 和 c_2。c_1 值的大小决定了粒子自我学习能力的大小，c_1 越大，粒子越容易飞向个体最优方向；c_2 值的大小决定了粒子向他人学习能力的大小，c_2 越大，粒子越容易飞向全局最优方向。如果 c_1 和 c_2 都为 0，那么粒子将匀速飞行，直到飞出边界。如果 c_1 和 c_2 过大，那么粒子将迅速收敛于局部最优。根据经验，一般在粒子群优化算法的应用过程中将学习因子定为 2。但是，也有学者研究指出，学习因子只要是 $0 \sim 4$ 的常数都可以。本节在对模型进行求解过程中发现，如果将学习因子定得过大，粒子群优化算法的收敛速度过快，而遗传算子和植物生长算子的迭代速度相对较慢，将影响整个算法的性能，最终得到局部最优解。经过多次实验，最终确定将学习因子定为 0.5 比较适合本书的模型。惯性因子 ω 是粒子在飞行过程中方向的选择受以前速度影响的衡量，使粒子跳出局部最优进行搜

索，扩大搜索空间，与变异算子的作用类似。当 ω 比较大时，粒子具有比较强的全局搜索能力，而局部搜索能力相对较弱；当 ω 比较小时，粒子具有比较弱的全局搜索能力，而局部搜索能力相对较强；当 ω 为 0 时，粒子将位于个体最优与全局最优的中间位置附近进行动态扰动搜索，此时算法陷入局部最优。本节采用动态惯性因子，利用线性递减策略设置 ω，将最大的惯性因子取值为 $\omega_{\max}=0.9$，将最小的惯性因子取值为 $\omega_{\min}=0.4$，则每一代的 ω 都可以用式(4-114)进行计算。此外，设置交叉变异概率为 0.8。

该算法在航速优化、泊位和岸桥分配过程中都采用自然数编码的方法。为了更好地解释，本节引入了遗传算法中染色体和基因的概念，将编码后的粒子定义为染色体，编码后的染色体由三部分组成，第一部分是 A 港的泊位与岸桥分配计划，第二部分是 B 港的泊位与岸桥分配计划，第三部分是航速计划。第一部分与第二部分的染色体段相同。以第一部分染色体段为例，分为两段，前半段染色体的基因表示船舶的靠泊顺序，对应于泊位分配；后半段染色体表示分配的岸桥数，对应于岸桥分配。编码后的染色体如图 4-29 所示。

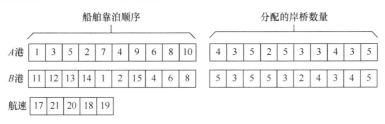

图 4-29　编码后的染色体

假如计划期内有 10 艘船舶要进行靠泊，那么每个港口染色体段的基因数为 20 个(图 4-29)，前半段的 10 个基因表示船舶的靠泊顺序，以 A 港为例，从前到后依次靠泊 1 号船、3 号船、5 号船、2 号船、7 号船、4 号船、9 号船、6 号船、8 号船、10 号船；后半段(分配的岸桥数量)的 10 个基因表示分配的岸桥数量，对应于前面的船舶靠泊顺序，分配给船舶的岸桥数量依次为 4 台、3 台、5 台、2 台、5 台、3 台、3 台、4 台、3 台、5 台。第三部分的染色体段是航速计划。假设有 5 艘船舶既挂靠 A 港又挂靠 B 港，则这个染色体段就由 5 个基因组成，每个基因代表航速大小。

在泊位与岸桥的分配上，提出了适合于泊位与岸桥分配问题的抠门原则。抠门原则，顾名思义，是指尽可能地利用左侧的岸线与岸桥。在解释泊位与岸桥分配原则之前，首先对到港时间、靠泊时间和离港时间进行定义。到港时间，即船舶到达港口的时刻；靠泊时间，即船舶进入泊位开始作业的时刻；离港时刻，即船舶作业结束，离开泊位的时刻。靠泊序号大的船舶不能早于靠泊序号小的船舶提前靠泊，即使该船舶早于靠泊序号小的船舶到港。假设船舶 j 的靠泊顺序正好

早于船舶 i，在船舶 j 靠泊以后，轮到船舶 i 进行靠泊。

(1) 如果船舶 i 的到港时间早于船舶 j 的靠泊时间，那么船舶 i 最早只能在船舶 j 靠泊的时候靠泊，并且尽量利用左侧的岸线靠泊，利用左侧的岸桥进行装卸，同时保证岸桥不会跨越作业。如果在该时刻没有岸线可以靠泊或者没有岸桥可以利用，或者有岸桥可以利用但是会发生跨越作业，那么只能让船舶 i 等待，直到有船舶作业结束离港再安排船舶 i 靠泊，安排靠泊时也要遵守抠门原则，并且同时满足以上三个条件，否则再等待下一艘作业结束的船舶离港，以此类推。

(2) 如果船舶 i 的到港时间迟于船舶 j 的靠泊时间，那么原则上到港即可靠泊，但是如果当时的情况不能满足三个条件，那么只能让船舶 i 等待，直到有船舶作业结束离港再安排船舶 i 靠泊，安排靠泊时也要遵守抠门原则，并且同时满足以上三个条件，否则再等待下一艘作业结束的船舶离港，以此类推。

通过抠门原则对船舶进行分配以后，就可以对第一部分和第二部分染色体段进行解码，得到其所代表的泊位与岸桥的分配计划。综上所述，基于遗传算子和植物生长算子的混合粒子群优化算法总体流程如图 4-30 所示。

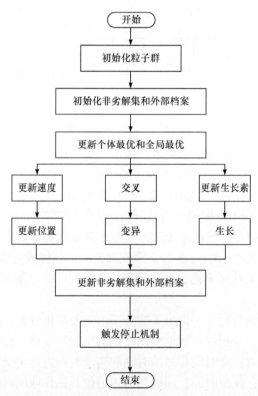

图 4-30　基于遗传算子和植物生长算子的混合粒子群优化算法总体流程

4.6.4　算例分析

某集装箱连续泊位岸线总长 2300m，选取到达港口的 30 艘集装箱船舶的相关数据，其中，包括船舶到港时间、船舶的偏好泊位位置、船舶辅助发电机功率、船舶吨位等参数，如表 4-27 所示。

表 4-27　到港集装箱船舶基本数据

船名	到港时间 /min	离港时间 /min	吨位/Gt	船长/m	功率/kW	偏好泊位 /m	船舶装卸 时间/min
XIN HUANG PU	0	1126	52247	263	2400	50	1106
XINDE KEELUNG	87	1142	24328	183	1800	900	1035
STRAITS CITY	113	1286	11780	142	900	1500	1153
SINOTRANS KEELUNG	391	1270	24700	172	1800	1000	859
CSCL SUMMER	430	1035	121805	335	2700	350	585
XIN HE DA	451	1264	10800	136	900	750	793
SHI SHANG 18	468	1189	24376	193	1800	1900	701
KHUNA BHUM	628	1337	19981	172	1200	1100	689
SINOTRANS OSAKA	1023	2481	12550	145	900	650	1438
KMTC HOCHIMINH	1358	2784	39295	220	1800	400	1406
CRYSTAL ARROW	1383	2520	12310	143	900	100	1117
SINOTRANS OSAKA	1633	2490	12550	145	900	1700	837
EASLINE DALIAN	1639	2766	24542	193	1800	1300	1107
KANWAY GALAXY	1652	3445	24386	193	1800	1060	1773
MSC GISELLE	1735	4188	110412	300	2700	350	2433
SITC KWANGYANG	2476	5835	12868	140	900	950	3339
BF TIGER	2844	4361	39266	222	1800	600	1500
XIN FENG SHANG HAI	2943	5159	67529	294	2400	1600	2196
XIN LONG YUN 86	2949	4684	3007	183	1800	50	1715
WAN HAI 233	3521	4669	21017	191	1800	350	1128
COSCO GEMINI	3582	5411	202015	399	4320	1750	1809
HF FORTUNE	4271	4688	12782	143	900	1700	397
LEO PERDANA	4215	4702	33423	199	1800	750	467

续表

船名	到港时间/min	离港时间/min	吨位/Gt	船长/m	功率/kW	偏好泊位/m	船舶装卸时间/min
XIN HUI ZHOU	4304	5945	66967	255	2400	1350	1621
YM IDEALS	4493	5404	22027	172	1800	650	891
MIA SCHULTE	4789	5612	30235	188	1800	900	803
XUTRA BHUM	4794	6382	30832	195	1800	1250	1568
NINGBO TRADER	4802	5868	13769	148	900	1750	1046
GSL VINIA	5002	6364	73235	277	2400	1450	1342

注：表中数据来源于 Vessl Finder。

本节根据高压岸电系统进行仿真实验。经查询，一艘船舶的最大辅机功率为 4320kW，辅机负载系数为 0.5。根据目前港运市场价格，模型中与成本相关的参数设置如下，船舶在港口的泊位成本为 0.15(元/计费吨)/h，锚地等待成本为 0.05(元/计费吨)/h，滞期费为 0.5(元/计费吨)/h。

算法参数设置：最大迭代次数为 1000，交叉概率为 0.6，变异概率为 0.3，种群规模为 60，得到帕累托最优前沿，其模型如图 4-31 所示。基于该模型，帕累托前沿的每一个点代表一个最优解的目标值。此外，为了观察最优解与一般可行解之间的支配关系，图 4-31 给出了一般可行解。显然，帕累托最优前沿的解不受任何其他解支配，并且分布相对均匀，验证了协同优化模型和算法的有效性。

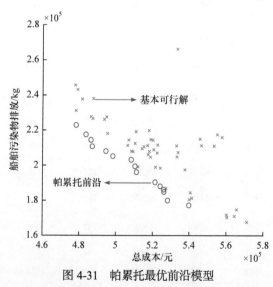

图 4-31　帕累托最优前沿模型

港口岸电功率与环境偏好程度的对应关系如表 4-28 所示。港口对于环境偏好程度主要分为低、中、高三个等级。通过港口在环境效益不同偏好下进行仿真，验证了该模型在不同环境效益下的有效性。

表 4-28　港口岸电功率与环境偏好程度的对应关系

环境偏好程度	低	中	高
港口岸电功率/kW	[2000, 5000)	[5000, 8000)	[8000, 10000)

港口在环境效益不同偏好下总成本与环境效益的协同优化得到的最优解如图 4-32～图 4-34 所示。港口在环境效益不同偏好下的帕累托最优解目标范围

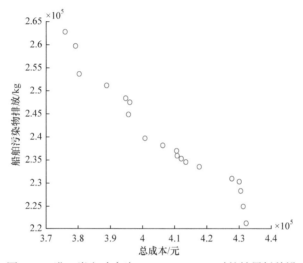

图 4-32　港口岸电功率为 2000～5000kW 时的帕累托前沿

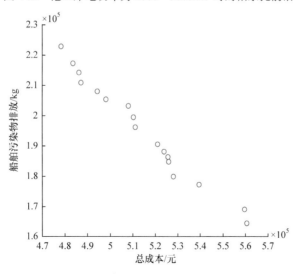

图 4-33　港口岸电功率为 5000～8000kW 时的帕累托前沿

如表 4-29 所示。从表 4-29 可以看出，随着港口对环境的重视，船舶在港口的成本也会增加。这意味着，增加港口岸电提供的电压将减少船舶的污染物排放，但将增加总成本。与未分配的港口岸电方案相比，最优方案的污染物排放量至少减少 16%，成本增加约 85%，最优方案的污染物排放最多减少 68%，成本增加约 255%，两种情况下分配岸电的船舶数量至少为 4 艘，最多为 16 艘。

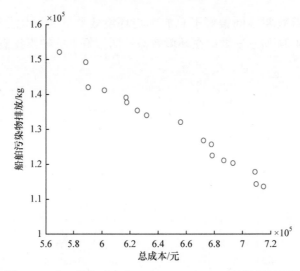

图 4-34　港口岸电功率为 8000～10000kW 时的帕累托前沿

表 4-29　港口在环境不同偏好下的帕累托最优解目标范围

港口岸电功率/kW	目标函数 1/元	目标函数 2/kg	分配岸电的船舶数量/艘
[2000, 5000)	375905～432577	209565～221257	8～11
[5000, 8000)	478350～560853	164395～222902	13～17
[8000, 10000)	569687～717519	100202～152105	19～21

4.6.5　本节小结

本节在考虑绿色航运的基础上，研究区域港口群协同优化的泊位分配与岸桥调度问题，以期在港口合作和港航合作的条件下，港口集团通过对港口群内港口资源的系统调配，制定泊位计划和岸桥计划，同时制定船舶在港口群内港口之间航行过程中的航速计划，以减少船舶在沿海航行过程中的污染物排放和总延误时间，从而提高区域沿海城市的空气质量，最大限度地利用港口的泊位与设施资源，提高港口群的整体作业效率，促进港口群的协调发展。

本节将船舶、泊位与岸桥作为一个系统进行协同优化，选取船舶延误时间最短和碳排放量最低作为优化目标，以同一省港口集团公司下的双港口为例进行了数学建模,并应用基于遗传算子和植物生长算子的混合粒子群优化算法进行求解。通过算例分析,获得帕累托最优解,同时对不同级别的船舶设置了不同的船舶优先权,从而港方可以对到港船舶进行柔性调度。模型不仅能提供周期内船舶最佳的靠泊时间、靠泊位置、靠泊顺序和分配的岸桥数量,而且能够提供具体的岸桥编号及船舶航速。算例证明了该模型具有可行性和有效性,能够为集装箱码头的航速计划、泊位与岸桥计划提供决策方案。此外,通过算例证明了混合粒子群优化算法具有较强的稳定性、精确性和全局搜索能力,能以较快的速度寻找到全局最优解,适合于港口群泊位-岸桥协同作业优化。

　　本节所探讨的港口群资源协同运营优化问题在实践中涉及三个对象,即政府部门、港口企业和航运公司。政府部门希望在一定的经济增长速度下尽可能降低环境污染,而港口企业和航运公司都希望各自的效益最大化。因此,如何平衡三方的利益需要三方进行博弈,在实践中应用该模型与算法还必须考虑到三方的利益冲突与平衡,从而使得该系统的协同运营优化变得可行。

4.7　港口群人力资源规划运营优化

　　人力资源是指在一个国家或地区处于劳动年龄、未到劳动年龄和超过劳动年龄但具有劳动能力的人口之和。人力资源也指一定时期内组织中的人所拥有的能够被企业所用,且对价值创造起到贡献作用的教育、能力、技能、经验、体力等的总称。

4.7.1　港口群人力资源规划理论

　　作为港口群总体规划的重要组成部分,人力资源规划是指基于战略发展规划,通过对未来较长一段时间内人力资源需求与供给的分析、预测等对港口群人力资源管理相关的职能内容进行的计划与安排,实现企业人力资源数量、结构及质量等的优化配置,并致力于为实现发展战略目标提供最为优秀的队伍支撑,这对于港口群适应竞争日益白热化的市场环境和培育核心竞争力具有不可替代的作用。

　　过去,港口只需要进行简单的人力资源管理就能满足发展需要。目前,我国的人口红利正在消失,部分地区出现劳动力短缺现象,同时劳动力的价格也不再具有绝对优势。随着智慧港口时代和互联网时代的到来,港口对劳动力的需求减少,但是对劳动力素质的要求提高,传统的港口人力资源管理理念和模式已不能满足未来港口发展的需要,人力资源管理也从经验管理向科学管理方向发展,港口应未雨绸缪,做好人才储备和专业知识技能储备。而港口群协同运作也意味着要对员工的素质和能力有更高的要求,要求港口员工掌握自动化、大数据、物联网、云计算等相关的专业知识及管理思维,过去港口员工的知识结构无法满足智慧港口的要求,这就要求港口采取各种方法,对港口各类人员进行教育培训的投资活动(齐海源,2022)。

从国内研究状况来看,对港口群人力资源的优化配置主要包括两个方面:一方面是对人力资源管理制度的研究,如建立港口人力资源管理信息系统,规范管理流程,提升管理水平(冯启明,2021);另一方面则专注于员工,例如,通过对港口人力资源内外部供给进行预测,并进行平衡调整,实施人员补充和配置(邵文欣,2020),以及运用双因素理论对港口集团人员进行评价,而后进行激励(郭瑶,2020)。还有基于胜任力模型等对员工培训效果进行评价,进而进行优化和改进,以提高员工素质和专业能力,使其符合港口群的技术要求。

本节主要侧重于对港口群人力资源的培训指标模型进行优化,并对结果进行评价。当前港口群通过信息技术和自动化控制技术实现设备控制的自动化和远程化,在很多环节减少了人工的使用。一些自动化码头已经实现了作业现场的无人化,自动化集装箱码头与传统人工集装箱码头相比,在堆场设备司机、集卡司机、船边理货人员等人员配备上均实现了大幅缩减。随着自动化、标准化技术的发展,未来集装箱码头的人力资源使用仍有很大的压缩空间。同时,港口群的建设需要多方面的人才,如信息技术专业人才、大数据专业人才、自动化技术专业人才、供应链专业人才等。熟悉传统业务,同时具备"互联网 +"思维,还能熟练运用智慧港口相关操控系统的人在当前的劳动力市场上凤毛麟角,此类人才供给远小于需求,这便要求企业加强对员工的培训。而现在多数港口缺乏对培训效果的评价体系,以致培训效果不理想,员工的能力不能满足需求。

4.7.2 港口群人力资源规划优化算法

本节对港口群人力资源培训评估体系进行优化,首先通过柯氏四级评估模型确定港口群人力资源培训指标,然后运用层次分析法对培训指标进行处理,对处理结果进行一致性检验,通过可拓优度评价法计算优度,进而可以得到人力资源培训效果,并进行进一步的改进。

1. 柯氏四级评估模型

柯氏四级评估模型源于 20 世纪中期,在当时该领域的学术界引起了轰动,是一次研究上的重大突破。该模型具有许多优点,得益于此,直到现在还被普遍应用在培训评估体系中,是一个十分经典的模型。即便是后来研究出许多可行性较高的模型,也都有该模型的影子。它主要包括 4 个评估层次,每个评估层次所评估的方法和内容都有所不同,柯氏四级评估模型的内容和方法如表 4-30所示。

表 4-30　柯氏四级评估模型的内容和方法

评估层次	评估内容	评估方法
反应层	对培训中和培训结束的结果进行评估，评估的主要指标是受训者的个人想法，根据这些信息评估出其对培训的看法	问卷调查法 访谈法
学习层	在培训结束后，了解受训者对培训内容掌握的程度，在培训中学到了哪些知识	试卷测试 现场模拟
行为层	评估的对象依然是受训者，评估目标是受训者的行为，是在培训后进行的。这层评估主要是依靠受训者的上下级或同事之间进行评定的	绩效考核法 观察法 访谈法
结果层	评估培训后，受训者行为变化给组织带来了哪些效益	合格率、产量等

表 4-30 是对柯氏四级评估模型的特点和各评估层次功能的介绍，但若要进行具体划分，则可以划分为 4 个过程，分别为反应评估、学习评估、行为评估、结果评估。接下来对这四个方面进行详细介绍。

(1) 反应评估。

反应评估面向的主要对象是培训者，对培训者的培训水平、培训技巧、培训内容、个人综合素质等多方面进行评估。它的发生过程是在培训结束后，通常采用线下方式进行了解，例如，采用问卷调查法或者访谈法完成评估，旨在了解培训项目的结果。

(2) 学习评估。

在目前的许多企业中，学习评估都得到了广泛应用。它具有更高的准确性，能够对受训者进行全方面了解，结果具有科学性。可以通过评估来了解其掌握知识的程度，以及评估其技能水平提高了多少。

(3) 行为评估。

行为评估的实施者是领导，实施的对象是培训者。通过行为评估可以直观地观察出培训者的行为特点，以及在培训前后所发生的变化。即便是十分微小的变化，也能够被及时评估出来。此外，还可以通过同事间的自我观察得出结果。这就需要企业制定出一个科学、合理的评估表，有具体的评估指标和内容。

(4) 结果评估。

结果评估的手段较为高级，它借助数学计算对培训工作所产生的经济价值进行评估，一般是整个培训流程完成以后才开始使用这种评估手段。可以通过结果评估及时了解培训的效果及其所带来的价值，以及价值的多少。当然，这种评估方式也是综合多个因素来开展的，如生产效率、客户满意度等。通过对这些指标进行深入研究和分析，企业领导会更加注重培训体系的建立，当他们看到经济价值时，他们会更加积极地倡导培训活动。

随着企业的发展和企业文化的与时俱进，培训效果评估在企业中的开展是一个无法阻挡的趋势。培训效果评估体系会被不断引入企业中，其使用范围也会不断扩大，不再拘泥于某一个方面，成为企业对培训效果进行评定的一个科学依据。

从操作上来说，柯氏四级评估模型的第一层及第二层的数据获取相对容易，但是评估内容却偏向主观想法，缺乏客观的数据支持。第三层、第四层虽然获取的是客观数据，但是数据的搜集有一定的难度，例如，第三层用来评估受训者受训后是否运用到培训的知识，这一点不仅与受训者本身有关，还涉及受训者的工作环境、企业的管理方式等影响因素。

2. 层次分析法

20 世纪 80 年代，美国运筹学家 Satty 教授研究出一种将决策因素分为多个目标或者多种方案的决策方法，即层次分析法。层次分析法运用了定性与定量相结合的原则，Satty 教授认为将决策因素层次化是一个十分重要的过程，每个层次对决策的重要程度是不同的，因此必须对每个层次的重要程度赋予相应的权重，而这些权重的大小将直接影响层次分析法的结果。该方法能让人们更好地进行决策，也使得决策的过程变得更加清晰明了，1982 年该方法被引入到我国，从此在各个领域(如城市规划、科研评价、经济管理等)得到了广泛重视和应用。

层次分析法的实现过程大体分为以下五个步骤。

1) 建立层次结构模型

建立层次结构模型是应用层次分析法分析决策问题的首要步骤。分析问题各层次结构的前提是确定问题的各种影响因素，所分出的层次与层次间均存在一定的联系，根据这种联系就可以将这些影响因素层次化，从而构建出由多种层次组成的结构模型。上述层次包括目标层、准则层以及方案层。其中，目标层是指待决策问题的评价对象，即本节要解决的这个问题的目标是什么。准则层，顾名思义，它一般具有多层结构，即决策目标的影响因素有很多，本节可以将其一一列出，当然，所建立的影响因素必须要与待决策目标紧密联系，否则就失去了其研究意义。方案层指的是本节在实现目标过程中所提出的解决方案和措施，它为更好地实现目标层提出的目标提供了有力保证，是实现目标层的工具。

2) 构造判断矩阵

在实现构建层次结构模型后，要对准则层中各因素之间的重要性进行科学性解释，即通过比较两两因素间的相对重要程度来构建成对比较矩阵。设有 n 个子因素集合，$X=\{x_1,x_2,\cdots,x_n\}$，在求其对上层因素 Z 的权重时，首先要从 X 集合中选取两个子因素 x_i 和 x_j，$i=1,2,\cdots,n;j=1,2,\cdots,n$。其中，$a_{ij}$ 表示 x_i 和 x_j 对于 Z 的权重之比，重复上述比较过程，直至集合中的所有元素均进行了两两比较，就

可以构建出矩阵 $A = (a_{ij})_{n\times n}$，矩阵 A 为 $Z-X$ 的成对比较矩阵，也称为判断矩阵。

定义 4.4　若矩阵 $A = (a_{ij})_{n\times n}$ 满足

$$a_{ij} > 0 \tag{4-118}$$

$$a_{ji} = \frac{1}{a_{ij}}, \quad i, j = 1, 2, \cdots, n \tag{4-119}$$

则称 A 为正互反判断矩阵(显然 $a_{ij} = 1, i = 1, 2, \cdots, n$)。

3) 一致性检验

在步骤 2)中，本节所构造的判断矩阵不一定具有满意的一致性，不满足一致性的判断矩阵无法使用，为了检验其是否具有一致性，本节定义 CR 为一致性比例，公式为 $\text{CR} = \dfrac{\text{CI}}{\text{RI}}$，本节规定当且仅当 $\text{CR} \leqslant 0.1$ 时，本节构造的判断矩阵才可以说具有满意的一致性，否则，无法通过一致性检验。在使用层次分析法时，所构造的每一个判断矩阵必须通过一致性检验。

首先，计算正互反判断矩阵 A 的一致性指标 CI，即

$$\text{CI} = \frac{\lambda_{\max} - n}{n - 1} \tag{4-120}$$

式中，$\lambda_{\max}$ 为 A 的最大特征值；n 为判断矩阵的阶数。

当正互反判断矩阵的阶数不同时，CI 可以接受的临界值也是不同的，这样就会将判断矩阵的一致性检验过程变得复杂化和困难化，Satty 教授为了得到一个对不同阶数的正互反判断矩阵均适用的且一致性检验都可以接受的临界值，提出了新的一致性指标 RI，修正了以前的一致性指标 CI，其公式为

$$\text{RI} = \frac{\text{CI}}{\text{CR}} \tag{4-121}$$

平均随机一致性指标 RI 是同阶随机正互反判断矩阵的一致性指标 CI 的平均值。Satty 教授规定当且仅当 $\text{CI} < 0.1$ 时，该正互反判断矩阵可以通过一致性检验，即可以用来进行之后的计算；否则，构造的正互反判断矩阵不符合一致性检验标准，必须对其进行修改和调整，然后再对其进行一致性检验，反复进行上述过程使其逐渐趋于一致性，最终通过一致性检验。

4) 层次单排序

层次分析法中的层次单排序是指属于同一层次的因素相对于上一层次因素的重要程度，并按照重要程度进行权排序，判断矩阵 A 的最大特征值 $\lambda_{\max}$ 的特征向量 $\omega = (\omega_1, \omega_2, \cdots, \omega_n)^{\text{T}}$ 决定这个排序。它包括以下四个步骤。

步骤 1　将判断矩阵 $A = (a_{ij})_{n\times n}$ 的元素按列进行归一化处理，得到 $\overline{A} = (\overline{a}_{ij})_{n\times n}$
其中

$$\overline{a_{ij}} = \frac{a_{ij}}{\sum\limits_{k=1}^{n} a_{kj}}, \quad i = 1, 2, \cdots, n \tag{4-122}$$

步骤 2 将矩阵 $\overline{A}$ 的元素按行相加，得到向量 $\overline{W} = (\overline{\omega_1}, \overline{\omega_2}, \cdots, \overline{\omega_n})^{\mathrm{T}}$，其中

$$\overline{\omega_i} = \sum\limits_{j=1}^{n} \overline{a_{ij}}, \quad i = 1, 2, \cdots, n \tag{4-123}$$

步骤 3 对向量 $\overline{W}$ 进行归一化处理，得到所求特征向量 $W = (\omega_1, \omega_2, \cdots, \omega_n)^{\mathrm{T}}$，其中

$$\omega_i = \frac{\overline{\omega_i}}{\sum\limits_{k=1}^{n} \overline{\omega_k}} \tag{4-124}$$

步骤 4 求出判断矩阵的最大特征值为

$$\lambda_{\max} = \frac{1}{n} \sum\limits_{i=1}^{n} \frac{(AW)_i}{\omega_i} \tag{4-125}$$

5) 层次总排序

层次总排序是指在计算最低层次中所有因素相对于决策目标层的重要程度，并将这个重要程度的多少按先后顺序排列，从而得到排序权值。这是对准则层相对于决策最高层次(即目标层)重要程度的一个总排序，所得到的判断矩阵也要进行总的一致性检验。只有通过一致性检验，判断矩阵才可以使用，若上一层次 A 包含 m 个因素 $A_1, A_2, \cdots, A_m$，它的层次总排序权值分别为 $a_1, a_2, \cdots, a_m$，其下一层 B 包含 n 个因素 $B_1, B_2, \cdots, B_n$，它们对于因素 4 的层次单排序权值分别为 $b_1, b_2, \cdots, b_n$(若 B_k 与 A_j 无关，则 $b_{kj} = 0$)，从而可以给出 B 层的总排序权值，见表 4-31。

表 4-31 B 层总排序权值

| 层次 | A_1 | A_2 | ... | A_m | B 层总排序权值 |
	a_1	a_2	...	a_m	
B_1	b_{11}	b_{12}	...	b_{1m}	$\sum\limits_{j=1}^{m} a_j b_{1j}$
$\vdots$	$\vdots$	$\vdots$	...	$\vdots$	$\vdots$
B_n	b_{n1}	b_{n2}	...	b_{nm}	$\sum\limits_{j=1}^{m} a_j b_{nj}$

如果 B 层某些因素对于 A_j 的一致性指标为 CI_j，相应地平均随机一致性指标

为 R_j ，则 B 层总排序一致性比例为

$$CR = \frac{\sum_{j=1}^{m} a_j CI_j}{\sum_{j=1}^{m} a_j RI_j}$$ (4-126)

最终得到方案层中各决策方案相对于目标层的权重值，当其符合总体一致性时，决策者便可以通过所构造的成对比较矩阵做出最终的决策。

3. 可拓优度评价法

本节在对一个事物或者一个策略实施综合性评价时，不仅要考虑到待评价对象的优点，也要考虑到其缺点；此外，在评价中经常要考虑到动态和的变化，并考虑到潜在的优点和缺点。此时，本节可以采用可拓优度评价法对其实施综合性评判。考虑到待评价对象有优点，也有缺点，本节可以采用计算关联函数的测量条件来避开它所带来的不利因素，因为关联函数可以取正值，也可以取负值，通过正负值的区分就可以将对象的优缺点进行合理量化，有了关联函数的表示方式，可以使得评价更真实、更现实。可拓优度评价等级如表 4-32 所示。

表 4-32 可拓优度评价等级

等级	特征	优度值
零	无任何培训效果	0
较低	培训效果不理想	0~0.4
中	培训效果一般	0.4~0.6
较高	培训效果较理想	0.6~0.8
高	培训效果很好	0.8~1

若评价指标集中第 i 个评价指标的权重为 $a_i(i=1,2,\cdots,n)$ $(0 \leqslant a_i \leqslant 1)$ ，评价对象 Z 关于评价指标 c_i 的关联度用 $k_i(i=1,2,\cdots,n)$ 来表示，那么评价对象 Z 的优度就可以用下述公式来表示，即

$$K = \sum_{i=1}^{n} \lambda_i k_i$$ (4-127)

结合表 4-32 对优度进行评价，可以得到对港口群人力资源培训的效果，借此进行优化改进。

4.7.3 算例分析

A 港口是我国特大型企业集团，其水陆域面积约为 260km²，资产达 500 亿

元。A港口集团下属企业近90家,员工达2万余人。A港口每年的工作不仅要履行为国有资产保值增值的责任,同时教育和引导员工这项工作也是十分重要的。为此,A港口集团提出了发展港口,培育出一支训练有素的员工队伍。A港口依据自身的发展需求,围绕港口未来发展对于技能型人才、复合型人才、专业型人才、创新型人才的客观需要,实施全体员工的培训。

通过对A港口培训工作的概况进行分析,可以了解到A港口对每次培训的目的都很明确,每次培训活动的设计都是为了企业的可持续性发展。A港口开展员工培训的主要形式也比较完善,为了节约公司财力,A港口利用公司现有资源采用内部组织培训的方式对员工进行培训。在实施培训的过程中,A港口能针对不同层次、不同岗位的员工实施适合其发展的培训内容。这些培训形式的设计都是其在培训管理工作中的成熟体现。当然,较完善的培训管理体系也给A港口带来了一定的良好效果。然而,A港口对员工实施培训后的效果评价工作做得不是很出色。

1. 确定指标

1) 反应层指标的数据收集与量化

在这一层的数据收集中,一般采用问卷调查的方法,本次评价共下发调查问卷290份,排除无效问卷,最终得到有效问卷270份,有效问卷回收率约为93.1%。下面采用得分比例计算公式,满意度应该为全部参评人员评分总和与全部参评人员评分满分的总和的比值,即满意度可以用式(4-128)进行计算:

$$f = \left[\frac{m \times 5 + n \times 4 + r \times 3 + s \times 2 + t \times 1}{(m+n+r+s+t) \times 5} \right] \times 100\% \tag{4-128}$$

式中,m 为评分为5分的人数;n 为评分为4分的人数;r 为评分为3分的人数;s 为评分为2分的人数;t 为评分为1分的人数。

计算得出各项指标及总体综合评价的具体数据统计结果,如表 4-33~表 4-36所示。

表 4-33　生产业务部(80 人参评)评价统计表

准则层	指标	不同分数对应人数					满意度/%
		5分	4分	3分	2分	1分	
	指标 C_{11}	71	6	3	0	0	97
反应层	指标 C_{12}	68	10	2	0	0	96.5
	指标 C_{13}	63	11	3	3	0	93.5

表 4-34　人力资源部(50 人参评)评价统计表

准则层	指标	不同分数对应人数					满意度/%
		5分	4分	3分	2分	1分	
反应层	指标 C_{11}	42	8	0	0	0	96.8
	指标 C_{12}	41	6	3	0	0	95.2
	指标 C_{13}	43	7	0	0	0	97.2

表 4-35　投资发展部(35 人参评)评价统计表

准则层	指标	不同分数对应人数					满意度/%
		5分	4分	3分	2分	1分	
反应层	指标 C_{11}	28	4	3	0	0	94.29
	指标 C_{12}	29	6	0	0	0	96.57
	指标 C_{13}	30	5	3	0	0	93.71

表 4-36　设备工程部(105 人参评)评价统计表

准则层	指标	不同分数对应人数					满意度/%
		5分	4分	3分	2分	1分	
反应层	指标 C_{11}	91	12	2	0	0	96.95
	指标 C_{12}	93	11	1	0	0	99.24
	指标 C_{13}	90	10	3	2	0	98.67

　　结合四个部门针对反应层各指标的平均满意度，最终可以得出本次学员对指标 C_{11} 的平均满意度为 96.26%；对指标 C_{12} 的平均满意度为 96.88%；对指标 C_{13} 的平均满意度为 95.77%。

　　2) 学习层指标的数据收集与量化

　　当对学习层进行评价时，采用测验法和模拟法。针对以上四个部门进行调查：用 $a_{2j}(j=1,2,3)$ 表示每个部门学员培训前的平均分数，用 $a'_{2j}(j=1,2,3)$ 表示培训后的平均分数，$\Delta_{2j}(j=1,2,3)$ 表示变化的分数，得到四部门学习层培训统计数据，如表 4-37 所示。

表 4-37 四部门学习层培训统计数据

培训部门	指标 C_{21} (专业知识提高程度) 分数			指标 C_{22} (学习新知识能力提高程度) 分数			指标 C_{23} (实践技能提高程度) 分数		
	a_{21}	a'_{21}	Δ_{21}	a_{22}	a'_{22}	Δ_{22}	a_{23}	a'_{23}	Δ_{23}
部门一	76	90	14	80	90	10	82	94	12
部门二	85	94	9	86	92	6	88	95	7
部门三	86	95	9	89	98	8	80	89	9
部门四	90	97	7	88	95	7	90	97	7
平均变化分数			9.75			7.75			8.75

3) 行为层指标的数据收集与量化

在对行为层进行评价时，本节主要采用访谈法和观察法。在对指标 C_{31} (员工积极性提高程度)以及指标 C_{32} (各部门培训员工工作能力的提高程度)的数据进行收集时，采用访谈法对各部门的管理阶层进行采访，并让他们给员工进行打分(1~5 分)；对指标 C_{33} (各部门缺勤率变化程度)的数据进行收集，采用观察法分别统计出四个部门在培训前三个月以及培训后三个月的出勤率情况，并用 1~5 分进行打分。用 $a_{3j}(j=1,2,3)$ 表示培训前的数据，$a'_{3j}(j=1,2,3)$ 表示培训后的数据，$\Delta_{3j}(j=1,2,3)$ 表示变化的分数，从而得出四部门行为层培训统计数据，如表 4-38 所示。

表 4-38 四部门行为层培训统计数据

培训部门	指标 C_{31} (员工积极性提高程度) 分数			指标 C_{32} (工作能力提高程度) 分数			指标 C_{33} (缺勤率变化程度) 分数		
	a_{31}	a'_{31}	Δ_{31}	a_{32}	a'_{32}	Δ_{32}	a_{33}	a'_{33}	Δ_{33}
部门一	3.3	4.8	1.5	4.5	3.1	1.4	3.5	4.2	0.7
部门二	3.3	4.5	1.2	5.2	3.6	1.6	3.2	4.1	0.9
部门三	3.2	4.6	1.4	3.8	2.1	1.7	4.1	4.8	0.7
部门四	4.0	4.9	0.9	2.9	2.1	0.9	3.5	4.3	0.8
平均变化分数			1.25			1.58			0.78

4) 结果层指标的数据收集与量化

培训前就将待调查数据全部收集起来，然后对培训后的数据调查进行跟踪分析，跟踪调查时间一般为 3~6 个月。最终将所得数据进行量化，并将培训前的数据与培训后的数据进行对比，得到四部门结果层培训统计数据，如表 4-39 所示。

表 4-39　四部门结果层培训统计数据

培训部门	指标 C_{41} (经济效益)分数	指标 C_{42} (团队能力)分数			指标 C_{43} (客户满意度)分数		
	培训后 6 个月	a_{42}	a'_{42}	Δ_{42}	a_{43}	a'_{43}	Δ_{43}
部门一	1.6	3.8	4.6	0.8	4.2	4.6	0.4
部门二	1.7	3.9	4.5	0.6	3.8	3.7	−0.1
部门三	1.4	4.0	3.9	−0.1	3.8	3.7	−0.1
部门四	1.6	4.2	4.6	0.4	3.9	4.4	0.5
平均变化分数	1.58			0.43			0.18

2. 一致性检验

在使用层次分析法时，一个重要过程是确定准则层各指标的权重大小，由于各指标对目标层的影响不同，其对应的权重也会有所不同。它们相对于目标层的重要程度将直接影响到其权系数的大小。评价指标权系数的大小也将直接影响最终的决策结果。因此，在对各指标的权系数进行赋值时，一定要本着科学严谨的态度，不能由人主观确定，不然会影响到解的真实性和可靠性。本节通过走访调查以及专家打分的方法来评价指标的权重，进行科学合理的赋值。

1) 构造两两比较判断矩阵

本节将影响 A 港口员工培训效果评价的因素一一罗列出来，这些因素相对于本节的评价结果哪个影响更大、大多少等问题都有待研究，而影响程度的重要性就是对其赋值的关键。为了解决这个难以用语言刻画的影响程度，Satty 教授使用 1~9 的比例标度对其进行了更为精确的概述，重要程度赋值表如表 4-40 所示。

表 4-40　重要程度赋值表

重要程度赋值	定义	含义
1	同等重要	两个目标相比，重要性一致
3	略微重要	两个目标相比，前者比后者重要性略强
5	相当重要	两个目标相比，前者比后者重要性明显
7	明显重要	两个目标相比，前者比后者重要性强烈
9	绝对重要	两个目标相比，前者比后者重要性十分强烈
2,4,6,8	相邻中间值	表示上述相邻判断的中间值
$\frac{1}{k}, k=1,2,\cdots,9$	反向判断	因素得到判断为倒数

针对递阶层次结构中的第 1 层，即准则层的各因素 $B_i(i=1,2,3,4)$，得到的两两比较判断矩阵为

$$A_1 = \begin{bmatrix} 1 & \dfrac{1}{3} & \dfrac{1}{5} & \dfrac{1}{7} \\ 3 & 1 & \dfrac{1}{3} & \dfrac{1}{5} \\ 5 & 3 & 1 & \dfrac{1}{3} \\ 7 & 5 & 3 & 1 \end{bmatrix}$$

同理，针对指标层中的评价指标 $B_i(i=1,2,3,4)$，本节可以得到如下的两两比较判断矩阵，分别为

$$A_{21} = \begin{bmatrix} 1 & 5 & 2 \\ \dfrac{1}{5} & 1 & \dfrac{1}{3} \\ \dfrac{1}{2} & 3 & 1 \end{bmatrix}, \quad A_{22} = \begin{bmatrix} 1 & \dfrac{1}{5} & 2 \\ 5 & 1 & 6 \\ \dfrac{1}{2} & \dfrac{1}{6} & 1 \end{bmatrix}$$

$$A_{23} = \begin{bmatrix} 1 & 3 & \dfrac{1}{5} \\ \dfrac{1}{3} & 1 & \dfrac{1}{7} \\ 5 & 7 & 1 \end{bmatrix}, \quad A_{24} = \begin{bmatrix} 1 & 3 & 2 \\ \dfrac{1}{3} & 1 & \dfrac{1}{4} \\ \dfrac{1}{2} & 4 & 1 \end{bmatrix}$$

2) 由判断矩阵计算被比较因素的相对权重

计算出矩阵 $A_1,A_{21},A_{22},A_{23},A_{24}$ 的最大特征根分别为 $\lambda_1=4.1170$、$\lambda_{21}=3.0037$、$\lambda_{22}=3.0297$、$\lambda_{23}=3.0649$、$\lambda_{24}=3.1078$。其特征向量分别为

$$a_1 = (0.0553, 0.1175, 0.2622, 0.5650)^{\mathrm{T}}$$
$$a_{21} = (0.5815, 0.1095, 0.3090)^{\mathrm{T}}$$
$$a_{22} = (0.1721, 0.7258, 0.1021)^{\mathrm{T}}$$
$$a_{23} = (0.1884, 0.0810, 0.7306)^{\mathrm{T}}$$
$$a_{24} = (0.5171, 0.1243, 0.3586)^{\mathrm{T}}$$

3) 矩阵的一致性检验

根据上述计算结果可以算出判断矩阵 $A_1,A_{21},A_{22},A_{23},A_{24}$ 的一致性检验指标为

$$A_1 : CI = 0.0390, \quad RI = 0.890, \quad CR = 0.0438 < 0.14$$
$$A_{21} : CI = 0.0018, \quad RI = 0.58, \quad CR = 0.0003 < 0.1$$
$$A_{22} : CI = 0.0149, \quad RI = 0.58, \quad CR = 0.025 < 0.1$$
$$A_{23} : CI = 0.0324, \quad RI = 0.519, \quad CR = 0.0624 < 0.1$$
$$A_{22} : CI = 0.0539, \quad RI = 0.58, \quad CR = 0.093 < 0.1$$

由上述计算得出的一致性检验指标值可以看出，本节构造的正互反判别矩阵均具有满意的一致性。

4) 计算指标层元素的组合权重

通过上述步骤，已经计算出第 $k-1$ 层 n_{k-1} 个元素 $B_1, B_2, \cdots, B_{n_{k-1}}$ 相对于总目标的组合排序权重向量为

$$a^{(k-1)} = (a_1^{(k-1)}, a_2^{(k-1)}, \cdots, a_{n_{k-1}}^{(k-1)})^{\mathrm{T}} \tag{4-129}$$

以及第 k 层 n_k 个元素 $C_1, C_2, \cdots, C_{n_k}$ 相对于第 $k-1$ 层的每个元素 $B_j (j = 1, 2, \cdots, n_{k-1})$ 的单排序权重向量为

$$\omega_i^{(k)} = (\omega_{1j}^{(k-1)}, \omega_{2j}^{(k-1)}, \cdots, \omega_{nj}^{(k-1)})^{\mathrm{T}}, \quad i = 1, 2, \cdots, n_k \tag{4-130}$$

若作 $n_k \times n_{k-1}$ 阶矩阵

$$A^k = (\omega_1^{(k)}, \omega_2^{(k)}, \cdots, \omega_{n_{k-1}}^{(k)}) \tag{4-131}$$

则可得第 k 层 n_k 个元素 $C_1, C_2, \cdots, C_{n_k}$ 相对于总目标的组合排序权重向量为

$$a^{(k)} = (a_1^{(k)}, a_2^{(k)}, \cdots, a_{n_k}^{(k)})^{\mathrm{T}} = A^{(k)} a^{(k-1)} \tag{4-132}$$

即

$$a^{(k)} = A^{(k)} A^{(k-1)} \cdots A^{(3)} A^{(2)} \tag{4-133}$$

由上述公式可以计算出表 4-30 中指标层 12 个指标的权重，如表 4-41 所示。

表 4-41　指标权重

权重	C_{11}	C_{12}	C_{13}	C_{21}	C_{22}	C_{23}
ω	0.322	0.0061	0.0171	0.0202	0.0853	0.0120
权重	C_{31}	C_{32}	C_{33}	C_{41}	C_{42}	C_{43}
ω	0.0494	0.0212	0.1916	0.2922	0.0702	0.2026

3. 优度评价

针对目标层，共构建了 12 个评价指标，在计算关联度并建立关联函数前，必须先知道其量值允许的取值范围，即定义域 $X = \langle c, d \rangle$，同时要找到符合要求

的量值范围，即经典域 $X_0 = \langle a,b \rangle$。节域和经典域来自专家打分，优度评价表如表 4-42 所示。

表 4-42　优度评价表

目标层	准则层	指标层	经典域	节域	实际值
		C_{11}	<60%, 100%>	<80%, 100%>	96.26%
	B_1	C_{12}	<60%, 100%>	<80%, 100%>	96.88%
		C_{13}	<60%, 100%>	<80%, 100%>	95.77%
		C_{21}	<0, 10>	<5, 10>	9.75
	B_2	C_{22}	<0, 8>	<4, 8>	7.75
		C_{23}	<0, 9>	<4, 9>	8.75
A		C_{31}	<0, 1.5>	<0.5, 1.5>	1.25
	B_3	C_{32}	<0, 1.6%>	<1%, 1.6%>	1.58%
		C_{33}	<0, 0.8>	<0.2, 0.8>	0.780
		C_{41}	<0, 2%>	<1%, 2%>	1.58%
	B_4	C_{42}	<0, 0.5>	<0.2, 0.5>	0.43
		C_{43}	<0, 0.5>	<0.2, 0.5>	0.18

通过以上方法得到了各个评价指标的权重以及各个评价指标的关联度，在计算优度时，采用可拓优度评价法，计算出 A 港口员工培训效果评价的最终优度值为 0.62。结合评价标准可以看出，培训较为成功，培训成果较为理想。

4.8　港口群空箱资源运营优化

近年来，因资源相似、腹地重合导致各大港口之间产生无序竞争的现象，面对激烈的竞争以及资源、环境的双重压力，港口群内各港口达成战略联盟，进行资源整合，发挥港口群的整体优势，以提高地区港口的综合竞争力。在整合过程中，空箱作为集装箱运输中的重要资源，其调运与管理往往是各港口及航运公司重点关注的内容。但空箱调运一直是航运公司及箱管企业面临的世界性难题。在我国，空箱调运成本占集装箱承运人运营成本的20%以上。为解决巨额的成本问题，航运公司往往通过港口之间的调箱及租箱来满足港口的空箱需求，但也忽视了港口群范围内众港口公共腹地空箱的周转与利用(蔡佳芯等，2020)。

集装箱的周转必须经过拆箱与装箱的过程，而拆箱和装箱通常发生在不同的时间和地点。货主为了装运货物产生空箱需求，附近的港口、堆场、中转站将空箱运到货主所在地。如果上述地点缺少空箱，则需要从其他地点调运或租箱。在货主的空箱需求得到满足后，空箱装入货物成为重箱，经海运、公路、铁路、内河运输到达目的地。重箱卸载后再运输到客户所在地，重箱卸载完货物后成为空箱，空箱将被运往附近的港口、堆场、场站再次使用，或者还给租箱点。当然，上述流程取决于空箱和重箱的需求与供给分布，以及海运与内陆集疏运体系的运行模式等。在上述流程中，集装箱闲置时间占到56%，其中1/3耗费在空箱调运方面。因此，无论从费用角度还是从时间角度，空箱调运成为长期以来困扰航运公司以及第三方专业化箱管企业的重点问题(杜菲，2020)。

总体来说，空箱调运问题产生的主要原因包括以下几个方面：①季节性变化和各地区经济贸易发展不对等，导致各港口进出口箱量和箱型不平衡；②港口设施不完善，不能满足货物装卸需求，导致周转效率低，形成大量空箱积压；③堆场存箱能力有限，产生额外的空箱堆积成本；④集装箱信息系统建设不健全，班轮公司之间缺乏业务配合，造成班轮公司在做相关空箱调运决策时缺乏最新的动态信息，导致决策准确性低；⑤集装箱管理水平不足，影响空箱的优化调度，运作的不规范导致集装箱周转效率较低；⑥租箱时间与还箱时间的差异；⑦港口集疏运能力低。

空箱调运过程中也体现了空箱需求与供应的随机性、季节因素和突发性因素改变供需状态的动态性，以及空箱调运方式和路线的复杂性等特点。此外，在港口群空箱调运过程中，涉及多方面的利益相关者，这些利益相关者关系错综复杂，都会对集装箱空箱分配和调运过程产生一定的影响，各方都首先从自身利益出发，合作不够协调，信息分享不够完善，极大地增加了集装箱空箱调运的复杂性和难度。在空箱调运过程中也会受到空间和时间上的约束，集装箱空箱的分配和调运需要在确定的船期航程表和航线约束下进行；货主的用箱需求也有时间限制，不管是过早到达还是超过最迟时间送达，都会造成成本压力，影响信誉和后续的合作。若无特殊情况，班轮公司的船舶舱位一般要遵循重箱优先原则，由此空箱的可装载量受到船舶剩余容量空间的限制(唐万生等，2022)。

现行的空箱调运模式仍存在部分缺陷，空箱调运需要掌握及时大量的集装箱各环节信息，而且信息是时刻变化的。以航运公司为主体的空箱调运模式，最大的优势在于航运公司掌握着海上运输这一主要环节(包括空箱在内)的集装箱状态信息。大型航运公司都可以利用全球计算机跟踪管理系统来获取集装箱信息及其动态，可以通过对集装箱进行实时跟踪，同时货主也可以通过系统实时查询货物的动态，而一般的中小航运公司没有足够资金开发和维护该系统，往往陷入空箱调运的被动局面。此外，在航运公司掌握海运环节空箱信息的同时，不能掌握空箱周转流程中其他环节的信息，且该信息难以及时更新，导致航运公司对空箱数量和类型的计划与实际偏差较大，从而导致出现空箱在部分港口余箱、压箱，而在其他港口又缺箱的现象，同样可能出现被动调箱的局面(杜菲，2020)。

4.8.1　港口群空箱调度理论

我国现行港口群之间的空箱调运是以航运公司为主体的运营优化，各港口被动参与其中，港口对空箱的进出场进行管理，制定空箱的堆存策略和规则，对空箱进行检验和维修，以管理好空箱的堆存问题；同时掌握空箱的详尽信息，协助海关和检疫部门控制、检查进出口的空箱，同时能为航运公司提供空箱的实时信息，便于航运公司对空箱调运的准确预测和规划。

实际上，港口也会主动地参与空箱调运，与航运公司协同运作优化空箱调运，集装箱港口会长期租用堆场给航运公司或船舶代理企业存放空箱，这样既能拓展港口自身的业务范围，提高堆场利用率，也可以与航运公司或船舶代理企业共享集装箱信息，减少空箱调运成本，协同运作创造利润；港口也可以担任航运公司陆上空箱调运代理，代理装卸箱、检验检疫、内陆集疏运、租箱、检验维修等业务，同时可以代理与其他多个航运公司和其他港口剩余舱位共享等业务；当港口通过货主归还空箱、造箱企业提供新箱等渠道获得一定数量的空箱时，可以将自己的空箱以低于租箱公司的价格租给航运公司，降低了航运公司的还箱成本，便于航运公司还箱；港口还可以与租箱公司或造箱企业合作，确保稳定的箱源供应，降低空箱的租赁成本；港口与货主或货代公司合作，共享集装箱上游信息，优化空箱调运方案。

集装箱作为运输工具将货物送达目的地卸货后，由重箱转为空箱，而空箱再次被利用成为重箱前，货源的不均衡分布导致空箱调运现象的发生，且这一空载现象不会产生任何经济效益，由此带来的资源浪费和成本一直制约着航运公司的利润增长。如何在港口群的发展模式下利用共享的腹地场站与港口间形成良好的空箱调运模式，如何通过库存控制的方法合理安排空箱调运，对于航运公司在运营过程中降低总成本具有十分重要的意义。

从运输角度来看，传统的空箱调运研究以海运单一调运模式为主。在内陆运输方面，近年来的研究主要涉及内陆场站之间的单周期调运、内陆场站的选址、内陆空箱调运的路径选择以及内陆重空箱的联合调配问题等。蔡佳芯等(2022)从库存、运输角度进行空箱调运研究，可以发现，还有以下问题需要进一步进行优化与研究，即单周期的空箱调运问题、静态空箱库存问题、港口群与陆向腹地的脱节以及对重空箱转化问题的忽视。针对以上问题，本节以区域港口群内的港口与陆向公共腹地为研究对象，综合考虑多周期、(D,U)策略的因素，同时加入重箱与空箱间进行转化的考量，构建了港口群与共享腹地场站之间的空箱调运系统，通过动态规划与马尔可夫决策过程的结合，优化各周期的空箱调运量、租箱量以及库存保有量，使得航运公司总的运营成本最少。

在港口群运输网络中，港口之间、港口的陆向腹地场站与港口之间进行着往复的重空箱运输。处于公共腹地范围内的内陆集装箱场站可以与多个其覆盖的港口间进行重空箱的运输。这也意味着，当港口处于空箱供给不足的状态时，来自公共腹地的内陆场站可以为多个港口提供空箱的补给，以这样的方式为航运公司增加一种新的空箱补给来源。图 4-35 展示了区域港口群与陆向公共腹地场站间的空箱调运示意图。

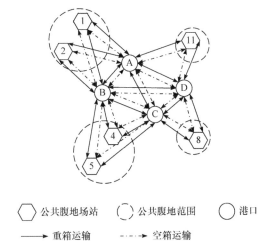

图 4-35　区域港口群与陆向公共腹地场站间的空箱调运示意图

　　此外，为了弥补空箱调运所耗费的时间成本，每个周期在港口群的各个港口设置不同的库存保有量区间，D 代表港口库存量的最小值，U 代表港口空箱库存量的最大值。当港口空箱库存量低于 D 时，通过港口间、港口与内陆场站间以及租箱的方式补足空箱量直至达到 D 值；当港口的空箱库存量超过 U 时，要通过向外调运空箱来减少港口的空箱库存量，调运方向是其他港口以及共享的内陆公共腹地场站。每一周期的最优库存保有量区间是随着重空箱运输量、调运量、租箱量而不断发生变化的，通过动态规划在每一周期末对库存量进行决策，经过一个周期的重空箱运输，使在周期末的港口空箱库存量能够保持在优化的区间之内。

　　本节以所有周期的总成本最小化为目标，综合考虑每个港口节点的空箱流入流出量平衡、港口节点以及内陆场站节点的库存量平衡等约束条件，并设置两种情形。情形 1：不考虑空箱库存量区间，对空箱调运方案进行优化；情形 2：计算在 (D,U) 策略下各项成本以及优化的空箱调运方案；综合两种情形的计算结果，对各类成本进行对比，以此来验证 (D,U) 策略下区域港口群空箱调运方案的有效性。综合国内外对库存、运输角度的空箱调运研究可以发现，还有以下问题需要进一步的优化与研究，即单周期的空箱调运问题、静态空箱库存问题、港口群与陆向腹地的脱节以及重空箱转化问题的忽视。

4.8.2　港口群空箱调度优化模型

港口群空箱调度优化模型以区域港口群内的港口与陆向公共腹地为研究对象，综合考虑多周期、(D,U) 策略的因素，同时加入重箱与空箱间进行转化的考量，构建港口群与共享腹地场站之间的空箱调运系统，通过动态规划以及马尔可夫决策过程的结合，优化各周期的空箱调运量、租箱量以及库存量，使得航运公司总的运营成本最小。

1. 前提假设

上一周期到达港口的重箱经过转化后作为本周期的空箱供给量，上一周期由港口运至场站的重箱经过转化后作为本周期场站的空箱供给量；不考虑公共腹地场站之间的空箱调运；租箱在本周期内就可以到达，并不考虑还箱；不考虑空箱的装卸费，统一计费到运输费用之中；仅考虑 20ft 集装箱。

2. 参数定义

1) 集合

(1) T：计划期长度，$t \in T$。

(2) P：港口群内的所有港口集合，$i, j \in P$。

(3) H：内陆集装箱场站集合，$m \in H$。

2) 成本参数

(1) CP_{ij}：港口 i 与港口 j 之间的单位空箱运输成本；CE_{im}：港口 i 与场站 m 之间的单位空箱运输成本。

(2) CS_m^1：场站 m 的单位空箱存储成本。

(3) CS_i^2：港口 i 的单位空箱存储成本。

(4) CL_i：港口 i 的单位租箱成本。

(5) CL_m：场站 m 的单位租箱成本。

3) 其他参数

(1) Iq_{ij}^t：t 周期从港口 i 运往港口 j 的重箱数量，经过转化之后可以作为空箱供给量，是一个独立同分布的随机量。

(2) Oq_{ij}^t：t 周期从港口 i 运出到港口 j 的重箱数量，即当期空箱需求量，是一个独立同分布的随机量。

(3) λ_{im}：当场站 m 处于港口 i 覆盖范围内时，取值为 1，否则，取值为 0。

(4) QH_{im}^t：t 周期从港口 i 运往场站 m 的重箱数量。

(5) DH_m^t：t 周期场站 m 的空箱需求量。

(6) IV_i^0：港口 i 的初始空箱量。

(7) IV_m^0：场站 m 的初始空箱量。

(8) $\omega 1_m^{\max}$：场站 m 的空箱最大堆存量。

(9) $\omega 2_i^{\max}$：港口 i 的空箱最大堆存量。

(10) F_{ij}^t：t 周期港口 i 与港口 j 间的最大运输能力。

4) 决策变量

(1) QP_{ij}^t：t 周期从港口 i 调运到港口 j 的空箱数量。

(2) QL_i^t：t 周期港口 i 的租箱数量。

(3) QL_m^t：t 周期场站 m 的租箱数量。

(4) QE_{im}^t：t 周期港口 i 调运到场站 m 的空箱数量。

5) 衍生变量

(1) $\mathrm{ST1}_m^t$：t 周期末场站 m 的空箱库存量。

(2) $\mathrm{ST2}_i^t$：t 周期末港口 i 的空箱库存量。

(3) $\omega 1_m^t$：t 周期场站 m 的空箱流入流出量差，可以表示为

$$\omega 1_m^t = \mathrm{ST1}_m^{t-1} + \sum_{i\in P}\lambda_{im}\mathrm{QH}_{im}^{t-1} - \mathrm{DH}_m^t \qquad (4\text{-}134)$$

如果 $\omega 1_m^t > 0$，则说明场站 m 处于余箱的状态，可以为其覆盖范围内的港口进行空箱供给；若 $\omega 1_m^t \leqslant 0$，则说明场站 m 处于缺箱的状态，此时场站不能向外调箱，需要余箱港口调运或者租箱来满足空箱需求。

$\omega 2_i^t$ 为周期港口 i 的空箱流入流出量差，可以表示为

$$\omega 2_i^t = \mathrm{ST2}_i^{t-1} + \sum_{j\in P}\mathrm{Iq}_{ji}^{t-1} - \sum_{m\in H}\lambda_{im}\mathrm{QH}_{im}^{t-1} - \sum_{j\in P}\mathrm{Oq}_{ij}^t \qquad (4\text{-}135)$$

3. 数学模型

1) 情形 1

未设置空箱库存阈值的空箱调运模型。目标函数是使得所有周期内航运公司的总成本最小，共包括三部分，即港口间和港口与公共腹地场站之间的调运成本、租箱成本以及公共腹地场站与港口的空箱库存成本。

$$C_1 = \sum_{t\in T}\sum_{i\in P}\sum_{j\in P}\mathrm{CP}_{ij}\mathrm{QP}_{ij}^t + \sum_{i\in T}\sum_{i\in P}\sum_{m\in H}\lambda_{im}\mathrm{QE}_{im}^t\mathrm{CE}_{im} \qquad (4\text{-}136)$$

$$C_2 = \sum_{t\in T}\sum_{i\in P}\mathrm{CL}_i\mathrm{QL}_i^t + \sum_{t\in T}\sum_{m\in H}\mathrm{CL}_m\mathrm{QL}_m^t \qquad (4\text{-}137)$$

$$C_3 = \sum_{t \in T} \sum_{m \in H} \max(\mathrm{ST1}_m^t, 0)\mathrm{CS}_m^1 + \sum_{t \in T} \sum_{i \in P} \max(\mathrm{ST2}_i^t, 0)\mathrm{CS}_i^2 \qquad (4\text{-}138)$$

$$\min C = C_1 + C_2 + C_3 \qquad (4\text{-}139)$$

约束条件为

$$\mathrm{ST1}_m^t = \begin{cases} \mathrm{IV}_m^0 - \mathrm{DH}_m^t, & t=1 \\ \omega 1_m^t - \sum_{i \in P} \lambda_{im} \mathrm{QE}_{mi}^t, & \omega 1_m^t > 0, t \geqslant 2, \forall t \in T; \forall m \in H \\ \omega 1_m^t + \mathrm{QL}_m^t + \sum_{i \in P} \lambda_{im} \mathrm{QE}_{im}^t, & \omega 1_m^t \leqslant 0; t \geqslant 2 \end{cases} \qquad (4\text{-}140)$$

$$\mathrm{ST2}_i^t = \begin{cases} \mathrm{IV}_i^0 - \sum_{j \in P} \mathrm{Oq}_{ij}^t, & t=1 \\ \omega 2_i^t - \sum_{m \in H} \lambda_{im} \mathrm{QE}_{im}^t - \sum_{j \in P} \mathrm{QP}_{ij}^t, & \omega 2_i^t > 0; t \geqslant 2; \forall t \in T; \forall i \in P \\ \omega 2_i^t + \mathrm{QL}_i^t + \sum_{m \in H} \lambda_{im} \mathrm{QE}_{mi}^t + \sum_{j \in P} \mathrm{QP}_{ji}^t, & \omega 2_i^t \leqslant 0; t \geqslant 2 \end{cases} \qquad (4\text{-}141)$$

$$\sum_{m \in H} \lambda_{im} \mathrm{QE}_{im}^t \leqslant \omega 2_i^t - \sum_{j \in P} \mathrm{QP}_{ij}^t, \quad \omega 2_i^t > 0, \quad \forall i \in P; \forall t \in T \qquad (4\text{-}142)$$

$$\sum_{m \in H} \lambda_{im} \mathrm{QE}_{im}^t = 0, \quad \omega 2_i^t \leqslant 0; \forall t \in T; \forall i \in P \qquad (4\text{-}143)$$

$$\sum_{i \in P} \lambda_{im} \mathrm{QE}_{mi}^t \leqslant \omega 1_m^t, \quad \omega 1_m^t > 0; \forall t \in T; \forall m \in H \qquad (4\text{-}144)$$

$$\sum_{i \in P} \lambda_{im} \mathrm{QE}_{mi}^t = 0, \quad \omega 1_m^t \leqslant 0; \forall t \in T; \forall m \in H \qquad (4\text{-}145)$$

$$\sum_{j \in P} \mathrm{QP}_{ij}^t \leqslant \omega, \quad \omega 2_i^t > 0; \forall t \in T; \forall i \in P \qquad (4\text{-}146)$$

$$\sum_{j \in P} \mathrm{QP}_{ij}^t = 0, \quad \omega 2_i^t \leqslant 0; \forall t \in T; \forall i \in P \qquad (4\text{-}147)$$

$$\sum_{j \in P} \mathrm{QP}_{ji}^t + \mathrm{QL}_i^t + \sum_{m \in H} \lambda_{im} \mathrm{QE}_{mi}^t \geqslant -\omega 2_i^t, \quad \omega 2_i^t \leqslant 0; \forall t \in T; \forall i \in P \qquad (4\text{-}148)$$

$$\sum_{i \in P} \lambda_{im} \mathrm{QE}_{im}^t + \mathrm{QL}_m^t \geqslant -\omega 1_m^t, \quad \omega 1_m^t \leqslant 0; \forall t \in T; \forall m \in H \qquad (4\text{-}149)$$

$$\mathrm{QL}_i^t \leqslant \left| \omega 2_i^t \right|, \quad \omega 2_i^t \leqslant 0; \forall t \in T; \forall i \in P \qquad (4\text{-}150)$$

$$\mathrm{QL}_i^t = 0, \quad \omega 2_i^t > 0; \forall t \in T; \forall i \in P \qquad (4\text{-}151)$$

$$\mathrm{QL}_m^t \leqslant \left| \omega 1_m^t \right|, \quad \omega 1_m^t \leqslant 0; \forall t \in T; \forall m \in H \qquad (4\text{-}152)$$

$$\mathrm{QL}_m^t = 0, \quad \omega 1_m^t > 0, \quad \forall t \in T; \forall m \in H \tag{4-153}$$

$$\mathrm{ST1}_m^t \leqslant \omega 1_m^{\max}, \quad \forall t \in T; \forall m \in H \tag{4-154}$$

$$\mathrm{ST2}_i^t \leqslant \omega 2_i^{\max}, \quad \forall t \in T; \forall i \in P \tag{4-155}$$

$$\mathrm{QP}_{ij}^t + \mathrm{Oq}_{ij}^t \leqslant \mathrm{F}_{ij}^t, \quad \forall i, j \in P; \forall t \in T \tag{4-156}$$

$$\mathrm{QP}_{ij}^t, \mathrm{QL}_i^t, \mathrm{QL}_m^t, \mathrm{QE}_{im}^t \geqslant 0 \text{ 且为整数} \tag{4-157}$$

式(4-140)与式(4-141)分别表示 t 周期末在满足空箱需求以后场站 m 以及港口 i 的空箱库存量。

式(4-142)～式(4-145)表示 t 周期港口 i 与其覆盖范围内的内陆场站 m 间的空箱调运量约束。

式(4-146)与式(4-147)表示 t 周期港口 i 向其他港口 j 调出的空箱量约束。

式(4-148)与式(4-149)表示 t 周期港口 i 以及场站 m 处于缺箱状态时，空箱调运量以及租箱量要超过其缺箱量。

式(4-150)～式(4-153)表示港口以及场站的租箱量限制。

式(4-154)～式(4-156)表示最大库存量与最大运输能力限制。

式(4-157)表示非负约束。

2) 情形 2

考虑港口空箱库存阈值的调运模型。设 D_i^t 为周期港口调入空箱的极值，即最低库存量值；U_i^t 为周期港口调出空箱的极值，即最高库存量值。因而，在情形 2 下新增的约束如下：

$$\mathrm{ST2}_i^t = \max\left(\omega 2_i^t - \sum_{m \in H} \lambda_{im}\mathrm{QE}_{im}^t - \sum_{j \in P} \mathrm{QP}_{ij}^t, D_i^t \right), \quad \omega 2_i^t - \sum_{m \in H} \lambda_{im}\mathrm{QE}_{im}^t - \sum_{j \in P} \mathrm{QP}_{ij}^t \leqslant U_i^t ,$$
$$\omega 2_i^t > 0; \forall t \in T; i \in P \tag{4-158}$$

$$\mathrm{ST2}_i^t = \min\left(\omega 2_i^t - \sum_{m \in H} \lambda_{im}\mathrm{QE}_{im}^t - \sum_{j \in P} \mathrm{QP}_{ij}^t, U_i^t \right), \quad \omega 2_i^t - \sum_{m \in H} \lambda_{im}\mathrm{QE}_{im}^t - \sum_{j \in P} \mathrm{QP}_{ij}^t \geqslant D_i^t ,$$
$$\omega 2_i^t > 0; \forall i \in P; t \in T \tag{4-159}$$

$$\mathrm{ST2}_i^t = \max\left(\omega 2_i^t + \sum_{m \in H} \lambda_{im}\mathrm{QE}_{mi}^t + \sum_{j \in P} \mathrm{QP}_{ji}^t, D_i^t \right), \quad \omega 2_i^t + \sum_{m \in H} \lambda_{im}\mathrm{QE}_{mi}^t + \sum_{j \in P} \mathrm{QP}_{mi}^t \leqslant U_i^t ,$$
$$\omega 2_i^t \leqslant 0; \forall t \in T; i \in P \tag{4-160}$$

$$\mathrm{ST2}_i^t = \min\left(\omega 2_i^t + \sum_{m \in H} \lambda_{im}\mathrm{QE}_{im}^t + \sum_{j \in P} \mathrm{QP}_{ij}^t, U_i^t \right), \quad \omega 2_i^t + \sum_{m \in H} \lambda_{im}\mathrm{QE}_{im}^t + \sum_{j \in P} \mathrm{QP}_{ij}^t \geqslant D_i^t ,$$
$$\omega 2_i^t \leqslant 0; \forall i \in P; t \in T \tag{4-161}$$

$$\max(D_i^t - \omega 2_i^t, 0) \leqslant \sum_{m \in H} \lambda_{im} \mathrm{QE}_{im}^t + \sum_{i \in P} \mathrm{QP}_{ij}^t + \mathrm{QL}_i^t \leqslant \max(U_i^t - \omega 2_i^t, 0), \quad \forall t \in T; \forall j \in P$$

(4-162)

$$\sum_{m \in H} \lambda_{im} \mathrm{QE}_{im}^t + \sum_{j \in P} \mathrm{QP}_{ij}^t \leqslant \max(\omega 2_i^t - U_i^t, 0), \quad \omega 2_i^t > 0; \forall t \in T; \forall i \in P$$ (4-163)

式(4-158)~式(4-161)表示港口的空箱库存量控制在阈值范围内；

式(4-162)与式(4-163)表示通过调箱以及租箱使得港口空箱库存量达到阈值范围要求。

需要指出的是，在式(4-162)中，在(D，U)策略下，无论港口是处于余箱状态还是缺箱状态，都需要通过调箱与租箱使得港口的空箱库存量保持在阈值范围内。

针对多周期条件下空箱在港口、内陆的流动过程，给出在不同周期下的空箱库存阈值的推导公式，分别为

$$U_i^t = \sum_{j \in P} \mu_{ij}^t + \sqrt{\sum_{j \in P} \left(\sigma_{ij}^t\right)^2}$$ (4-164)

$$D_i^t = \max\left(0, \left(\sum_{j \in P} \mu_{ji}^t - \sum_{j \in P} \mu_{ij}^t - \sum_{m \in H} \mu_{im}^t\right)\right) + \sqrt{\sum_{j \in P} \left(\sigma_{ij}^t\right)^2}$$ (4-165)

式中，μ_{ij}^t、μ_{im}^t 表示港口 i 每周期运出空箱的均值(即空箱需求)；μ_{ji}^t 表示港口 i 每周期运进空箱的均值(即空箱供给)；σ_{ij}^t 表示港口 i 每周期空箱需求的标准差。

在求上限值的公式中，采用的是港口 i 每周期的空箱总需求量均值与总标准差之和；在求下限值的公式中，采用的是港口 i 每周期的空箱流入流出量总差值(净流出量)的均值与总标准差之和，这使得空箱能够从余箱港口流向缺箱港口，减少反方向的空箱运输。

4.8.3 基于动态规划与马尔可夫决策的组合算法设计

马尔可夫决策过程(Markov decision process, MDP)是随机决策领域的一个基本模型框架，是序贯决策的数学模型，是一种能够满足概率性动态变化的数学方法。在具有马尔可夫性质的系统中，利用 MDP 可模拟决策体的随机策略与回报。MDP 是指决策体在每个决策时间点都会得到系统的状态 s，决策体可从状态 s 对应的动作集 O_s 中选择一个动作 O，系统会在下一个决策时间点转移到一个新的状态 s'，此时会得到系统瞬时收益 $r(s,o)$。在 MDP 中，系统从一个状态 s 选择动作 o 转移到下一个状态 s' 的概率可以表示为 $p(s'|s,o)$。在 MDP 中，在给定状态 s 和动作 o 时，下一个状态 s' 仅与当前状态 s 有关，与之前的状态无关，当前状态已经蕴含了所有相关的历史信息，具有马尔可夫性质。在下一个决策时间点，系统

会根据新的状态选择动作。利用该模型可以有效解决连续决策问题,序贯决策示意图如图 4-36 所示,对当前决策的收益进行迭代,最终会得到最大化长期收益的最优策略。用 τ 表示状态 s 到最终状态的一个序列 $\tau:s_0,s_1,\cdots,s_T$,最优策略的目标是找到决策序列(田雪函,2020)。

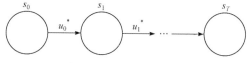

图 4-36　序贯决策示意图

MDP 可以概括为

(1) 当系统的状态改变时,允许决策者做出决策来选择动作。

(2) 可以对连续时间内系统的工作过程进行建模。

(3) 事件的到达过程满足泊松分布,每个系统状态的停留时间服从指数分布。

由于上述模型具有多阶段、动态性以及随机性的特点,所以本节选择动态规划与 MDP 相结合的方法,既可以利用动态规划过程来对多阶段问题进行求解,同时可以利用 MDP,以转移概率来处理空箱调运过程中的随机性。组合算法基本流程图如图 4-37 所示。

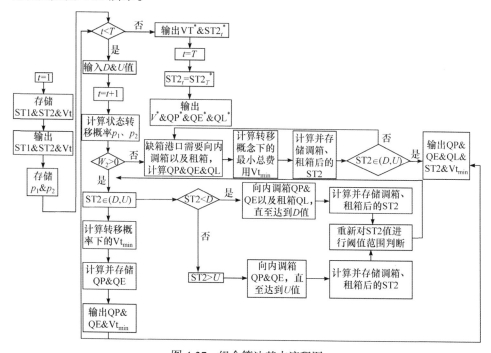

图 4-37　组合算法基本流程图

1. 动态规划主算法设计

本节以港口、内陆集装箱场站每决策周期末的空箱库存量来表示阶段的状态，各港口与内陆集装箱场站的空箱库存量可以通过每阶段的空箱库存量、空箱调运量、租箱量以及重箱转化量进行表示，状态转移方程如式(4-166)与式(4-167)所示。

$$ST1_m^t = \begin{cases} ST1_m^{t-1} + \sum_{i \in P} QH_{im}^{t-1} - DH_m^t - \sum_{i \in P} \lambda_{im} QE_{mi}^t, & \omega1_m^t > 0, & \forall m \in H, \forall t \in T \\ ST1_m^{t-1} + \sum_{i \in P} QH_{im}^{t-1} - DH_m^t + \sum_{i \in P} \lambda_{im} QE_{im}^t + QL_m^t, & \omega_m^t \leqslant 0, & \forall m \in H, \forall t \in T \end{cases}$$

$$(4\text{-}166)$$

$$ST2_i^t = \begin{cases} ST2_i^{t-1} + \sum_{j \in P} Iq_{ji}^{t-1} - \sum_{m \in H} QH_{im}^{t-1} - \sum_{j \in P} Oq_{ij}^t - \sum_{j \in P} QP_{ij}^t - \sum_{m \in H} \lambda_i^m QE_{im}^t, & \omega2_i^t > 0, & \forall i \in P, \forall t \in T \\ ST2_i^{t-1} + \sum_{j \in P} Iq_{ji}^{t-1} - \sum_{m \in H} QH_{im}^{t-1} - \sum_{j \in P} Oq_{ij}^t + QL_i^t + \sum_{j \in P} QP_{ij}^t + \sum_{m \in H} \lambda_i^m QE_{mi}^t, & \omega2_i^t \leqslant 0, & \forall i \in P, \forall t \in T \end{cases}$$

$$(4\text{-}167)$$

2. 转移过程设计

1) 状态转移的动态过程设计

设 Iq_{ji}^t 与 Oq_{ij}^t 的取值范围集合为 $K,(\exists k, l \in K)$，p_1^t 为 Iq_{ij}^t 取值范围概率，$p_1^t\{\alpha \leqslant Iq_{ji}^t \leqslant \beta\} = p_1^t(k)$；$p_2^t$ 为 Oq_{ij}^t 取值范围概率，$p_2^t\{\mu \leqslant Oq_{ij}^t \leqslant \theta\} = p_2^t(l)$；$M$ 为港口吞吐量与船舶最大运输能力的较小值；α_i^t 为(0.1)变量，当 $\omega2_i^t > 0$ 时，α_i^t 值为1，否则，α_i^t 为0。结合上述状态转移方程，借鉴张爽(2006)在随机条件下对空箱调运问题的研究，本节提出在多周期条件下港口空箱调运MDP，可以归纳如下。

令 $S = \{ST2_i^t | 0 \leqslant ST2_i^t \leqslant M, ST2_i^t \in Z\}$ 为系统状态空间，$\forall ST2_i^t \in S$，设 a_t 为在该状态下一个可用的行动，即代表发生实际的空箱调进、调出或租箱。

令 $A_{(i)}$ 为整个系统中航运公司港口 i 的可用空箱库存量为 $\varphi_t = ST2_i^t + \sum_{j \in P} \alpha_i^t QP_{ij}^t + \alpha_i^t QL_i^t + \sum_{m \in H} \alpha_i^t \lambda_{im} QE_{im}^t + \sum_{j \in P} Iq_{ji}^{t-1}$。若不考虑重箱，则航运公司可用空箱数量为 $\psi_t = ST2_i^t + \sum_{j \in P} \alpha_i^t QP_{ij}^t + \alpha_i^t QL_i^t + \sum_{m=H} \alpha_i^t \lambda_{im} QE_{im}^t$。因而，在 $t+1$ 阶段初始系统状态为 $ST2_i^{t+1} = \psi_t + \sum_{j \in P}(Iq_{ji}^{t-1} - Oq_{ij}^t) - \sum_{m \in H} \lambda_{im} QH_{im}^t$。此时，从状态 $ST2_i^t$ 转移到状态 $ST2_i^{t+1}$ 的转移概率为 $p(ST2_i^{t+1} | ST2_i^t, a_t) = p_1^t(z_1) p_2^t(z_2)$。

2) 总费用以及最优状态计算

利用逆向推导得出每一个周期内产生的费用以及最优状态。

(1) 在第 T 阶段，经过实际行动 a_T 后港口的可用空箱数量达到 ψ_T，相应产生的调箱以及租箱费用记为 $\sum_{i \in P}(C_1^T + C_2^T)$；受重箱运进运出的影响，会产生库存费用 $\sum_{i \in P} \sum_{m \in H} C_3^T$。完成重空箱运输后系统的状态为 $\mathrm{ST2}_i^t$，设 V_t 为 $t \sim T$ 所有周期的费用总和，总费用公式如式(4-168)所示。

(2) 在第 $T-1$ 阶段，行动 a_{T-1} 后使得可用的空箱数量调整到 ψ_{T-1}，周期末空箱库存量为 $\mathrm{ST2}_i^{T-1}$，此时费用为 $\sum_i \sum_m (C_1^{T-1} + C_2^{T-1} + C_3^{T-1})$。受重箱运输的影响，系统在第 T 周期末的状态为 $\mathrm{ST2}_i^T = \psi_{T-1} + \sum_{j \in P} \mathrm{Iq}_{ji}^{T-1} - \sum_{m \in H} \lambda_{im} \mathrm{QH}_{im}^t - \sum_{j \in P} \mathrm{Oq}_{ij}^{T-1}$，状态 $\mathrm{ST2}_i^t$ 出现的概率为 $p^{T-1}(a_{T-1})$，此时，总费用如式(4-169)所示。在第 $t \sim T$ 阶段，周期的总费用如式(4-170)所示。

$$V_T = \sum_{i \in P} \sum_{m \in H} (C_1^{T-1} + C_2^{T-1} + C_3^{T-1}) \tag{4-168}$$

$$\begin{aligned} V_{T-1} &= \sum_{i \in P} \sum_{m \in H} (C_1^{T-1} + C_2^{T-1} + C_3^{T-1}) + \sum_{i \in P} \sum_{m \in H} \left(\sum_a \left[(C_1^T + C_2^T + C_3^T) p^{T-1}(a_{T-1}) \right] \right) \\ &= \sum_{i \in P} \sum_{m \in H} (C_1^{T-1} + C_2^{T-1} + C_3^{T-1}) + \sum_{i \in P} \sum_{m \in H} \left(\sum_a V_T p^{T-1}(a_{T-1}) \right) \end{aligned}$$

$$\tag{4-169}$$

$$\begin{aligned} V_t &= \sum_{i \in P} \sum_{m \in H} \left(C_1^t + C_2^t + C_3^t + \sum_a V_{t+1} p^t(a_t) \right) \\ &= \sum_{i \in P} \sum_{m \in H} \left(C_1^t + C_2^t + C_3^t + \sum_a V_{t+1} p_1^t(z_1) p_2^t(z_2) \right) \end{aligned} \tag{4-170}$$

因而可得基于 MDP 的空箱调运问题的动态规划基本方程，即式(4-171)，同时也可得出每个阶段的最优状态。

$$\begin{aligned} \min V_t &= \sum_{i \in P} \sum_{j \in P} \mathrm{CP}_{ij} \mathrm{QP}_{ij}^t + \sum_{i \in P} \sum_{m \in H} \lambda_{im} \mathrm{QE}_{im}^t \mathrm{CE}_{im} + \sum_{i \in P} \mathrm{CL}_i \mathrm{QL}_i^t + \sum_{m \in H} \mathrm{CL}_m \mathrm{QL}_m^t \\ &\quad + \sum_{m \in H} (\mathrm{ST1}_m^t, 0) \mathrm{CS}_m^1 + \sum_{i \in P} (\mathrm{ST2}_i^t, 0) \mathrm{CS}_i^2 + \sum_a V_{t+1} p_1^t(z_1) p_2^t(z_2) \end{aligned} \tag{4-171}$$

3) 转移概率计算

为进行转移概率的计算，本节进行如下定义：

$\mathrm{ST2}_i^t = s_t, \mathrm{ST2}_i^{t+1} = s_{t+1}, \mathrm{ST2}_i^{t+n} = s_{t+n}, s_t, s_{t+1}, s_{t+n} \in S$，那么 n 步状态转移概率可

以表示为 $p^{(n)} = \sum\limits_{s_{t+1} \in S} p_{s_t s_{t+1}} p^{(n-1)}_{s_{t+1} s_{t+n}}$ 。推导过程如下：

$$p^{(n)} = p\left\{ST2_i^{t+n} = s_{t+n} \mid ST2_i^t = s_t\right\} = \frac{p\left\{ST2_i^{t+n} = s_{t+n}, ST2_i^t = s_t\right\}}{p\left\{ST2_i^t = s_t\right\}}$$

$$= \sum_{s_{t+1} \in S} \frac{p\left\{ST2_i^{t+n} = s_{t+n}, ST2_i^{t+1} = s_{t+1}, ST2_i^t = s_t\right\}}{p\left\{ST2_i^t = s_t, ST2_i^{t+1} = s_{t+1}\right\}} p\left\{ST2_i^{t+1} = s_{t+1} \mid ST2_i^t = s_t\right\}$$

$$= \sum_{s_{t+1} \in S} p_{s_t s_{t+1}} p^{(n-1)}_{s_{t+1} s_{t+n}}$$

$$(4\text{-}172)$$

4.8.4 数值实验与灵敏度分析

1. 数值示例选取

本节以辽宁沿海港口群——东北腹地为例进行库存控制策略下的港口群内空箱调运优化研究。选取大连港、营口港以及丹东港为港口研究对象，并选取沈阳市、鞍山市、长春市、通化市、哈尔滨市作为港口群的内陆公共腹地。研究的决策周期数为 10，每个决策周期为 7 天。根据大连和沈阳两地的实际港口与内陆场站调研，标准空箱通过公路运输为 4.5(元/箱)/km，铁路运输为 1.8(元/箱)/km。港口与公共腹地间的距离超过 200km 采用铁路运输，否则采用公路运输。公共腹地场站堆存成本平均为 5 元/箱。港口间单位空箱运输成本为 0.5(元/箱)/km，堆存成本为 500 元/箱。本节基于港口的历史数据以及现实运营情况，对需求量的均值和标准差进行刻画和假设，设置各港口、场站的空箱需求量均服从正态分布，即大连港 $N(300, 20^2)$、营口港 $N(200, 20^2)$、丹东港 $N(100, 20^2)$。各个港口与其覆盖范围内的内陆集装箱场站间距离如表 4-43 所示，"—"代表不存在覆盖关系。

表 4-43 各个港口与其覆盖范围内的内陆集装箱场站间距离

港口	站间距离/km				
	沈阳市	鞍山市	哈尔滨市	长春市	通化市
大连港	379.2	298.9	1015.8	676.1	623
营口港	180.4	102.1	747.7	478.6	439.4
丹东港	243.2	236.0	—	—	275

注：数据为作者通过软件测量得到。

根据空箱库存阈值上下限公式，三个港口在 10 个决策周期内的空箱库存量区间，如表 4-44 所示。

表 4-44 各港口每决策周期的空箱库存量区间

决策周期	(D,U)/TEU		
	大连港	营口港	丹东港
1	(140, 321)	(127, 222)	(107, 214)
2	(114, 321)	(135, 220)	(132, 215)
3	(123, 319)	(133, 225)	(116, 219)
4	(128, 319)	(117, 225)	(111, 215)
5	(115, 323)	(111, 222)	(121, 208)
6	(107, 323)	(127, 222)	(123, 222)
7	(123, 322)	(139, 222)	(131, 214)
8	(139, 322)	(137, 220)	(115, 216)
9	(133, 320)	(115, 221)	(111, 209)
10	(126, 320)	(129, 221)	(100, 214)

2. 求解结果分析

表 4-45 展示了利用上述组合算法求得的两种情形下的成本结果。

表 4-45 情形 1 与情形 2 模型计算结果

参数	调运成本	租箱成本	库存成本	总成本
情形 1/万元	63.471	201.8	19.025	284.296
情形 2/万元	56.65	161.2	23.17	241.02
差额比/%	10.75	20.12	−21.79	15.22

由表 4-45 的计算结果可以看出,情形 1 与情形 2 模型在总成本方面相差 15.22%。通过 (D,U) 策略,航运公司在不同港口制定了空箱阈值范围,有效的空箱库存管理降低了航运公司在空箱调运方面的总成本。从各项成本值来看,情形 2 的调运成本与租箱成本相比于情形 1 都得到了明显降低,但是库存成本明显上升,这也是因为航运公司在不同港口有一定的空箱库存量,同时空箱库存量又能够及时用来满足一部分的空箱需求,减少了调运量以及租箱量。

同时,本节也采用了 CPLEX12.6.2 求解器对模型的正确性与可行性进行验证,其结果与上述组合算法结果对比如表 4-46 所示。其中,$\mathrm{GAP} = \dfrac{\mathrm{DP} \,\&\, \mathrm{MDP} - \mathrm{CPLEX}}{\mathrm{CPLEX}} \times 100\%$。

表 4-46   CPLEX 与 DP&MDP 算法结果对比

模型各项成本	情形 1			情形 2		
	CPLEX/万元	DP&MDP/万元	GAP/%	CPLEX/万元	DP&MDP/万元	GAP/%
调运成本	62.59	63.471	1.4	54.08	56.65	4.75
租箱成本	193.2	201.8	4.45	155.4	161.2	3.73
库存成本	18.61	19.025	2.23	22.53	23.17	2.84
总成本	274.4	284.296	3.61	232.01	241.02	3.88

表 4-46 的结果验证了本节所构建模型的正确性与可行性；CPLEX 与算法之间的 GAP 偏差都在 5%以下，也验证了本节所采用的动态规划与马尔可夫决策组合算法的有效性。

所有决策周期内的空箱调运量以及租箱量如图 4-38 所示。其中，P_1、P_2、P_3 分别代表大连港、营口港和丹东港，H_1、H_2、H_3、H_4、H_5 分别代表沈阳市、鞍山市、哈尔滨市、长春市以及通化市的内陆集装箱场站。以决策的第二阶段为例，大连港、营口港、沈阳市场站、哈尔滨市场站处于缺箱状态，其余为余箱状态。为将空箱库存补足到阈值范围内，对大连港而言，需要接受来自丹东港 33TEU、鞍山市场站 22TEU、长春市场站 35TEU、通化市场站 10TEU 的调运，

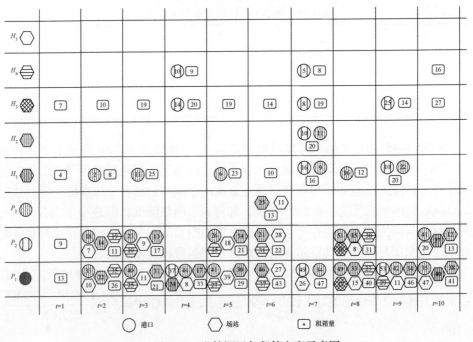

图 4-38   空箱调运与租箱方案示意图

以及 26TEU 的空箱租赁量。对于沈阳市场站，需要丹东港调运 2TEU 以及租赁 8TEU 来满足空箱需求。同时也可以发现，所有决策周期内大连港一直处于缺箱的状态，通化市场站一直处于余箱的状态，这与重箱的运进运出量有着极大的关系。因而，在进行空箱调运决策时要充分考虑重箱运输的影响。

3. 灵敏度分析

1）不同公共腹地数量下各项成本对比分析

图 4-39 展示了当公共腹地场站数量发生变化时，两种情形下各项成本的变化情况。首先从总体来看，随着公共腹地数量的减少，两种情形下的各项成本值都处于增长的状态，这主要源于租箱数量以及港口间的调箱数量增加。当公共腹地数量从 5 个减少到 1 个时，情形 1 下的总成本值增长了 33.57%，情形 2 下的总成本值增长了 25.94%，各港口的空箱缺口急剧增大，只能通过大量的租箱来弥补空箱需求，情形 1 与情形 2 的租箱成本相比于初始状态分别增长了 39.29%、30.18%。

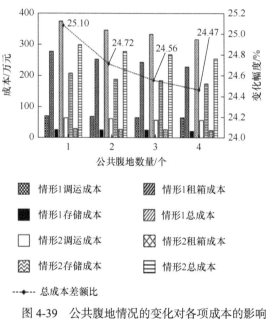

图 4-39 公共腹地情况的变化对各项成本的影响

另外，港口群内的各港口在采取 (D,U) 策略进行空箱库存量管理后，总成本以及其他各项成本有了明显的下降。随着公共腹地数量的不断减少，两种情形下的总成本差距越来越大，当公共腹地数量最终变为 1 个时，情形 1 的总成本已经超出了情形 2 总成本值的 25.10%。综观各项成本值的变化，情形 1 下的各项成本有着剧烈的增长变化，而情形 2 下的各项成本虽然总体都在增长，但波动幅度不明显，进一步说明 (D,U) 策略对于航运公司节省空箱调运总成本具有重要作用。

2) 不同空箱需求下的各项成本对比分析

图 4-40 展示了港口空箱需求量增长至 50% 的变化情况。显然，随着港口需求量不断增长，两种情形下的总成本都在不断增长。当成本增长至 10% 时，情形 1与情形 2 的总成本值都出现了明显的大幅波动；但从 20% 增长至 50% 时，情形 1下的总成本值变化了 3.92%，而情形 2 下的总成本值波动了 1.62%。需求量增长幅度越大，(D,U) 策略下的总成本波动幅度越小，其他各项成本也是平稳增长。在该策略下，根据港口不断变化的调箱量、租箱量，已经把空箱库存量控制在合理的范围之内，即使出现大量的随机空箱需求，港口的空箱库存也能够及时应对，不需要进行大量租箱来弥补空箱的缺失。

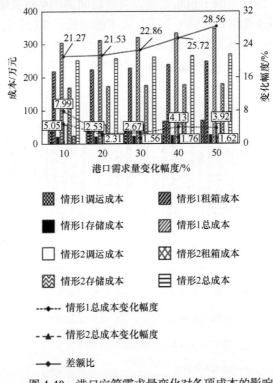

图 4-40　港口空箱需求量变化对各项成本的影响

图 4-41 展示了内陆公共腹地空箱需求变化时各项成本发生的变化。首先，内陆公共腹地需求的不断增大导致了两种情形下的总成本都在不断升高。其次，在各项成本中，随着变化幅度的不断增大，租箱成本以及调运成本不断上升。这是由于在内陆公共腹地空箱需求增大时，大量的空箱用于满足内陆发货人的用箱需求，因此越来越少的空箱从公共腹地场站流向港口，使得航运公司在港口的调运量以及租箱量增多。再次，当内陆公共腹地空箱需求从 20% 增长至 50% 时，情形

2 下的存储成本下降了 41.74%，而情形 1 下降了 27.62%，这说明在 (D,U) 策略下航运公司在港口保有一定量的空箱，在公共腹地空箱不能及时补给的状态下，大量的港口库存能够应对空箱的需求缺口。而在情形 1 下，由于没有充足的港口空箱库存，航运公司只能通过租箱或调箱来进行空箱的补足。

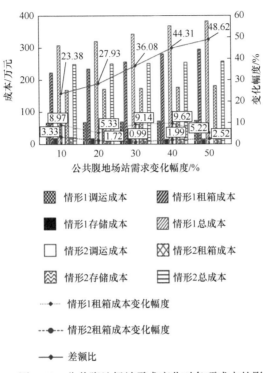

图 4-41　公共腹地场站需求变化对各项成本的影响

3) 不同单位租箱成本下各项成本对比分析

图 4-42 展示了租箱成本变化对两种情形下各项成本的影响。从图中可以发现，租箱成本与总成本之间存在正相关的关系。单位租箱成本增长至 10%以后，增长速度加快，变化至 30%时较初始状态情形 1 下的租箱成本增长了 18.51%，情形 2 增长了 6.09%；增长至 40%之后，增长速度明显放缓，情形 1 下的调运总成本上升。这也说明，在港口群模式下，当租箱成本持续增长时，航运公司虽依然会选择租箱，但也更多地注重港口与内陆公共腹地之间的空箱调运来减少对租箱的依赖。此外，租箱成本增长至 10%后，(D,U) 策略下的总成本更具有优势，同时波动幅度平稳，受租箱成本增长的影响不明显。随着租箱成本的不断增加，两种情形下的总成本差距从初始的 21.09%扩大到了 24.92%。(D,U) 策略不仅能够为航运公司节省大量的调运成本，同时使得空箱库存免受外界环境波动的较大影响。

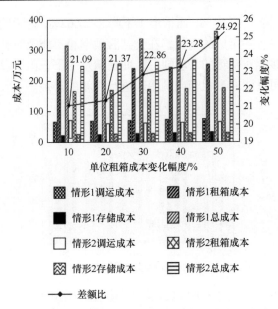

图 4-42　单位租箱成本变化对各项成本的影响

4) 不同单位库存成本下的各项成本对比分析

图 4-43 展示了单位库存成本发生变化时两种情形下的各项成本变化情况。单

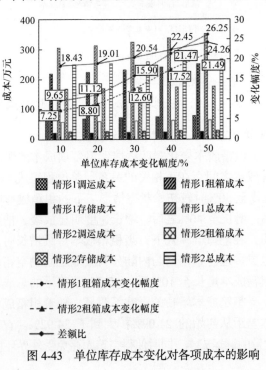

图 4-43　单位库存成本变化对各项成本的影响

位库存成本与总成本之间存在正相关的关系。当单位库存成本不断增加时,情形1下的库存成本出现了明显的波动上升趋势,并逐渐与情形2下的库存成本接近,当增长至50%时,租箱成本已经较初始状态增加了26.25%,而情形2下只增加了21.49%;其次,情形1的总成本随着单位库存成本的增加始终高于情形2下的总成本,并随着增加幅度的不断扩大,二者间的差距也在不断拉大,增长至50%时差距已经从原来的18.43%扩大至24.26%。因而,(D,U)策略下对于库存成本的控制也十分有效。

参 考 文 献

安礼瑞. 2023. 集装箱码头泊位连续计划与岸桥动态协调调度决策模型[D]. 济南: 山东交通学院.

蔡佳芯, 李宇博, 王小寒, 等. 2022. 基于(D, U)控制策略的港口群空箱存储与调运联合优化[J]. 控制与决策, 37(11): 3012-3022.

蔡佳芯, 邢磊, 靳志宏. 2020. 腹地场站共享的区域港口群空箱调运优化[J]. 大连海事大学学报, 46(3): 1-10.

陈梦真. 2023. 考虑需求多重时间窗的集装箱班轮航线路径规划与航速调度集成决策模型[D]. 济南: 山东交通学院.

丁一, 田亮, 龚杰. 2020. 考虑箱区作业均衡的ACT船舶配载鲁棒优化研究[J]. 计算机工程与应用, 56(13): 262-272.

杜菲. 2020. 集装箱空箱保有量与航运联盟空箱调运研究[D]. 大连: 大连海事大学.

范厚明, 孔靓, 岳丽君. 2021. 考虑出口箱进出场及预翻箱的箱位分配与场桥调度协同优化[J]. 运筹与管理, 30(6): 26-34.

冯启明. 2021. 港口集团人力资源管理信息系统建设实践与思考[J]. 中国港口, (5): 52-54.

郭春升. 2022. 基于同贝同步装卸的岸桥作业调度优化研究[D]. 大连: 大连海事大学.

郭文文, 计明军, 祝慧灵, 等. 2021. 集装箱码头场桥调度优化模型研究[J]. 重庆交通大学学报(自然科学版), 40(6): 66-72.

郭文. 2020. 面向集装箱装船作业的泊位指派与堆场分配协调优化研究[D]. 大连: 大连海事大学.

郭瑶. 2020. 河北港口集团X中心人力资源管理中的激励问题研究[D]. 秦皇岛: 燕山大学.

胡良杰. 2022. 考虑船舶延期影响的离散泊位分配与岸桥重调度优化研究[D]. 大连: 大连海事大学.

胡中奇. 2020. 基于禁忌搜索算法的多港多泊位联合调度优化研究[D]. 深圳: 深圳大学.

黄永付, 胡志华, 王耀宗. 2021. 考虑缓冲区容量的岸桥、AGV和堆场起再机集成调度[J]. 大连理工大学学报, 61(3): 306-315.

靳志宏, 王小寒, 任刚, 等. 2020. 共享堆场协议下海铁联运集装箱堆场分配优化[J]. 中国航海, 43(3): 105-111.

靳志宏, 邢磊, 蔡佳芯, 等. 2021. 集装箱空箱调运问题研究综述[J]. 大连海事大学学报, 47(1): 52-60,110.

刘志雄, 钱翰文, 颜家岚. 2021. 集装箱码头船舶多贝位配载与堆场取箱协同优化研究[J]. 系统仿真学报, 33(7): 1689-1698.

齐海源. 2022. 智慧港口时代企业人力资源管理的思考——以山东港口集团为例[J]. 黑龙江人力资源和社会保障, 3: 68-70.

秦琴, 梁承姬. 2020. 自动化码头考虑缓冲区的设备协调调度优化[J]. 计算机工程与应用, 56(6): 262-270.

邵文欣. 2020. 南通港口集团人力资源规划方案研究[D]. 兰州: 兰州大学.

孙燕. 2022. 集装箱海铁联运港站泊位分配与班列组织计划编制优化研究[D]. 成都: 西南交通大学.

邰世文, 商剑平, 饶卫振. 2022. 煤炭码头船货匹配下泊位动态分配多目标优化模型及算法[J]. 运筹与管理, 31(1): 14-21, 29.

唐万生, 赵馨, 宋珠珠. 2022. 空箱调运下海运供应链融资模式: 担保 vs. 延迟支付[J]. 系统工程学报, 37(5): 672-688.

田雪函. 2020. 基于马尔可夫决策过程的混合云资源分配算法研究[D]. 北京: 北京交通大学.

温都苏. 2022. 考虑效率和能耗的泊位与岸桥联合调度优化研究[D]. 大连: 大连海事大学.

许红, 蒋兴春, 刘泉华, 等. 2020. 腹地运输对港口进出口集疏运网络总体效益的影响分析[J]. 物流技术, 39(12): 71-74.

杨俊, 李晓红, 高慧娟. 2021. 基于多目标规划的腹地运输模式下物流集疏运网络优化[J]. 物流技术, 40(1): 185-188.

杨旭. 2023. 不确定环境下港口泊位分配的鲁棒优化[D]. 桂林: 桂林电子科技大学.

郑红星, 吴云强, 邵思杨, 等. 2020. 考虑潮汐影响的泊位分配与船舶调度集成优化[J]. 信息与控制, 49(1): 95-103, 113.

郑宏扬, 袁媛, 吕希波, 等. 2021. 集疏运网络中腹地运输对运输成本的影响研究[J]. 物流技术, 40(10): 162-166.

仲昭林, 孔珊, 张纪会, 等, 2022. 集装箱码头设备配置与作业调度集成优化研究[J]. 计算机工程与应用, 58(10): 263-275.

张爽. 2006. 随机条件下海运集装箱空箱调运优化问题研究[D]. 大连: 大连海事大学.

Bacalhau E T, CasacioL, de Azevedo A T. 2021. New hybrid genetic algorithms to solve dynamic berth allocation problem[J]. Expert Systems with Applications, 167: 114198.

Bordihn H, Vaszil G. 2020. Deterministic lindenmayer systems with dynamic control of parallelism[J]. International Journal of Foundations of Computer Science, 31(1): 15.

Chen L H, Liu Y, Zhang Y. 2022. Optimization model and algorithm for horizontal transport equipment scheduling in container terminal[J]. Mathematical Problems in Engineering, 2022: 1-15.

Chen X J, Li W J, Zhou S. 2022. Energy-efficient optimization of horizontal material handling system in manufacturing workshop[J]. Journal of Cleaner Production, 301: 128765.

Dong B, Christiansen M, Fagerholt K, et al. 2020. Combined maritime fleet deployment and inventory management with port visit flexibility in roll-on roll-off shipping[J]. Transportation Research Part E: Logistics and Transportation Review, 140: 101988.

Dong Y, Yang Z. 2021. Optimization of storage space allocation in automated container terminals based on an improved particle swarm optimization algorithm[J]. IEEE Access, 9 : 47042-47053.

Guo L M, Wang J, Zheng J F. 2021. Berth allocation problem with uncertain vessel handling times considering weather conditions[J]. Comput & Industrial Engineering, 158: 107417.

Hassan T M, Thomas A , Wu X, et al. 2020. Simulate forest trees by integrating L-system and 3D CAD files[C] .International Conference on Information and Computer Technologies, Milpitas: 91-95.

Ji S W, Luan D, Chen Z R, et al. 2021. Integrated scheduling in automated container terminals considering AGV conflict-free routing[J]. Transportation Letters, 13(7): 501-513.

Lin C, Wu Y F, Xu X. 2023. Berth allocation problem considering multimodal transportation in container terminals[J]. Transportation Research Part E: Logistics and Transportation Review, 155: 102589.

Liu Y, Zhang Q, Wang L. 2023. Research on optimization of horizontal transportation operation based on intelligent scheduling algorithm[J]. IEEE Access, 11: 12345-12356.

Luan D, Zhao M J, Zhao Q R, et al. 2021. Modelling of integrated scheduling problem of capacitated equipment systems with a multi-lane road network[J]. PLoS One, 16(6): e0251875.

Luo J B, Wu Y F. 2020. Scheduling of container-handling equipment during the loading process at an automated container terminal[J]. Computers & Industrial Engineering, 149: 106848.

Misra S, Kapadi M, Gudi R D. 2020. Hybrid time-based framework for maritime inventory routing problem[J]. Industrial & Engineering Chemistry Research, 59(46): 20394-20409.

Rodrigues F, Agra A . 2021. An exact robust approach for the integrated berth allocation and quay crane scheduling problem under uncertain arrival times[J]. European Journal of Operational Research, 295(2): 499-516.

Sarmadi K, Amiri-Aref M, Dong J X, et al. 2020. Integrated strategic and operational planning of dry port container networks in a stochastic environment[J]. Transportation Research Part B: Methodological, 139: 132-164.

Shen Y F, Hu J J, Zheng J F, et al. 2021. A mixed-integer linear programming model for the integrated scheduling of automated guided vehicles and rail-mounted gantry cranes[J]. International Journal of Production Research, 59 (5): 1350-1367.

Wang J, Wu H, Li M. 2021. Multi-objective optimization of horizontal transportation routes in logistics parks[J]. Transportation Research Part E: Logistics and Transportation Review, 87: 102345.

Wang S, Yang Z, Nie S Q. 2020. Optimization of integrated berth allocation and yard assignment with uncertain container handling time[J]. European Journal of Operational Research, 287(2): 629-644.

Wang Y, Chen H. 2022. An integrated approach for container yard layout optimization and traffic congestion prevention in container terminals[J]. Maritime Economics & Logistics, 24(3): 459-481.

Wawrzyniak J, Drozdowski M, Sanlaville E. 2020. Selecting algorithms for large berth allocation problems[J]. European Journal of Operational Research, 283(3): 844-862.

Wei Z H, Li Y J, Liu C G. 2020. Optimization of yard crane deployment in container terminals using a hybrid method[J]. Transportation Research Part E: Logistics and Transportation Review, 135: 101869.

Wu Q W, Li Z Y, Wang S. 2021. A hybrid genetic algorithm for the optimization of horizontal transport equipment scheduling in container terminals[J]. IEEE Access, 9: 110072-110084.

Yue L J, Fan H Y, Ma M H. 2021. Optimizing configuration and scheduling of double 40ft dual-trolley quay cranes and AGVs for improving container terminal services[J]. Journal of Cleaner Production,

292: 126019.

Zhang H, Lv Q, Wang S. 2021. An efficient heuristic algorithm for the berth allocation problem with quay crane assignment and crane scheduling[J]. Journal of Advanced Transportation, 2021: 6662607.

Zhang H, Tang J, Cheng L. 2020. Research on efficient operation and optimization of horizontal material flow in automated warehouses[J]. International Journal of Production Economics, 219: 456-467.

Zhang L, Liu X. 2021. Optimization of yard operations in container ports: A review[J]. Maritime Economics & Logistics, 23(3): 423-448.

Zhang Q L, Hu W X, Duan J G, et al. 2021. Cooperative scheduling of AGV and ASC in automation container terminal relay operation mode[J]. Mathematical Problems in Engineering, 2021: 5764012.

Zhang Z, Li K, Hu Q, et al. 2022. A two-stage integrated optimization model for berth and yard allocation in container terminals[J]. Transportation Research Part E: Logistics and Transportation Review, 157: 103059.

Zhou M, Yu L, Chen J. 2022. A hybrid genetic algorithm for the berth allocation problem considering vessel speed optimization[J]. IEEE Access, 10: 141227-141239.

Zhou S R, Zhuo X P, Chen Z M, et al. 2020. A new separable piecewise linear learning algorithm for the stochastic empty container repositioning problem[J]. Mathematical Problems in Engineering, 2020: 4762064.

第5章 港口群物流供应链信息系统资源整合优化

随着信息科学技术以及互联网的高速发展，信息在促进经济发展和社会文明进步中的重要地位日益凸显,各国港口信息共享在近几十年均取得了一定的成就。港口信息共享的程度成为其信息化建设水平的重要评价指标，其建设水平对于改善港口传统管理模式、提高商品周转效率、提高物流水平、推动港口国际化转型、提升城市和港口的竞争实力、促进港口的加速发展意义重大。

信息系统资源整合优化在港口群的现代化中成为不可或缺的一环，信息化管理平台通过新的管理方式为港口群信息的交汇、融合以及共享提供支持。区域经济一体化发展带动了区域港口一体化整合的步伐，科学创新也给港口信息化的建设发展带来了无限可能，加快了港口"智能化"向"智慧化"的变革速度。区域港口一体化整合中的信息化建设研究能够解决港口群内各单位应用系统的业务分散、时间离散、数据孤岛等问题，有效促进港口群内的资源整合，助力港口一体化发展。

5.1 引　　言

随着新兴技术的推广应用，各港口均在其日常生产、经营、管理中加大了信息化的投入，多方向、多条线进行信息系统建设，但这些信息技术系统建设在业务上是分散的、在时间上是离散的、在数据上是孤立的，因此关于港口群物流供应链信息系统资源优化整合的研究是必要的。

1. 港口物流供应链信息系统

国内外学者主要围绕信息技术标准、港口物流管理规范及跨国公司的全球物流资源优化配置协调、运作机制、非均衡理论指导的物流信息战略规划等不同角度和领域对区域港口信息化战略进行了研究。

曹兰娟(2022)为提高港口运营效率、提升客户满意度、提升港口核心竞争力，基于物联网和大数据技术构建了物流供应链服务云平台、智慧大数据客户服务平台、智慧码头平台以及数据处理中心等"四位一体"的智慧港口管理信息系统，并以宁波舟山港为例总结了传统港口向智慧港口转变的现实意义。展嘉敏(2022)指出，信息化建设为港口航道工程提供了新的发展契机，加速了智慧港口建设步伐。为确保港口航道工程能够与市场经济发展相协调，应立足于实际，搭建符合现状的信息化管理平台。李志平等(2023)针对邻近地域的港口群泊位资源结构性过剩问题，提出了基于港口群内泊位资源共享的港航物流信息系统构建方案。赵娅彤(2022)提出了基于区块链技术的船舶作业信息共享平台，可以实现船舶的全程实时追踪，打破传统信息系统只在某个机构内部进行信息共享的模式，构建了跨部门的大规模数据信息实时共享的新模式。

2. 港口地理信息系统

实现科学化、智能化、现代化港口管理的基础工作就是建设完善、成熟的港口地理信息系统(geographic information system，GIS)，不仅可以提高港口的服务水平，还可以提高港口管理的效率。目前，国外港口信息化建设还是比较先进的。欧洲的港口海运业集群众多，以奥斯陆为中心的挪威航运技术集群、以鹿特丹和阿姆斯特丹为中心的荷兰港口服务业集群，以及以伦敦为核心的英国海运服务业集群较为典型。以鹿特丹港的服务业集群为例，鹿特丹港作为荷兰重要的国际贸易门户，既是商品的集散中心，又在欧洲有着举足轻重的地位，作为欧洲的物资流通基地，推动着整个欧洲社会经济的发展。目前，平均每个港口工人每年在鹿特丹港能完成10000t的货，有着较高的劳动生产率。鹿特丹港在数据和信息量如此巨大的情况下依旧正常运转操作，是因为有电子数据交换系统，它是运输行业中各企业公司交换信息情报的通信系统。加入通信系统的企业有着自己的信箱区，可以正常通过网络交换数据信息。电子数据交换系统正趋于国际化，国际级网络通信不仅使欧洲，还使亚洲以及大洋洲与世界企业进行海运联系、交换信息数据。鹿特丹港的信息共享程度属于世界级水准，并且持续飞速发展(Caletka et al.，2019)。无论是软件技术还是硬件能力，国内在短期内都无法达到，但这些经验都值得国内港口借鉴与学习。

国外港口大多采用GIS技术设计研发港口信息化系统，利用GIS强大的分析与空间管理功能，不仅可以建设紧急预警与数据分析处理系统，还可以提高管理、显示以及更新海岸资源与海岸线数据等方面的效率(Umer et al.，2019)。港口突发情况预警系统利用了GIS强大的空间数据管理功能进行设计研发，有效利用GIS畅通的网络通信、数据分析以及空间管理功能，当港口突遭意外，道路交通服务与网络通信都不能正常运转时，GIS就会辅助已建设的分散交流中心做出决策。港口冲积变化以及具体冲积情况的预估测评，可以通过遥感技术与全球定位系统接收器将收到的图像数据经过GIS软件Arc View进行分析处理来预估测评，此测评可以决定港口发展趋势。国外大多已开发成熟的软件已经在港口领域中应用实施，例如，美国环境系统研究所的GIS软件已在德国联邦水运管理局、巴拿马运河、悉尼港等重要项目中成功实施应用(Pedro et al.，2019)。

国内在海岸港口领域涌现出许多成功的 GIS 应用与开发实例,港口地质资料管理系统采用 Map Basic 开发,系统数据库录入港口地质资料,通过 GIS 强大的查询分析与空间数据管理功能,可以方便查询、分析和管理工程地质资料。福建省海洋环境地理信息系统以二次开发平台 Arc View 与 Arc Info 进行设计开发,用来管理、分析福建省的海洋环境数据,可以科学地提高海洋环境的管理、规划、决策以及控制。上海市防汛风险信息系统是通过 GIS 强大的查询分析与空间数据管理功能进行设计开发的,可以加强汛期水域的风险评估和监测管理。

3. 港口能源管理信息系统

港口能源管理信息化表现为加强能源管理功能,实现能源管理信息集成和人工智能技术的开发与运用。国外众多研究人员侧重于研究探讨相关能源监控技术的发展与应用。Chetto 和 Ghor(2019)提出了实时约束下的能量收集计算系统的调度与功率管理,即如何选择一个调度器来设计在单处理器上执行实时任务的实时能量采集应用程序,构建由一个单处理器平台组成的系统模型,并基于最早截止时间规则研究了三种不同的调度程序,即 ED-H、EH-EDF 和 EDF。这些程序被证明是最佳的透视设置、空转设置和非空转设置。Safder 等(2019)针对综合能源系统的多维度智能管理,提出了一种综合考虑能源、经济、锻炼、环境和风险四种因素的化石燃料燃烧综合能量转化系统性能分析方法。采用 WExN 分析法研究了三种冷设施和两种化石燃料循环情况下两种系统的水损失,并用集中有机流体对施密特正交化算法和改进后的施密特正交化算法的性能进行了比较。

国内港口能源管理信息化系统或平台建设日益受到重视。金和平等(2019)从建设实际需要与未来需求的角度出发,在能源流和数据流全面结合的能量互联网基础上,确立建设能源系统的构架应该是"一平台、两中心、三层次、多子系统",为信息、数据驱动的能源体系提供智能化运转技术支持。范永娇等(2019)构建了基于网络分析法-灰色关联分析法的绿色港口评价体系,分析了指标间的相互影响关系,应用网络分析法确定权重,明确绿色港口发展的主要影响因素,并结合灰色关联度分析(grey relation analysis,GRA)得出港口的综合排序。

4. 研究述评

综上所述,目前对国内外港口信息化的研究主要集中在新兴科学技术在港口业务中的实际运用,可能带来港口生产作业效率的提升、港口业务辐射范围的拓展、客户服务时效性的优化,侧重于单一技术、单一港口、单一业务,集中于从港口生产、业务管理等纵向方面对提升港口核心竞争力和管理水平进行研究,关注从行业角度提出的当前港口信息化建设存在的问题和解决对策。但是港口行业信息化建设具有起步早、发展历程长、遍地开花等特点,受各系统建设时序、成熟程度的限制，各港口的信息化缺少业务之间、系统之间、管理与经营之间的横向联通，缺少信息化整体规划，迫切需要进行港口信息化建设的顶层设计。

国内港口信息系统的建设无论是理论上还是实践上均落后于国外，但已经得到了相关部门以及业内人士的重视。大部分区域的港口已完成物流信息系统平台的建设，已经可以基本满足日常的业务功能需求，或者开始着手港口物流供应链信息平台的建设。但相对于国外，由于起步较晚，我国的信息化建设仍处于在实践中摸索的阶段，基础设施的不够完善和相关综合性人才的匮乏也是当前面临的一大问题。在理论研究中，国内文献多集中于关键技术以及系统功能的研究，而国外更侧重于将港口物流供应链作为一个整体系统来进行研讨、探究；在信息系统实践上，国内各个系统平台之间、港口之间的关系较为松散，不能做到较好的信息和资源共享，而国外由于较早开始现代化建设，信息化程度较高，各个港口之间、企业之间能够做到较好的信息互通。

因此，本章基于港口信息平台理论研究，借鉴其他港口信息化建设的经验，对平台的总体结构及各功能模块、物流信息组织、应用模式等进行设计，并对港口群物流供应链信息系统资源整合战略进行规划研究。

5.2 相关理论基础

港口信息化建设的目的在于利用现代信息技术手段,优化组合港口信息资源,更好地带动港口生产运营高效运转。通过搭建企业级港口综合物流信息服务平台,实现港内物流实体间的业务协同和信息共享,实现码头经营、现代港口物流和资本经营的协同运作,提供功能丰富和高度集成的综合物流服务,实现港口物流业务的对接和整合,完成物流信息的大整合,实现全过程的跟踪。港口信息系统为口岸单位、企业等部门提供高质量的服务，是港口发展不可或缺的部分。

1. 信息化建设目标

近年来，随着5G、物联网、云计算、大数据、人工智能等新技术的应用，由信息化所支撑的港口运营模式表现出如下发展趋势。

1) 码头生产自动化

自动化码头的生产自动化主要表现在机械设备自动化、作业流程自动化和系统监控自动化三个方面。第一，机械设备自动化是码头自动化改造的第一步，例如，进出闸口设备的自动化解决进出车辆、集装箱信息采集、处理、控制等问题，堆场作业设备的自动化和远程控制提高了堆场作业效率，同时提高了码头的作业效率和服务水平。第二，作业流程自动化建立在机械设备自动化的基础上，基于自动化的持续性和全局规划的优点，通过对设备资源的综合规划，作业流程自动化能够从全局优化流程来提升作业效率。第三，系统监控自动化是码头整体自动化生产的重要保障，自动化生产的集装箱码头需要通过自动化的监控系统从业务层面将信息系统与生产业务各环节、要素进行关联分析，以便技术发展并解决问题，保证业务持续性，保障码头生产安全高效(刘芬，2023)。

2) 运营操作智能化

港口运营操作智能化既能够宏观地计划指导港口作业，又能够及时排出、调整微观计划，并能够监督、指导现场作业。港口运营操作智能化主要体现在码头的集装箱自动配载、智能预翻箱和作业机械使用规划方面。集装箱自动配载就是将集装箱船箱位与堆场集装箱一一对应起来，通过合适的配箱减少场桥的无谓移动，提高机械的联合效率，并在一定程度上降低耦合性，以保证岸桥作业正常进行；智能预翻箱可实现在预翻箱方案的指导下进行预翻箱操作，使集装箱堆场符合堆放规范，以提高装船速度，缩短船舶靠港时间；作业机械使用规划可实现资源和任务信息的及时更新与匹配，合理调配资源，指导现场作业。

3) 经营管理精益化

港口经营管理精益化是指港口企业打造一体化的业绩管理体系，以显著改善企业的战略执行效果。为此，港口企业必须从以下方面强化管理能力：一是在运营支出(油耗、机耗、人耗)计划中引进战略导向、驱动因素、标准成本等考核指标，使得运营支出计划成为连接企业战略与预算的桥梁；二是通过建立和应用作业成本管理模型，对业务计划相应的成本费用做出较为准确的预估，为预算控制、管理分析、成本节省奠定了良好基础；三是开展绩效考核，基于内外部驱动因素，自上而下地将企业整体经营目标有效分解到部门层面和运营专业领域，采用客户、航线、业务类型、业务活动等多维度成本经营分析视角，加强竞争对手对标分析，有效指导执行，确保预算目标的实现。

4) 信息服务集成化

信息服务集成化就是利用信息技术，通过网络实现企业系统及相关信息与市场、客户的实时共享，将企业内部系统进行升级并延伸至整个物流链路，实现码头的信息系统和航运公司、船代、货代、客户、场站、运输公司、政府监管机构的信息系统有机互联，形成集成化的对外信息服务系统，通过这套系统，物流各环节信息都可以通过网络进行查询、办理和监管，提高了物流信息的效率，减少了人工处理信息的工作量，提高了监管效率(曹崎宇，2022)。

2. 信息化保障港口群资源整合优化

港口信息化建设是实现港口群资源优化整合目标必需的技术保障。在港口群资源优化整合发展过程中加强信息化建设的意义主要体现在以下方面。

(1) 信息化建设有助于打破区域港口一体化整合后各港口、各系统之间的各类信息孤岛,实现信息资源的共建共享,彻底改变以前各港口在信息技术、数据、人才上各自为战的局面,以信息化手段为平台和载体,实现港口群信息资源的统筹利用和资源共享。

(2) 信息化建设能够适应港航行业转型发展的需求,助力区域港口群转型升级,提升综合竞争力。从国家层面,当前交通运输部正在积极推进"弃陆改水",积极发展多式联运,全国各省市均在全力构建综合交通运输体系,港口面临的生产运输方式发生了变化。

(3) 信息化建设是行业市场主体竞争的需要。区域内港口数量虽然多,规模也不小,但是普遍存在大而不强的问题,现阶段只有发展信息化,做大做强大数据平台,提升客户服务效率,提高市场信誉度和认可度,才能在行业竞争中拥有一定的话语权,才有与先进港口竞争和协作的筹码。

3. 港口信息系统

港口信息系统则是一个信息物理系统框架,其核心功能是多方互联互通、全程参与、业务集成、智能监管、智能决策、智能服务和持续创新等。目前,港口信息系统除了面向港口内部,还包括政府部门、货代、船代、电子口岸、航运公司、电商、金融、物流等从货物的始发点运输至港口、海关查验、堆存、装卸运输、交易等一系列环节。港口信息系统是庞大的系统,其目的是如何有效地支持企业(行业)的发展战略,如何对业务范围内的信息技术资源进行需求分析、系统建设、接口处理、系统集成和运营管理等,是港口信息化的基础。港口信息系统具有如下特征。

(1) 系统前端设备智慧化。港口信息系统前端围绕众多的基础设施进行建设,如港口航道、锚地、码头、泊位、堆场、仓库、闸口等,设备有起重机、岸桥、门吊、轨道式龙门起重机、装卸车、拖车等。基础设施和设备是港口运行的基础,是整个港口信息系统的应用根基,利用信息技术进行全面感知、全面互联,以港口设备自动化运行为主要体现。自动化装卸设备、智慧型导引运输车、自动导引运输车、堆场自动化、物联网智能闸口等,利用导航技术、物联网技术、AI识别、大数据技术等来实现设施、设备的智慧化,提高了码头的作业效率,加强了码头的安全生产(孙虎伟和宋玲玲,2021)。

(2) 系统与业务深度融合。系统与业务深度融合,是让业务发挥最大的价值,进而提供智慧化的服务,提升全环节的客户体验。利用物联网等技术对设备和人员信息进行管理,通过边缘计算、数据中心、云端结合大数据等技术对数据进行挖掘,将数据资产有效应用于生产业务,打通生产的各个环节。对内将生产进行自动化监管,优化生产资源配置,促进各环节的联通,自动驾驶技术提升了运行效率,减少了安全风险;采用射频识别(radio frequency identification, RFID)技术、

AI 识别技术的物联网智能闸口实现车辆和货物的自动放行，客户通过网上办单即可自动放行入港；区块链技术进口提货全程无纸化服务，基于区块链技术的无接触线上放货的流转认证，通过数据中心构建"一个窗口，一个平台"的一站式业务受理模式，客户可以在平台上一次完成从航运公司到港口进出口文件的无纸化操作，货物信息及作业数据防篡改、可溯源，更加实时、安全、高效、可靠。

(3) 系统运营管理智慧化。系统运营管理智慧化是指港口的各项生产管理工作，通过先进的港口信息系统使港口的运行和决策更加智慧化，整个港口在运行过程中的核心就是运营管理，港口的设施和设备智慧化是第一步，通过有效运营将各项资源进行整合，并且能够相互协同，将生产管理的最大能力发挥出来是港口运行的核心，GIS、港口设施系统、综合安防管理平台、私有云平台等都是港口运营的一部分，各系统在"一张网"相互连通、相互协同，能让运营管理更加智慧化。

(4) 系统服务智慧化。港口信息系统的服务边界不仅是传统的装卸，港口的供应链往更加纵深发展，经营也逐渐多元化，港口信息系统的服务直接关系到业务能否持续稳定增长。港口社区平台提供面向客户的统一服务，通过统一的流程创建了通过同步各种业务活动和信息来优化资源的环境，预约集港、海运订舱、单证中心、受理中心、海铁联运、无水港、数据互联等功能满足不同的服务需求。集装箱综合物流平台包括统一门户、内部管理系统、业务协同系统、客户服务系统、数据交换系统、应用程序接口(application programming interface，API)平台与基础数据应用系统、系统管理等功能。

5.3 港口群物流供应链信息系统主要功能模块设计

港口群物流供应链信息系统是供应链中各个相关环节的数据交换中心，是实现港口运输、存储、加工和贸易一体化的保证，使得能够通过港口群物流供应链信息系统将相关企业和客户连成一体化的功能网状结构。各个港口之间都存在各自的差异，如港口群贸易结构的差异，服务群体的侧重划分不同，因此在建立统一的物流供应链信息系统时，必须将各个港口的特点以功能差异化的形式体现出来。因此，在保证港口物流供应链信息系统可靠性与先进性的同时，还必须考虑其实用性、兼容性以及可扩展性，以此来满足各个港口不同的功能需求。

5.3.1 港口群物流供应链信息系统总体结构概述

在港口群物流供应链信息系统的框架构成上，本节选取在当前领域中得到广泛应用的港口物流电子商务平台作为核心，以港口各单位的数据交换系统为躯干，再辅以各类专业物流信息系统以及所需的功能信息模块来集成港口物流供应链信息系统的总体结构。在层次划分上，将港口群物流供应链信息系统分为四个层次：

港口群物流电子商务平台、供应链关联企业数据交换系统、港口群物流管理及作业信息系统、信息化功能模块。通过四层次的设计,能够充分保证港口群物流供应链信息系统的设计规范和功能完善(李懂晓,2022)。

图 5-1 描述的是港口群物流供应链信息系统结构模型。在该模型中,港口群物流电子商务平台起着连接服务提供者与被提供者的作用,例如,货主在港口群物流电子商务平台上找到运输企业的相关信息,进而进行货物的输运。此外,港口群物流供应链中各个子信息系统的数据在港口物流电子商务平台汇总,进而完成信息共享,从而为港口物流供应链中各环节的协作提供信息上的技术支持。港口群物流电子商务平台之下是港口物流数据交换系统、口岸单位数据交换系统、港口财务数据交换系统以及港口其他物流企业数据交换系统等。港口物流数据交换系统下面则是港口集装箱仓储管理信息系统、港口生产调度管理信息系统、港口集装箱管理信息系统以及港口客户管理信息系统等。再以港口集装箱仓储管理信息系统为始继续向下一层延伸,是位于第四层的信息化功能模块,其中包括港口集装箱堆场库存信息功能模块、港口集装箱堆场分配信息功能模块、港口集装箱堆场完成信息功能模块以及港口集装箱堆场统计信息功能模块等(王义勇,2020)。

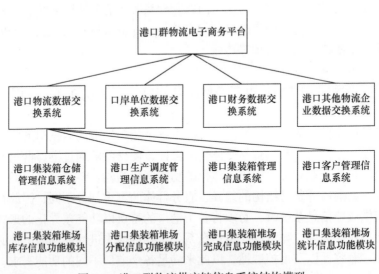

图 5-1 港口群物流供应链信息系统结构模型

5.3.2 港口群物流供应链信息系统核心需求模块阐述

在日常作业中,港口通常涉及多个功能模块的协作,以满足其业务的需求。下面列出港口物流供应链信息系统涉及频率最高的八个核心功能模块,并对各模块的功能进行阐述。

1. 订单管理模块

订单管理模块是物流管理系统中的一个重要功能模块。其作用是通过对订单的管理以及动态跟踪，使得客户能够及时获得业务的进度详情，根据信息反馈帮助客户进行货物协调调运、产品补给、仓储管理和战略调整。此外，订单管理是用户介入物流系统后所接触的第一个环节，具有十分重要的意义。通过优质的订单管理服务能够对物流资源进行合理配置，进而达到效益最大化和成本最小化的最终目的。

2. 仓储管理模块

仓储管理模块示意图如图 5-2 所示，仓储管理模块的主要功能包含入库管理、出库管理、库存管理、盘点管理、加工管理、射频功能管理等。仓储管理模块可应用在多组织架构与多物流中心网络结构的物流企业中，支持第三方物流模式、自建物流模式以及混合式物流模式。通过仓储管理模块可进行多形态的仓库管理，如平面堆场、普通货架、立体货架仓库等，以可视化的方式对整体库存进行管理，对货物的出入库实行全程化跟踪。此外，仓储管理模块能够较好地兼容条形码和射频识别等互联网技术。

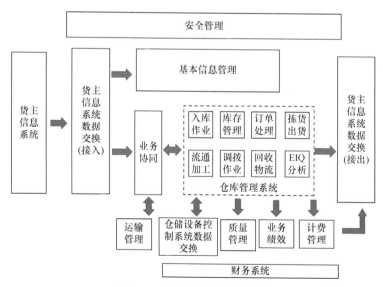

图 5-2　仓库管理模块示意图

3. 策略管理模块

对于物流企业，策略管理模块是企业在对资源配置时进行方案选择的重要功能模块。通过策略管理模块制定适用于企业实际情况的运作策略，从而降低企业运作成本和提高企业运作效率。其中,策略管理模块提供的策略包括拣货过程优化、储位调整优化、自动装箱优化、补货优化、运力资源优化、储位优化等。

4. 集装箱堆场管理模块

集装箱堆场是港口的特色物流业务之一。通过集装箱堆场管理模块能够及时反映堆场各类信息,实现港口集装箱装卸、疏运、交接及统计的信息化、自动化和智能化。此外,采用电子数据交换等互联网技术对集装箱业务所产生的各类单证进行自动核对,并与外部系统进行信息共享。

5. 运输管理系统模块

运输管理系统(transportation management system,TMS)模块是港口物流供应链中的核心功能模块,包括任务的调度分配、人力资源的管理以及订单信息的维护更新等。运输管理系统可以大致划分为两个业务部分:运输作业管理和运力资源管理。运输作业管理,即根据物流业务的需求制定适宜的运输计划,包括物流模式选择、合作单位的管理及货物配送方式的搭配。以先进的运输生产计划为优质、高效的物流服务提供保障。

运输管理系统模块示意图如图 5-3 所示,运力资源管理,即对物流运输中一切可调度的资源进行配置管理,其中主要包括作业工具的管理和人力资源的管理。通过对物流资源的合理配置,提高物流系统的运作效率,降低货物的运输成本,为了提高对运输的管理,系统设置多张单据用于记录在运输中的事件及运输质量。

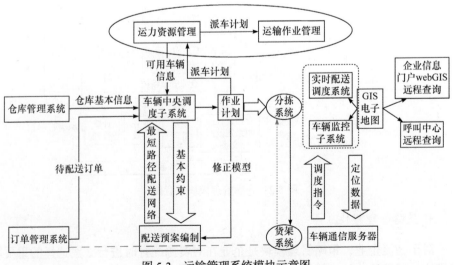

图 5-3　运输管理系统模块示意图

6. 国际货代管理模块

国际货代管理模块流程示意图如图 5-4 所示，当前港口的货代业务已经从过去单一的货代转变为一体化的综合物流服务。通过国际货代管理模块对港口与国际合作机构之间的货代业务进行信息化、智能化管理，以满足港口的外贸业务需求。此外，国际货代管理模块也支持空运、海运进出口货代业务。

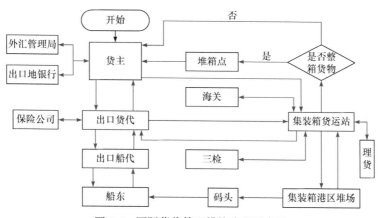

图 5-4　国际货代管理模块流程示意图

7. 报关/报检管理模块

报关/报检管理模块是港口物流供应链中不可或缺的一环，其主要功能有进口报关管理、出口报关管理、报检管理以及查询统计等。客户可通过报关业务管理来完成对报关合同、报关单据、许可证等相关表单的录入、修改、审核及跟踪等操作，同时自动生成对应的报表，既能满足客户的报关服务需求，又使得报关操作更加便捷、易于管理。

报关/报检管理模块示意图如图 5-5 所示，在报检业务流程中，工作人员根据相关规则对呈交的报检材料进行对应操作，并根据结果对报检信息进行补录。用户可通过报检管理模块来完成整个报检过程的全程跟踪，以提高操作效率。可以通过与出入库作业等相关业务紧密联系，与报关公司的信息相通来进行协同处置，从而提高报关中的单据流转速度。此外，报关/报检管理模块与仓储、操作等相关业务密切配合，共享报关公司信息，提高报关单证流转速度。

8. 计费与结算管理模块

计费与结算管理模块是所有物流信息系统中都必须含有的功能模块，其目的是正确计算和收取用户使用物流服务的费用，同时用户可通过物流信息平台进行费用的自助缴纳和明细查询。

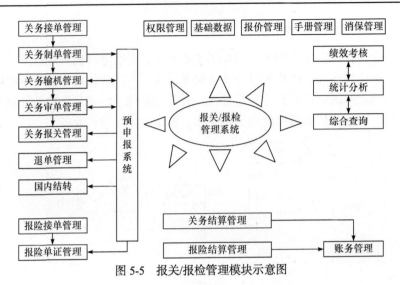

图 5-5　报关/报检管理模块示意图

核心功能模块是构建港口物流供应链信息系统的基础，是港口进行物流作业不可或缺的成分。此外，港口可以根据自身的业务特色和模式特点将需求的功能模块加入港口物流供应链信息系统中，以满足个性化服务的需求。

5.3.3　港口群子系统、模块之间数据集成与传输的技术支持

1. EDI 技术与 XML 技术

数据集成与传输对于港口物流供应链信息系统能够高效运作有着决定性的作用。在以往的物流信息系统中，常常采用电子数据交换(electronic data interchange，EDI)的方法来完成各个子系统之间的信息交互。然而随着港口供应链以整体组织的形式出现，数据的量在不断激增的同时，数据的种类与结构也不断多样化，而此时 EDI 数据集成的方法所显现出的局限性越来越明显。当前，EDI 数据集成在港口物流供应链信息系统中的问题主要体现在以下两个方面：

(1) EDI 数据集成与传输的成本过高。EDI 技术的使用依赖专用增值网络，而专用增值网络和 EDI 技术的同时运用使得其使用成本居高不下。在港口物流供应链中存在很多规模不大的中小企业，过高的数据集成与传输费用使得这些企业对信息的共享产生抵触心理。

(2) EDI 技术已经不能适应物流信息系统动态集成的需要。随着贸易的多元化与全球化，面对越来越激烈的市场竞争，港口物流所提供的服务也越来越多样化，由此也会产生多源信息和异构数据。而传统 EDI 技术在对这些数据进行处理时，首先需要与港口物流供应链中的各个环节进行标准的共同约定，再经用特定开发的接口对数据与信息进行标准化的表示和处理。在日新月异的今天，需求的变换使得 EDI 技术需要重新对标准和接口进行规范，而这将大大降低信息处理的效率。

基于此种情形,原有 EDI 数据集成的方法已不再适用于当前港口物流供应链信息系统。此时,可扩展标记语言(extensible markup language,XML)随着互联网技术的不断革新进入了人们的视野。XML 是标准通用置标语言(standard generalized markup language,SGML)的一个子集,其在同时结合标准通用置标语言与超文本标记语言(hyper text markup language,HTML)各自优势的基础上,优化了对数据的表示和处理。与其他方式相比,基于 XML 技术的数据集成能力和效率有了明显提高。通过 XML 技术处理,港口物流供应链中的企业可将所产生的信息流转化为 XML 文档,以超文本传输协议的方式将文档转发至其他供应链中的参与者,而 XML 的人机易读性使得文档能够很快被相关成员读取。基于 XML 技术完成数据集成所需要的成本花费大大减少,这使得小规模的企业也获得了信息共享的权利。此外,XML 技术的可扩展性和兼容性系统对于外界的变化做出快速响应。除了克服 EDI 系统原有的两个缺点之外,基于 XML 技术的数据集成具有更高的安全性,减少了可能会出现的安全问题。

2. C/S 系统架构与 B/S 系统架构

在系统架构上有两种选择:C/S 系统架构和 B/S 系统架构。C/S 系统架构,即客户端与服务器结构,是以往通常采用的系统架构模式,其特点是通过客户端与服务器端共同协作来完成任务。B/S 系统架构,即浏览器和服务器结构,其特点是对客户端不需要过多的要求,用户仅需通过浏览器进行相关操作便可完成相应任务。无论是 C/S 系统架构还是 B/S 系统架构都有其独特的优势,在综合港口物流供应链信息系统实际情况的基础上,认为 B/S 系统架构更加适用。

当前港口的信息化建设仍处于发展中阶段,维护成本较低的 B/S 系统架构更加适合不断升级、更新的港口物流供应链信息系统;B/S 系统架构通过数据库来进行数据的存储,港口物流供应链中相关企业可以根据自身需求来获取相应的信息数据,具有较高的安全性;B/S 系统架构允许用户仅需通过网络便可实现与信息系统的交互,具有更快的响应速度,提升了系统的服务效率。

总体而言,无论是 EDI 数据集成技术还是基于 XML 技术的数据集成方法都有各自的特色,C/S 系统架构与 B/S 系统架构的选择也应该根据所处的实际情况进行。这些先进的互联技术为港口物流供应链信息系统的构成提供了有力的支撑,使得物流服务使用成本的降低和服务质量的提高成为可能。

5.3.4　核心功能模块优化与信息系统改进

1. 核心功能模块优化

不断发展的互联网技术使得港口物流供应链信息系统中各个模块的进一步优化

成为可能。在本小节中，选取港口物流供应链信息系统中入库管理功能模块、仓储管理功能模块、出库管理功能模块、运输管理功能模块、货物配送功能模块、客户服务管理功能模块以及企业决策管理功能模块共7个核心模块进行优化方案的探讨。

1) 入库管理功能模块优化

货物的入库通常可以划分为四个步骤：准备入库单、货物接运、货物验收以及确认入库。传统入库往往采用人工的方式进行信息的识别、核对，而重复的人工作业带来的是较高的误差率。射频识别技术的出现完全避免了这一问题，在货物入库之前给货物贴上记录其属性信息的射频识别电子标签，系统通过对标签的识别就能实现货物信息的共享，大大减少了中间操作环节。同时，相对于传统的条码识别技术，射频识别技术对识别环境的要求更低，能够支持远距离、动态的货物识别，大大节省了货物的入库时间，提高了入库环节的工作效率。

2) 仓储管理功能模块优化

随着物联网技术的发展，以信息化、智能化和自动化的方式进行仓储管理具有越来越高的可行性。通过将物联网技术应用到仓储管理中，系统只需依托射频识别阅读器对货物的属性信息进行识别读取，便可自动实现货物的归类、仓储区域的选择以及位置编号的记录，以方便物流作业人员对于货物的安放和调取。此外，互联网技术的运用能够增强仓储货物的安全保障，通过将仓库中的摄像头、火灾报警装置以及安防设备统一连入网络，为安保工作人员在面对突发情况时提供了技术上的支持，降低了仓储货物的潜在危险。

3) 出库管理功能模块优化

当前，现代化的物流信息系统已经能够支持对货物出库及配送方案的智能化设定。由于前面已经对入库管理功能模块和仓储管理功能模块进行了优化，所以出库管理功能模块中的作业环节得以简化，业务工作量也大大降低。此外，通过对物联网技术和射频识别技术的深入应用能够使得出库管理环节中的作业模式更加科学，作业效率进一步提升。

4) 运输管理功能模块优化

对于传统物流，货物一旦被装箱上车(船)后，系统很难及时得到货物的反馈信息，客户也只能模糊地知晓货物当前处于运输过程。运输管理功能模块在经过优化后，系统可以按照货物的业务需求来制定合适的输运计划。通过全球定位系统定位装置的使用，将货物信息及时反馈至用户，实现货物运输过程中的全程跟踪。同时，充分利用市政在道路上所安置的摄像头，做到对运载车辆的实时监控，确保物流业务中工作人员的规范化作业。此外，充分运用射频识别技术、产品电子代码(electronic product code，EPC)技术和Savant系统，对具有特殊要求的物流业务进行针对性服务，例如，货物可能需要保存在低温环境中，可通过温度传感器对货物的外部环境进行监控，一旦出现异常情况，立即采取相对应的措施。

5) 货物配送功能模块优化

在货物抵达目的地后，基于物联网技术的货物配送功能会根据物品信息提前规划好物品所属的配送区域，并自动生成配送批次时间、最优配送路径，以最大限度地提高配送员的工作效率。

6) 客户服务管理功能模块优化

客户服务对企业而言至关重要，因此客户服务管理功能模块的优化也十分必要。当前，客户可通过港口物流供应链信息系统中的电子商务平台来完成货物运输相关信息的查询，而物联网技术和计算机网络技术的应用将会使服务的使用更加便捷。此外，系统可根据客户的重要程度开设 VIP 专栏，重要客户可通过 VIP 通道进行系统的访问和服务的使用。同时，为重要客户制定专门的个性化服务，支持其享有其他客户所不具备的权利，以提升重要客户的服务体验。

7) 企业决策管理功能模块优化

企业在进行决策时往往以企业内的数据分析报告为依据来完成策略的制定。在大数据环境下，结合云计算技术和数据挖掘技术对大量的外部数据进行收集和处理，并结合内部数据进行分析，发现制约物流企业发展的关键性因素，为企业的决策和发展提供有价值的参考意见。

除这七个核心功能模块之外，还可根据港口的实际需求对港口物流供应链信息系统终端其他功能模块进行优化，以满足客户的个性化服务需求。

2. 信息系统改进

信息是港口物流有效运行的内在要素，是市场参与者进行证券交易，进而实现资本融通的决策基础。从信息的角度来说，企业同时扮演着信息需求者和信息产生者两个角色，企业的决策需要信息作为支持，而决策的实施又会产生新的信息。因此，现代化的港口物流本质上可以看作一个信息市场，物流企业在其中完成资本交换的同时，也完成了信息的交换。

港口物流供应链形式层出不穷，品种繁多，尤其是近几年的发展，很多港口物流配送行业都是一些海外投资企业，其资金实力雄厚，但只是片面地追求信息化管理，在利益方面没有一个全方位的考虑，信息化管理范围也比较狭隘，在一个没有严格信息化管理体系的港口物流企业中，信息化管理也达不到要求，对于信息化的控制更是无稽之谈。现在很多的领导层对于信息化制度并不是很了解，港口物流企业领导层的信息化管理意识不强，在港口物流制度的建设中，领导层缺乏信息化管理意识，港口物流企业也没有独特的管理制度，在管理制度方面都是照搬书本，没有充分结合港口物流企业自身的发展、市场需求、产品信息化管理等方面进行，一味的投入、盲目的追求，对于新设备、新材料没有过多了解就进行购买，不注重管理，造成了大量浪费。

港口物流公司信息化发展时间较短，专业技术不稳定。较早之前的港口物流公司的信息化管理就只是简单的办公文件记录管理，对于表格的规范、数据记录的保存以及数据的传输与信息的采纳收集都没有一个明确的规定与制度，一个企业每天都会有物流配送的流动，需要每天对港口物流配送进行数据的搜集、整理、记录、保存，但是信息化过于简单，财务进行成本利益分析时发现财务报表不统一、数据搜集简单无来源、记录不及时、有错误以及保存不够完善等状况，直接影响了企业成本利益的分析。

港口物流公司管理本身就是一个繁琐的过程，物流配送需要运用的技术也是比较复杂的。很多制造业公司发展时所进行的就是信息化的管理，信息化的管理有着方便、快捷、透明、仔细和记录完整的优点，但在管理物流配送方面出现的问题也很多。企业信息化的发展对企业经济效益的提高是传统的扩大规模、更新改造等措施无法比拟的，如果不尽快加强建立和完善企业信息化应用效益的考查与考核，则会给企业信息化建设在技术完善上造成一些误区，影响企业信息化建设的发展速度。由于看不到效益考核结果，一些经营者会片面地认为企业经济效益提高是由规模扩大、设备更新、加强促销造成的。企业没有足够的物流配送投入到信息化系统的建设与完善中，对信息化管理的重视程度也逐渐下降，导致企业盈利能力下降。

港口物流供应链产品信息化管理的发展较为缓慢，一些周边区域港口物流配套并不是很了解信息化管理体系，更重要的是，现在一些港口物流配套的发展手段模式不同，导致对信息化管理的不重视。加强领导层信息化管理意识，就是直接保证现在社会港口物流配套发展，通过对信息化管理的学习与推广，使理论与实践相结合，才能够更好地发展企业，在市场上取得足够的创新与发展。

同时，物流企业的物流系统在面对协同模式时又有了新的挑战，要求系统能够对客户订单进行快速处理，并将相关信息及时与客户和各相关环节进行互换、共享。在这种信息共享的基础上，极大地提高了港口物流的效率，各合作伙伴能够达到共赢的目的。自建港口物流体系也是港口物流配送模式的一种，这种港口物流配送模式相比于对方港口物流模式的优势是可以节省较多的成本，而且在配送时间方面不受其他企业的制约，模式更为自由，能更好地掌握港口物流的配送动态，对港口物流有较强的控制力。在这种港口物流配送模式下，更能保证企业旺盛的竞争力，而且能够给客户带来更加贴心和人性化的服务，对产品来说，会有更加安全的保障。

港口物流通过现有的互联网技术进行现代化、信息化和智能化的发展，其最终目标是降低服务的使用成本以及优化服务的使用体验。港口物流供应链信息系统的理念也基于此，例如，在运输管理功能模块采用射频识别技术，只需要在货物的外包装上安装电子标签，在运输检查站或中转站设置阅读器，就可以实现资产的可视化管理，有效提高了企业信息管理技术，促进了企业对于信息化建设的重视程度，增大了对产品质量、安全的保证，在管理上节约了人工。通过积极开展对港口物流供应链信息系统的深入研究，贯彻落实港口物流供应链信息系统的实践建设，加大对港口基础设施的投入，加快对综合型信息人才的培养，可以使港口的快速现代化发展获得一个有力的支撑。

5.4　港口群物流供应链信息系统资源整合战略规划

为保障"区域一体化+专业化经营"的顺利推进，港口群物流供应链信息系统资源整合战略规划上谋"智慧港口"建设顶层设计，下推一体化信息管理系统，编制"信息化一张大网"，上下贯通，融合发展，将一群港口变成一个"港口群"。政府应加大沿江沿海港口的整合力度、深化沿江沿海港口一体化改革的部署，充分发挥信息化建设对港口发展的支撑和保障作用，以信息化手段保障业务运营和安全生产，通过信息化建设优化客户物流体验，提升信息化应用服务水平，对不同客户提供差异化服务，对产品和服务进行智能化定价，吸引客户，提高客户的满意度，信息化建设应着力增强集团一体化管控水平，适应港航业日益激烈的外部竞争，适应业务发展的快速变化，提高业务处理的效率，降低服务成本，以提升竞争优势，强化技术创新能力，着力打造智慧型港口。

5.4.1　信息化总体规划

港口集团业务战略规划如图 5-6 所示，包括港口运营、航运物流、资本运作及产业协同四大业务板块。

港口集团信息化建设最终实现：

(1) "一个中心"，即一个以"港口云"为核心的集团数据中心。通过引入先进的云计算技术，构建以混合云为基础的全集团生态系统框架，实现集团数据中心的双轴 IT 模式；以软件定义网络为技术核心，搭建双数据中心下支持多业态运营的目标网络架构，实现港口集团内部各单位与集团数据中心间的互联互通；利用港口集团自身信息化队伍的行业认知及合作伙伴的专业能力进行优势互补，打造三层运维体系来支撑信息化系统，并建设港口集团完整的开发体系，使港口集团可以基于市场变化适度地调整应用系统的建设开发；建设港口集团的安全技术框架，打造安全港口群。

(2) "一个平台"，即集团统一大数据平台。通过建设统一的各级业务大数据平台，采集运营管理数据、生产经营数据、资产设备数据等集团内部数据，引入宏观经济数据、行业发展数据、上下游产业链数据、政策法规数据、社会舆情数据等港口集团外部数据，并在此数据基础上提供数据查询服务、固定报表服务、

图 5-6　港口集团业务战略规划

指标追踪服务、专题分析服务、数据挖掘服务、数据市场服务等形式的数据、分析和咨询服务，并开展相应的业务运营，为港口集团战略层的各项规划工作提供数据支撑及分析支撑，为港口集团管理层开展绩效管理、市场推广、业务优化等工作提供有力抓手，为实现港口集团以信息化引领新业务发展的战略路线夯实了数据基础，并能提供强有力的技术支持。

(3) "三大发展方向"。在面向客户方向，通过全局的客户关系管理，实现全港口集团的客户数据统一管理与商务协同，利用大数据进行深入客户洞察和分析，实现港航物流方案的最优化布局；通过全渠道的客户交互与服务，实现客户交互渠道的全面数字化建设，提升港口集团内外部客户的服务质量，提高港口集团内外部客户物流服务满意度。在面向事业部集群方向，通过集中的经营管控，以港口集团战略为指引，全面掌握生产业务经营相关的信息，对生产经营指标进行全局审核和全面管理；通过专业的业务管控，根据业务种类差异，开展专业化业务管控，以统一经营实体服务外部客户，构建、维护、拓展业务生态环境；通过全面的生产监管，实现从生产计划监管到生产效率监管的全面管理体系，在保证安全生产的前提下最大限度地提升生产作业效率；通过协同的综合物流，依靠港口集团管控和共享，实现港航协同发展，利用港口集团中心化管控和战略布局优势打造综合物流服务平台。在面向港口集团方向,通过集约化的资源管理,积极推进港口集团内部的人、财、物资源整合与共享,实现管理数字化与可视可控,指导决策并支撑港口集团持续并购;通过数字化的综合管理,引进新技术和新生态伙伴,建设港口集团的数字化社区,为港口集团打造一体化的综合管理平台,提升与推广企业文化;通过系统化的项目管理,实现项目管理的全面数字化,做到可视、追溯和可控,有效控制项目成本与项目进度。

5.4.2　设计港口集团应用架构

港口集团应用系统宏观框架图如图 5-7 所示,应用架构中包含应用域顶层设计和各应用域下相关应用系统的逻辑架构,以此明确港口集团信息化建设的具体应用。

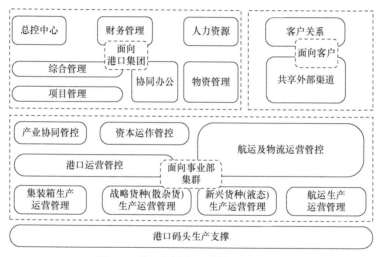

图 5-7　港口集团应用系统宏观框架图

1. 建立客户管控手段,保障满意的市场服务管理

港口集团为保障满意的市场服务和客户管理、适应市场需求、服务客户、提高竞争力和满意度,必须全方位地建立客户管控手段,集中管控客户和市场,例如,一站式客户 APP 及多渠道客户服务平台、面向客户和市场的网站门户、后台客户关系管理系统、企业管控办公自动化(office automation,OA)系统以及企业各级业务服务和生产经营系统等,高效率、高质量地响应客户和市场的需求。

通过规划和构建江苏省港口集团客户管控体系,并从业务需求、流程和技术体系构建、规章制度管理上予以保证,促进企业向市场转型,以信息化技术手段的实施流程转型的达成和客户服务宗旨的奠定,为江苏省港口集团战略目标的实现打造内外统一、上下一致的三大管控发展方向,即客户管控、港口集团生产经营与业务拓展管控、港口集团资源与综合数字化运营管控。

　　客户和市场作为企业前端管控对象，通过全面丰富的多渠道接入机制，如网站、手机 APP、微信、电话、邮件等，可将其业务请求事件通过全渠道管理平台转为对企业资源的协同管理和流程调用，从而完成业务申请。基于三大管控体系，具体过程如下：

　　构建客户和市场管理体系，建立服务客户、服务市场的多种渠道系统，如一站式客户 APP、面向客户和市场的门户网站、企业呼叫中心、企业微信号、企业邮箱、商务代表等，通过广告、定向推送、会议拜访等形式建立港口集团业务和客户市场的数字通道，及时通过这些渠道系统进行沟通、下单、询价、查看、修改资料、投诉、售后等，响应客户的各项需求。

　　基于以全渠道管理平台和客户关系管理系统为核心的港口集团客户管控中心进行客户和市场管控体系的规划和设计。客户不同渠道的请求经过客户管控中心进行处理，调用相应的企业业务服务平台，将客户请求分发到不同业务服务体系中，如运营体系和业务体系，从而完成业务，并将处理结果通过通知机制反馈给客户。

　　港口集团资源和数字化运营管控体系为客户管控体系和业务管控体系提供了支撑性管理和服务基础，通过不断的业务实践和管理优化，使三大体系之间的流程、服务和信息更加方便地进行对接，真正建立起企业数字化转型的 DNA 体系。

　　2. 强化生产经营管控，实现高效业务战略拓展

　　基于一体化管控平台，事业集群通过对港口集团业务战略目标的分解，制定和执行各自的业务发展计划，确定各业务的成本和费率，并通过客户关系和商务合约的管控，对各下属公司的业务发展方向是否符合港口集团战略要求进行管控。各下属港口在集装箱专业生产和管理系统中制定船舶计划、生产计划、组织和管理生产。生产过程中的费收和财务数据、生产经营报表信息、安全管理信息等及时反馈给一体化管控平台，并进行正向和反向的数据分析，对生产绩效进行考核，对成本和费率进行优化，并最终反映在港口集团战略目标的实现情况中。

　　专业的业务管控目标就是运用信息化手段，以统一经营实体服务外部客户，构建、维护、拓展业务生态环境。以集装箱生产为例，业务管控主要是围绕经营管控系统、集装箱生产运营管理系统和外部关联系统展开的。客户通过门户进行商务办单，商务人员在客户管理系统录入、维护合同，集装箱经营管控系统通过接口获取集装箱相关的商务合约信息，结合港口集团战略规划和区域中心布局，进行生产计划的制定、下发、优化和审核。各下属企业按集装箱经营管控系统下发的计划进行生产经营管理，并按要求统计和汇总生产作业信息。

　　港口装卸作业生产和航运物流生产是港口集团重要的营收来源，全面生产监管的目标是运用信息化手段，提升生产计划、调度管理等相关的信息汇集、共享

和交互能力，从而实现从生产计划监管到生产效率监管，保障安全生产的前提下提升作业效率。以集装箱生产为例，生产管控主要是围绕集装箱生产运营管理系统展开的，通过汇集船舶计划、制定生产计划，对集装箱生产作业进行调度和指挥，通过与港口生产支撑系统进行系统对接和集成，实现指令的快速下发，作业状态的及时、准确反馈。集装箱生产运营管理系统会根据作业实施和批量的反馈情况，对生产经营数据、财务费收数据进行汇总，生成经营报表，并根据需要上报生产经营相关数据。同时集装箱生产运营管理系统需要包括必要的应用组件，支持对集装箱管理、堆场的管理、闸口的管理、船舶配载和靠泊船舶签证的管理、拆拼箱管理和移动终端的管理等。

通过物流整体解决方案设计，整合港口生产业务系统、车队、铁路、驳船业务系统、EDI 系统等信息系统或数据，提供集装箱内外贸、多式联运等多种增值服务，实现电子商务与国际贸易的无缝式业务数据交换，为客户提供货物运输全过程信息同步检索查询，最终实现港口国际化及战略合作伙伴协同化的物流信息共享。物流信息平台需要涵盖省港口集团集装箱、矿石、原油、液体化工以及煤炭等业务，并与其他物流平台合作，实现统一平台、统一办事、统一支付功能，并实现对数据的自动存储、加工、分析和统计；实现省港口集团业务数据准确、及时、安全、方便、快捷汇总，为航运公司、车队、货代、码头和政府机构提供综合服务，最终实现物流运输服务全过程透明和各节点无缝衔接信息化，使口岸操作趋于标准化和规范化，从而优化口岸的信息流程，改善口岸的软交易环境，真正为公众构筑一个公正的、标准化的电子信息平台，提高全区域物流运输业务的作业效率。

3. 集约企业资源管理，打造优秀的港口集团运营管控

通过对港口集团信息资源的集约化管理，结合综合管理系统的数字化跟踪与展示，可以使集团的安全监管、纪检监察、政工管理和工会管理等工作更加高效和透明。综合管理系统与港口集团的大数据平台进行衔接，为管理过程中的信息核查提供快速调取信息服务，实现"人员少跑腿，数据多跑路"，节约外调工作时间，提高工作效率；利用港口集团云平台，实现信息在线填报、自动汇总、综合分析，为主体责任落实情况的监督考核、问题倒查提供量化依据。设置责任监督指标体系，细化监督内容和考核标准，将主体责任量化为看得见、摸得着、能比较、可分析的数字，使主体责任更加明晰。

在信息化战略发展规划上，需要在港口集团运营管控域，通过信息化的技术手段，辅助港口集团实现对港口集团项目建设的整体管控。建立一套服务港口集团各部门和单位的统一项目管理应用系统。该系统通过立项管理、项目建设管理和项目完工管理三个子系统实现对各项目的全生命周期、全流程的管控。

5.4.3　信息化建设实施保障

　　港口集团的信息化建设延续性的发展过程，为保证信息化建设的顺利进行，以打造港口集团的战略规划与架构管控能力、数据认知与分析服务能力、业务流程优化与协同能力和技术创新应用与实践能力这四项保障能力为目标，提出港口集团信息化治理和管控模式建议，保障港口集团信息化建设方案的实施。

　　1. 强化治理结构

　　港口集团现在采用的是财务管理模式，即在港口集团层面对下属各单位进行财务/资产、港口集团规划、监控/投资管理、收购、兼并管理，下属业务单元各自实施其战略制定、公关、人才培养、法律、审计、营销、现金管理以及各自组织机构的管理。各业务单元是决策单元。通过强化互联网技术治理结构，支持港口集团管控从松散化向集约化转变；建立符合企业信息化发展需要的、更加紧密的、业务与互联网技术协作关系，加强业务与互联网技术的战略一致性，确保互联网技术满足业务需求及优先级要求。

　　2. 集中整合资源

　　港口集团业务战略能力需要与之相匹配的信息化保证。组建港口集团信息中心，明确港口集团互联网技术战略定位，集中整合港口集团信息化资源，建立港口集团统一互联网技术管理标准、核心互联网技术流程，提高互联网技术管理效率，降低总成本；建立港口集团统一的互联网技术标准，降低架构复杂性；统一业务支持、提高专业度、有效平衡信息化需求，促进应用烟囱、信息孤岛问题的解决。

　　港口集团层面，通过对现有信息化系统的整合优化和推广，并通过部署一系列相关管控互联网技术平台，辅助与支撑港口集团实现对于整个企业人、财、物的一体化管控，并长期保持对企业经营状态的管控。在二级事业部和码头航企层面，通过识别和推广示范性应用和平台，提升企业在市场中的竞争力。

　　数据层面，随着港口集团的整合和应用平台的整合，信息化能够借助所归拢收集的数据，进行分析运算，从而向市场提供新的服务品种，服务于产业链中的参与方。另外，从物流的角度，通过信息化的平台，港口集团可提供创新性的全程物流、供应链管理的服务，并基于对供应链的洞察，具备风险定级的能力，进而提供直接金融保险或金融交易平台的服务。

　　3. 建立共享服务体系

　　在进行信息化运维制度和流程规划时，要确保制度和流程能支撑价值链导向一体化运维服务管理模式。港口集团建设共享服务体系，可以实现跨区域、跨业务线的互联网技术共享服务，通过集中运营来控制风险，获取规模经济效益，控制、减少成本和重复工作，同时平衡港口集团标准化、统一性需要，以及子公司和各地区差异性需要，建立能力中心，作为动态资源调配，全面改善 IT 服务水平。依据港口集团标准信息化运营管理规范体系建设要求和统一的港口集团信息化运营管理体系，清晰划定制度和流程的界限，进行映射建设港口集团共享服务体系，将流程、标准与具体岗位匹配，确保制度框架 100%覆盖数据中心所有职能，每个制度都应有流程与之对应，而且流程中明确了涉及的角色、职责、活动、执行策略、所需工具等要素，日常工作中落实技术标准与流程。

4. 明确组织职责界面

集团层面的信息中心与港口集团各部门及成员单位的职责界面，按照由信息中心确定企业信息化的标准架构与接口；集团级平台应由港口集团牵头(如电子口岸协调、数据平台、全程物流)，而码头生产类系统宜在稳定存量的基础上，配合港口集团识别推广示范应用的原则确立。其中，港口集团各事业部(业务部门)应能够根据其归口管理的业务，收集、整合并分析对应的信息化建设需要，判断其可行性，并编制明确的业务需求说明书，提交港口集团的信息中心评估其技术可行性。根据规划的治理架构，成立的港口集团信息中心是港口集团信息化建设的归口管理部门，对整个港口集团的信息化建设负责，包括制定和维护港口集团信息化建设规划、制定和维护下发港口集团信息化相关的制度标准、统一全港口集团信息化架构的管控，并及时掌握信息科技的发展动态。

5. 打造专业人才团队

重视对信息化人才的能力培养及团队建设，打造专业的信息化建设队伍，保障港口集团信息化建设工作的推进。对于业务绩效好、经验丰富，并且具有很强领导力潜能的员工，应考虑通过晋升的方式为员工开拓更大的发展空间，这些员工也将是集团未来发展的骨干力量；对于业务能力很好但是缺乏领导潜质的员工，可以考虑通过除升职以外的其他留才手段予以保留，作为公司当前发展的执行者；对于暂时在业绩上未取得优异成绩，但是具有未来的领导者潜力的员工，应加强内部培养，提升业务能力，不断发展，作为未来人才的储备；对于业绩和潜力上均不突出的员工，应通过制定绩效指标的方式进行监督管理，并建议引入优胜劣汰的方式进行末位淘汰，优化队伍。

参 考 文 献

曹兰娟. 2022. 智慧港口管理信息系统研究[J]. 价值工程, 41 (32): 70-74.

曹崎宇. 2022. 物联网下智能物流供应链管理研究[J]. 中国市场, (23): 133-135.

范永娇, 封学军, 苑帅, 等. 2019. 基于 ANP-GRA 的绿色港口评价研究[J]. 中国港湾建设,

39(12): 69-73.

金和平, 郭创新, 许奕斌, 等. 2019. 能源大数据的系统构想及应用研究[J]. 水电与抽水蓄能, 5(1): 1-13.

李懂晓. 2022. 基于 ITIL 的 S 公司港口信息系统运维管理优化研究[D]. 广州: 广东工业大学.

李志平, 赵楠, 殷明, 等. 2023. 基于生产泊位资源共享的港航物流信息系统构建[J]. 交通运输系统工程与信息, 23 (1): 275-283.

刘芬. 2023. 基于物联网技术的北部湾港口物流信息化建设探索[J]. 中国市场, (2): 169-172.

孙虎伟, 宋玲玲. 2021. 物联网下智能物流供应链管理模式分析[J]. 产业与科技论坛, 20 (15): 196-197.

王义勇. 2020. 基于云计算和物联网的智能物流供应链管理平台研究[J]. 信息与电脑(理论版), 32 (20): 190-191.

展嘉敏. 2022. 港口航道工程信息化建设策略分析[J]. 珠江水运, (14): 105-107.

赵娅彤. 2022. 信息共享下的港口泊位调度优化[D]. 大连: 大连海事大学.

Caletka M, Michalkova M S, Koli M, et al. 2019. Quality of flood extents delineated by a non-hydrodynamic GIS tool[J]. Catena, 175: 367-387.

Chetto M, Ghor H E. 2019. Scheduling and power management in energy harvesting computing systems with real-time constraints[J]. Journal of Systems Architecture, 98: 243-248.

Pedro J, Silva C, Pinheiro M D. 2019. Integrating GIS spatial dimension into BREEAM communities sustainability assessment to support urban planning policies, Lisbon case study[J]. Land Use Policy, 83: 424-434.

Safder U, Ifaei P, Yoo C. 2019. Multi-scale smart management of integrated energy systems, Part 2: Weighted multi-objective optimization, multi-criteria decision making, and multi-scale management (3M) methodology[J]. Energy Conversion and Management, 198: 111830.

Umer T, Rehmani M H, Kamal A E, et al. 2019. Information and resource management systems for internet of things: Energy management, communication protocols and future applications[J]. Future Generation Computer Systems, 92: 1021-1027.

第6章 港口群资源整合效果评价

随着经济全球化的发展，港口已经成为国家和地区发展的关键性战略资源。独特的港口资源能够有效带动产业发展获得乘数效应、吸引产业形成集群取得规模效益、促进产业结构升级、优化产业布局，从而促进邻港产业区及腹地区域经济的快速发展。然而，近年来港口间资源相似、腹地重合而出现无序竞争的情况，造成一定的资源浪费，中央及各地省、市政府推进港口资源整合及一体化发展作为推进港口行业转型升级的重要内容，通过港口群内各港口功能的有机结合实现整体 1+1>2 的优势。因此，检验港口群资源整合是否有效是现在亟须解决的问题。特别是怎样优化港口资源配置、缩减管理成本、提高经营效率和核心竞争力等显得尤为重要。在此背景下，对港口群整合前后的综合竞争力进行对比来评价港口资源的整合效果，具有现实意义。

港口群资源整合的效率评价是港口运营商管理的有力工具，应成为区域和国家港口运营研究的重要起点。港口群资源整合通过对各港口资源进行合并、重组，使资源的二次配置带来更大效益。然而不同港口群的整合模式、推进力度不同，整合后效果也各不相同。因此，需要对港口资源整合后的效果进行评价。投入和产出的比例描述了港口群资源整合后港口集团的运营及其提供的服务类型和水平，其中包括所处理货物的数量和种类、所服务船舶的类型、与陆路运输方式的互换、所提供的额外服务(如临时仓储)等。为了生产这些产量并促进港口运营，需要各种投入，可以概括为土地、劳动力和资本。然而，还有其他影响港口效率的因素，如所应用的技术水平、与装卸和运输组织的合作程度、港口所有权的性质以及其在港口运营中的表现方式。

6.1 引　　言

目前，港口效果评价这一主题已经被众多研究人员探讨，已有文献对港口资源整合投入、产出效果进行了一些研究，界定了港口整合的产出效益。这一主题的研究应用了众多方法，数据包络法(data envelopment analysis，DEA)作为多投入多产出的非参数效率分析方法，应用最为广泛，被广大研究者运用在港口的运营效率上，但 DEA 模型只能对各港口横向效率进行比较，之后研究人员将 Malmquist 指数与 DEA 理论相结合，对港口全要素生产率的变化进行动态分析和评价，DEA-Malmquist 指数是在利用 DEA 模型进行一般估算的基础上加上了时间因素，既可以评价跨时期的动态生产效率，又能衡量港口全要素生产率的变化(肖祥鸿和宋炳良，2021；吴晓芬等，2022)。同时，数据包络法还可以与其他方法进行融合，发挥各方法的优势来对港口效率进行全面评价(郑兵云和杨宏丰，2021)。

在港口资源整合后效果评价方面，要探讨资源整合前后效率的动态变化，Malmquist 指数因其加入的时间因素被广大研究人员应用，利用 Malmquist 指数和属性论方法可对港口资源整合后的效果进行客观和主观相结合的全面评价(赖秀艳和洪家祥，2021)；系统动力学方法也可以考虑港口与经济、岸线资源的关系，港口之间相互制约和协作的关系，研究港口发展的因果反馈机制，进而研究港口整合效果(陈豪，2022)；生产函数模型的科技进步率也可以计算资源配置效率，分析港口资源整合后，港口集团对资源配置效率的动态变化，力争发展港口群的核心竞争力(杨阳，2023)。影响港口绩效的因素非常复杂，导致很难确定港口资源在实现目标方面的效率或充分利用程度。评估港口提高效率的潜力很困难，也不容易对不同港口在不同时期的表现进行比较(曹杰等，2021；朱玉和殷明，2023；汪超凡等，2023)。

6.2　评价方法与模型

港口资源整合的目的在于优化资源配置效率，目前，资源配置效率的测算多采用数据包络法，从港口经营生产的角度横向比较不同港口的效率。输入指标大多以企业人力资本投入、码头堆场泊位和装卸设施设备投入为主，输出指标以吞吐量为主。然而，港口整合效果评价主要比较分析整合前后资源配置效率的变化，因此本节采用 Malmquist 指数对整合后的资源配置效率进行横向和纵向的比较与评价。

6.2.1　基于 Malmquist 指数的港口群整合资源配置效率评价模型

Malmquist 指数适用于分析和评价跨时期的动态生产效率，估算不同时期投入产出的生产效率，是由综合技术效率指数与技术进步指数的乘积来体现的。综合技术效率反映产业管理方法与决策是否正确，又可分为纯技术效率和规模效率：纯技术效率反映每个生产决策单位基于投入的生产资料的产出能力；规模效率反映在生产要素等比例增加时，产出增加价值大于投入价值的情况。技术进步指数反映行业技术先进与否，涉及技术创新、设备改造措施、成本下降幅度等(姚博鸿和谭春兰，2021)。

目前,港口资源配置效率的测算大多使用数据包络法,但数据包络法只能从横向角度比较不同港口的效率,不能从纵向时间跨度上进行比较,输入指标以企业人力资本投入、装卸设施设备和码头堆场泊位为主,输出指标以吞吐量为主。然而港口资源整合后的效果评价主要比较的是整合前与整合后配置效率的变化,因此本节采用 Malmquist 指数对整合后的资源配置效率进行横向和纵向的比较评价。

1. 投入产出指标体系建立

港口整合资源配置效率评价的投入指标主要由行为主体资源和基础设施资源构成。其中,行为主体包括生产经营主体和行政管理主体,资源包括人力、资金等,资源投入指标可通过两类主体行为活动的投入成本反映。基础设施资源主要包括岸线、锚地、航道等。港口产出包括货物吞吐量和服务船舶数量。提升企业盈利能力也是港口资源整合的重要产出,增加港口竞争力目标通过港口在区域市场中的份额体现。港口资源整合投入、产出指标体系如表 6-1 所示。

表 6-1　港口资源整合投入、产出指标体系

	码头生产岸线长度
	设计航道通过能力
投入指标	锚地面积
	港口生产经营成本
	港口政府管理成本
	港口货物吞吐量
	引航船舶艘次
产出指标	港口企业生产利润
	港口在区域中的市场占有率

2. 计算模型构建

设 T 表示计算资源配置效率的时刻,$T = t_0, t'$。其中,t_0 示港口资源整合前的时刻,$t' = \{t_0 + 1, t_0 + 2, \cdots, t_0 + n\}$ 表示港口资源整合后的各时间段。港口生产投入指标为 $X = \{X_1, X_2, \cdots, X_n\}$,产出指标为 $Y = \{Y_1, Y_2, \cdots, Y_n\}$。$I^T = (X^Y, Y^T)$ 表示在 T 时刻,港口资源整合作用下的可能性生产集合。

其中,每个时刻都存在对应的一个最大产出集合,为生产技术前沿。每个可能性生产集合 I^T 与生产技术前沿的距离便可衡量 T 时刻该港口的技术效率,该距离可以表示为

$$D^T(X^T, Y^T) = \inf\left\{\theta : \left(X^T, \frac{Y^T}{\theta}\right) \in I^T\right\} = \left(\sup\left\{\theta : (X^T, \theta Y^T) \in I^T\right\}\right)^{-1} \quad (6\text{-}1)$$

式中，$D^T(X^T, Y^T) \in [0,1]$，当 $D^T(X^T, Y^T) = 1$ 时，表示该点是技术前沿上的点。

港口资源整合后任一时刻 t 与整合前 t_0 时刻资源配置效率演进情况的计算公式为

$$m(X^{t_0}, Y^{t_0}, X^i, Y^i) = \sqrt{\frac{D^{t_0}(X^i, Y^i)}{D^{t_0}(X^{t_0}, Y^{t_0})} \cdot \frac{D^i(X^i, Y^i)}{D^i(X^{t_0}, Y^{t_0})}} \quad (6\text{-}2)$$

基于 Malmquist 指数的港口资源配置效率如图 6-1 所示，对式(6-2)进一步变形可以得到

$$
\begin{aligned}
m(X^{t_0}, Y^{t_0}, X^i, Y^i) &= \sqrt{\frac{D^{t_0}(X^i, Y^i)}{D^{t_0}(X^{t_0}, Y^{t_0})} \cdot \frac{D^i(X^i, Y^i)}{D^i(X^{t_0}, Y^{t_0})}} \\
&= \frac{D^{t_0}(X^{t_0}, Y^{t_0})}{D^i(X^i, Y^i)} \sqrt{\frac{D^{t_0}(X^i, Y^i)}{D^i(X^i, Y^i)} \cdot \frac{D^{t_0}(X^{t_0}, Y^{t_0})}{D^i(X^{t_0}, Y^{t_0})}}
\end{aligned}
\quad (6\text{-}3)
$$

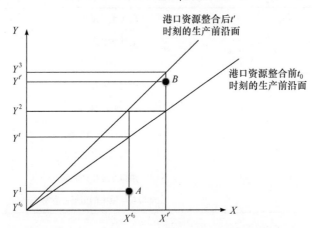

图 6-1　基于 Malmquist 指数的港口资源配置效率

$EC = \dfrac{D^{t_0}(X^{t_0}, Y^{t_0})}{D^i(X^i, Y^i)}$ 表示港口资源整合前后港口技术效率的变化，$TC = $

$\sqrt{\dfrac{D^{t_0}(X^i, Y^i)}{D^i(X^i, Y^i)} \cdot \dfrac{D^{t_0}(X^{t_0}, Y^{t_0})}{D^i(X^{t_0}, Y^{t_0})}}$ 表示源港口资源整合前后技术进步的情况。EC 是港口资源配置能力、资源使用效率等多方面能力的综合衡量与评价。其中，$EC = EC_p \cdot EC_s$，EC_p 为纯技术效率，反映在最优的港口资源整合深度、力度等因素下投入要素的资源配置效率；EC_s 为规模效率，反映整合深度、力度等因素对资

源配置效率的影响。

EC >1 表示港口资源整合提高了资源配置能力，TC >1 表示整合对资源配置技术是进步的。当 EC_p=1 且 EC<1 时，表示整合的深度、力度等因素不足，尚未达到整合的规模效应。

整合港口群系统的资源投入并非简单地等于各港口资源投入的加总，因此应对港口和港口群系统分别进行评价。

6.2.2　基于属性论的港口群资源整合能力评价

1. 指标体系构建

Malmquist 指数从资源配置效率的角度反映了港口资源整合的效果，该方法属于"黑箱"运算，不反映影响配置效率提高的整合能力要素，因此需要构建能够直观反映港口资源整合能力的评价模型，作为结合补充模型。港口资源整合能力主要体现在两个方面，即港口资源整合力度和港口资源整合后稳定性。港口资源整合力度反映了整合主体推进手段的强弱，包括整合深度和整合速度；港口资源整合后稳定性主要反映进行港口资源整合后港口不易于解体或重构的能力，包括整合协调度和整合融合度。港口资源整合能力评价指标体系如图 6-2 所示。

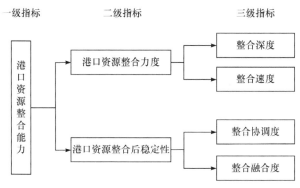

图 6-2　港口资源整合能力评价指标体系

2. 计算模型构建

在传统评价方法中，专家权重打分和指标打分相互独立。然而，专家决策过程中体现了对指标的偏好。本节利用属性论方法来确定指标权重，评价专家对港口资源整合效果的满意度。评价项目 A 的评价指标 j 有 m 个，即属性有 m 个。任一评价对象 i 的 m 属性得分为 x_{ij}，对应于 m 维属性坐标系中的一个点。对于 x_{ij} 的获得，一般通过专家直接给出具体得分，通过其定性映射得到评价得分。

$$x_{ij} = \sum_{i=1}^{5} a_{ijl} y_i \tag{6-4}$$

式中，a_{ijl} 表示对评价对象 i 的 j 属性选择 l 评价标准的概率；y_i 表示评价标准得分。

假设每一维属性坐标得分为$[0,100]$，则评价数为项目 A 的总分为$[T_0,100m]$。总分可构成若干个总分平面 T，$T = \sum_{j=1}^{m} x_{ij}$。在某个总分平面 T' 下，评价对象样本构成总分平面为 T' 的方案集为

$$S_{T'} = \left\{ x_i = (x_{i1}, \cdots, x_{im}) \mid \sum_{j=1}^{m} x_{ij} \right\} \tag{6-5}$$

专家组 z 从中选择得分满意的样本作为对标样本，以样本的总分值作为权重 $v^h(x^h)$。可求总分平面 T' 的局部满意解为

$$x^* = b(x^h(z)) = \left(\frac{\sum_{h=1}^{t} v^h x_1^h}{\sum_{h=1}^{t} v^h}, \frac{\sum_{h=1}^{t} v^h x_2^h}{\sum_{h=1}^{t} v^h}, \cdots, \frac{\sum_{h=1}^{t} v^h x_m^h}{\sum_{h=1}^{t} v^h} \right) \tag{6-6}$$

式中，t 表示 T' 总分平面下的评价对象数目；x_i^h 表示 h 个评价对象。

然后求得专家组对所有总分平面集合的局部最优解集合 $\{b(x^k(z)) \mid T\}$。由于评判者的心理标准可视为连续的，该集合构成心理偏好标准线 $L(b(x^h(z)))$，采用插值法拟合(式(6-7))，根据式(6-8)求得任一总分平面下的局部最满意解。

$$G_j(T) = a_{0j} + a_{1j}T + a_{2j}T^2 + \cdots + a_{(n+1)j}T^{n+1}, \quad j = 1, 2, \cdots, m \tag{6-7}$$

$$\begin{cases} \sum_{j=1}^{m} x_{ij} = T \\ G(T) = G(g_1(T), \cdots, g_m(T)) \end{cases} \tag{6-8}$$

评价对象 i 距离局部满意解的局部满意度函数为

$$\mathrm{sat}^{\circ}(x_i, x^*(z)) = \exp\left(\frac{-\sum_{j=1}^{m} w_j \left| x_{ij} - x_j^*(z) \right|}{\sum_{j=1}^{m} w_j \sigma_j} \right) \tag{6-9}$$

式中，$\sigma_j = t x_j^*(z)$ 表示对局部最满意解的 j 属性值 $x_j^*(z) \mid T$ 的容忍误差，一般情况下 $t = [0.4, 0.5]$，权重 $w_j = x_j^*(z) - \sigma_j$。

由于同一总分档次上与心理标准点距离相等的方案会以心理标准点为圆心分布在同心圆的圆周上，难以衡量优劣。因此，通过乘以评估向量与局部最优向量的夹角余弦来修正局部满意度函数(式(6-10))。再乘以全局满意度系数 $\lambda(x_i)$ ，便可得到各评价对象的全局满意度函数(式(6-11))。

$$\text{sat}^\circ(x_i, x^*(z)) = \exp\left(\frac{-\sum_{j=1}^{m} w_j \left|x_{ij} - x_j^*(z)\right|}{\sum_{j=1}^{m} w_j \sigma_j}\right) \eta_i(x_i), \quad \eta_i(x_i) = \frac{\sum_{j=1}^{m} x_{ij} x_j^*}{\sqrt{\sum_{j=1}^{m} x_{ij}^2 \sum_{j=1}^{m} x_j^*}}$$

$$(6\text{-}10)$$

$$\text{sat}^\circ(x_i, x^*(z)) = \lambda(x_i)\text{sat}^\circ(x_i, x^*(z)), \quad \lambda(x_i) = \left(\frac{\sum_{j=1}^{m} x_{ij}}{\sum_{j=1}^{m} X_j}\right)^{\frac{\sum_{j=1}^{m} x_j}{2\sum_{j=1}^{m} x_j}}$$

$$(6\text{-}11)$$

参 考 文 献

曹杰, 王大成, 戴冉, 等. 2021. 基于改进物元法的智慧港口发展水平评价模型[J]. 重庆交通大学学报(自然科学版), 40(6): 59-65.

陈豪. 2022. 基于系统动力学和状态空间法的港口资源承载力评价研究[J]. 通化师范学院学报, 43(7): 79-85.

赖秀艳, 洪家祥. 2021. 基于 DEA-Malmquist 的长江中下游主要港口效率评价[J]. 中国水运, 7: 24-26.

汪超凡, 刘桂云, 卢春林. 2023. 基于熵权-TOPSIS 法的港口集疏运能力评价[J]. 物流技术, 42(6): 65-70.

吴晓芬, 王敏, 王丽洁. 2022. 基于四阶段 DEA-Malmquist 指数的长三角港口群动态效率评价[J]. 统计与决策, 38(2): 184-188.

肖祥鸿, 宋炳良. 2021. 基于 DEA-Malmquist 指数的国内沿海主要港口动态效率分析与评价[J]. 上海海事大学学报, 42(4): 81-86.

杨阳. 2023. 基于 DEA 的长三角港口群运营效率评价研究[J]. 安徽水利水电职业技术学院学报, 23(2): 91-96.

姚博鸿, 谭春兰. 2021. 长三角一体化战略背景下对上海港港口物流效率评价分析——基于 DEA-Malmquist 模型[J]. 海洋经济, 11(2): 42-50.

郑兵云, 杨宏丰. 2021. "一带一路"中国沿海城市港口效率评价——基于 DEA 博弈交叉效率-Tobit 模型[J]. 数理统计与管理, 40(3): 502-514.

朱玉, 殷明. 2023. 港口竞争力评价指标体系及评价方法研究[J]. 水运管理, 45(10): 6-10.

第 7 章 区域港口群协同运作优化对策建议

港口群是区域参与全球经济合作和竞争的重要战略资源，港口群的协同不仅能促进区域经济和对外贸易的发展，而且能优化区域产业布局与区域资源配置，但同时由于港口群内的各港口都是相互独立的经济实体，出于各自独立的经济利益和地方利益或者考虑竞争的需要，港口群内并非所有港口之间都能协同运作，使得港口群系统协同受阻、港口群内港口之间的协同运作出现不协调。为此，本章给出区域港口群协同运作优化相应的对策建议。

7.1　区域港口群物流网络优化对策建议

1. 港口群腹地资源优化整合

要提高港口服务质量与综合效率，一方面，需要投资港口基础设施，考虑港口设备的升级改造，淘汰老旧低效设施；另一方面，需要重视港口群腹地资源的优化整合，实现资源利用最大化。

一是加快港口大型化发展，提高岸线资源利用率。考虑加快泊位大型化发展，加大泊位扩建投入力度，在有限的岸线资源条件下，进一步提高港口的通过能力，提高岸线资源的利用率(章强和殷明，2021)。

二是提高港口的运营效率，加大高效率设备的投入，或者加快智能化港口的建设，以替换效率低下的老旧设备，实现作业的高效完成，且降低人员工作量，减少人力成本。

三是闲置多余港口容量，多元化开展港口产业转移。港口容量剩余不仅占用、浪费宝贵的岸线资源，设备的老化折旧也会增大企业固定成本，因此应对码头从地理位置、泊位水深、货物处理量等方面进行综合评估，闲置低使用率的泊位。对于闲置的泊位，应考虑港口产业转移，创造额外营收。在考虑闲置部分码头时，对码头周边商业环境、消费特征等进行事先评估，制定符合当地发展特色的产业发展计划，确保产业转型顺利进行(刘玲等，2023)。

2. 完善物流集疏运系统，重点加强中转节点建设

完善与畅通的物流集疏运系统，是保障港口货物和集装箱吞吐量持续快速增长、提高港口物流竞争力、扩大港口腹地的重要方面。对港口群物流集疏运网络

结构进行优化，就可在潜在中转节点建设地点投资若干个物流中转节点，以优化物流资源配置，提高港口物流效率，降低港口物流服务成本。

在中转节点建设方面，应重点加强以内陆港为依托，通过模式复制和服务延伸的方式，将我国港口物流服务体系延伸到各个内陆节点城市，形成完善的综合服务网络，并在现有班列线的基础上，继续创新班列运行模式，增加班列线路，形成四通八达的班列运输网络。

3. 加快港口物流的信息化和现代化建设

港口必须适应现代物流业的发展，要创造条件建立和完善与物流和商流配套的电子商务网络系统，从而能够为客户提供实时的信息服务，而且能够为客户提供网上交易和信息的及时共享平台，同时完善配送系统和金融结算系统，积极推动电子商务活动在港口物流中心的应用和实现。

港口物流中心是货物流通的一个环节，也是货物信息流通的一个环节，港口电子信息系统已经从分散和局限的流通信息变成了高精度的流通信息，所以港口必须加强物流中心信息系统的规划建设和完善，以电子商务的建设为中心，加速建设互联网，连接港口和各类物流相关产业与单位的信息流通，为客户提供即时信息，使港口完全具备信息港的称号。同时还应完善港口物流中心的内部管理信息系统，达到物流供应链中各个环节的信息管理一体化，进而提升港口物流服务的效率和水平。

7.2　区域港口群协同运营优化对策建议

1. 明确各港口定位与分工，实施错位发展

港口群是一个复杂的开放巨系统，在该有机整体中，由于港口群中每一个港口所处的地理位置各有不同、自然条件有优劣、所在城市发展水平有高低、腹地经济结构和状况千差万别、所拥有的资源具有明显的异质性，所以每个港口在地位、功能、分工上应该有所不同。因此，在区域港口群中，有的港口应发展成核心枢纽港，有的港口应发展成主体干线港，有的港口应发展成支线喂给港(周杏和杨家其，2020)；有的港口适宜发展以集装箱业务为主，有的港口适宜发展以大宗散货业务为主，有的港口适合开展直达运输业务，有的港口适合拓展中转业务等。应根据各港口所处的位置和运量大小进行合理分工、优势互补和错位发展，充分发挥港口群的资源互补与互补增进作用(顾思敏和张丽凤，2023)。

2. 加强港口群资源整合

我国区域港口群中的各港区在码头泊位、岸线资源、集疏运系统、数据信息、

技术经验等方面存在差异,有些港区在水深等自然条件方面较差,但运营管理经验丰富,有些港区规模较小,但是货种专业化程度较高,因此可以考虑进行港区间的资源整合,使有限的资源发挥出最佳的经济效益,从而形成优势互补的统一整体(王晶等,2020)。

港口群内部各港区的泊位、堆场、物流、业务计划等相关信息对港区的运营及制定各种决策起着非常重要的作用。因此,可以运用网络、信息和物流技术建立数据信息共享平台,将港口群各个港区及相关的上下游企业连接起来,加强港区群内的信息交流与资源共享,从而能够避免港区的过分拥堵及闲置,提高港口群内资源的使用效率,降低运输及综合运营成本(曹杰,2020)。

此外,港区的发展还离不开高素质人才的管理,港口群内各港区可以通过互派技术与管理人员,制定激励措施,加强人才对港口运营经验的相互学习,拓展人才的视野,提高人才的专业化素质,促进人才和技术经验的整合,从而提升重庆市港口群的整体运营水平。

3. 建立港口群内信息数据公共平台与信息共享机制

港口信息数据与港口服务知识等资源不同于物质资源,与其他港口相关企业共享后不但不会减少资源的拥有量,反而会实现网络增值,即对于共享的任何一方,其所拥有的知识不会减少,只会增多,而且这种增多会随着共享范围的扩大而迅速提高。港口群应该加快港口口岸电子信息一体化建设,通过公共电子信息平台的建设,加强信息在港口企业之间的快速传递与有效共享。这对促进港口群的协调发展、提高港口群的综合管理效率及总体生产效益,已经显得非常必要和迫切。

7.3　区域港口群供应链协同优化对策建议

1. 建立供应链协同,合理规划岸线资源

港口供应链在我国还处于起步发展阶段,港口对供应链管理的认识不足,远没有意识到联动发展的重要性,在港口发展过程中,更多地只是重视自身利益,而没有把整体利益放在首位。

港口群联动的一个重要目的就是节约并优化配置岸线资源。这就要求政府及企业采取有效措施促进港口协同发展,避免港口出现结构性矛盾和重复建设现象,借助供应链的协同机制实现资源的合理配置,建立相对公平的竞争环境,促进港口群内各港口长期稳定发展(余思勤和孙佳会,2021)。

因此,在坚持港口供应链整体利益的前提下,港口根据自身的特点,从码头

规划、功能布局等方面进行协调，合理规划各个时期岸线资源的开发利用，通过对岸线资源进行科学规划、集约使用，最大限度地发挥岸线资源的优势，推动港口协调发展，提升港口所在供应链的竞争能力，加快港口代际演进，带动区域经济发展(王斌，2023)。

2. 优化港口供应链结构，拓展港口功能提供增值服务

首先，充分发挥港口在供应链上的关键节点作用，加强港口与上下游成员的合作，通过港口发展提高港口服务水平，实现供应链上各成员的联动发展，形成港口与航运公司的战略联盟，形成风险共担体系，从而提高整条供应链的服务水平。

其次，转变发展理念，增强服务意识，促进供应链中港口集团之间的合作，供应链上下游成员考虑供应链整体目标最大化，而不仅是寻求自身利益最大化。港口基础设施统一规划、建设，对港口进行统一管理，整合港口资源，实现港口资源的优化配置，港口一体化建设避免了资源浪费，消除了过度竞争(黄昶生等，2020)。

最后，加强港口基础设施建设，努力吸引外商投资，建设智能化、一体化信息平台，做到快速响应市场，实现信息快捷、快速传递，使客户能够实时掌握货物动态信息和船舶信息，缩短港口服务时间，提高港口服务水平，满足客户个性化需求，增强港口核心竞争力。

3. 创新联动合作的形式，促进港口间文化融合

目前，港口的管理体制以及现行的港口法律法规在某种程度上制约了港口群合作联盟的建设，因此创新联动合作的方式就显得特别重要。无论是为了共同的营销目标而进行的市场营销联动，或者是通过分享先进的港口管理经验和经营模式的技术联动，还是为了应对共同的竞争对手、促进所在区域的经济发展而进行的合并或兼并，都有各自的优势和劣势。

在联动的过程中，港口间应该建立一种实现文化融合、适合港口联动发展的文化体系，树立供应链节点企业共赢发展的观念，确保港口之间以及供应链上的其他港口、上下游节点持久合作的热情，保证港口供应链的持续稳定，而且通过成员间良好的文化融合，能够实现港口间更好地进行信息共享，提高彼此的信任度，能够有效避免由利益分配不合理导致的冲突分歧，也有助于建立一个弹性的问题解决机制，通过横向纵向联动实现港口供应链整体效益的最大化。

参 考 文 献

曹杰. 2020. 高质量推进长三角世界级港口群一体化发展的思考[J]. 中国港口, 9: 1-4.
顾思敏, 张丽凤. 2023. 环渤海港口群竞争与合作关系分析[J]. 水运管理, 45(4): 12-17.
黄昶生, 王刚, 周备. 2020. 区域港口群协同发展研究——以山东半岛为例[J]. 河南科学, 38(2):

311-320.

刘玲, 周桂琴, 张廷龙. 2023. 基于耦合协调度的安徽港口群协同发展评价[J]. 物流技术, 42(4): 61-65.

王斌. 2023. 京津冀打造世界级港口群面临的问题及对策[J]. 中国水运, 23(8): 22-23.

王晶, 王东磊, 邓新娇. 2020. 基于自组织理论的津冀港口群协同演化研究[J]. 物流科技, 43(6): 1-6.

余思勤, 孙佳会. 2021. 长三角港口群与城市群协调发展分析[J]. 同济大学学报(自然科学版), 49(9): 1335-1344.

章强, 殷明. 2021. 基于府际合作的长三角港口群整体性治理研究[J]. 北京交通大学学报(社会科学版), 20(3): 80-88.

周杏, 杨家其. 2020. 基于耦合理论的港口群耦合协调发展评价研究[J]. 武汉理工大学学报(交通科学与工程版), 44(3): 553-557.